나이의 비밀

※ 본문의 각주는 독자의 이해를 돕기 위해 추가한 옮긴이의 주로,
　따로 '옮긴이 주'라고 표시하지 않았으며, 일부 저자의 주는
　'저자 주'로 표시했음을 밝혀둔다.

—— 숫자는 알려주지 않는 노화의 진실 ——

나이의 비밀

◎

스벤 뵐펠 지음

김희상 옮김

청미

| 차 례 |

노년에 대한
새로운 그림을 그리다

셰익스피어의 세계만 하더라도 아직 괜찮았다. 그는 '일곱 개의 막'이 우리의 인생을 담고 있다고 희극 「뜻대로 하세요」에서 말했다. 우리의 인생은 어린애에 이어 학생으로, 다시 학생에서 '사랑에 빠져 굴뚝처럼 한숨을 쏟아내는 시절'로 이어지다가 어느덧 각잡힌 군인으로, '둥그런 배'를 가진 중년으로 바뀐다. 인생이라는 무대의 여섯 번째 막은 '콧잔등에 안경'을 걸치고 갈수록 '부실해지는 허벅지'를 가진, 아름다울 것이라고는 없는 연령대다. 그리고 마지막 일곱 번째 막에서 우리는 처음으로 되돌아가 어린애 같은 노인, 치아도 없고 제대로 듣지도 못하는 무기력한 노인으로 생을 마감한다. 이를 피할 길은 없다. '모든 세상은 일종의 무대이며/그리고 모든 남녀는 단순한 연기자', 늙어감이라는 정해진 길을 피할 수 없이 걸어야만 하는 연기자일 뿐이다.[1]

그렇지만 오늘날에도 그럴까? 때마침 나는 60세 생일파티를 다녀왔다. 거의 모두가 안경을 썼다. 그렇지만 '부실한 허벅지'는 보지 못했다. 축하객 가운데 막 두 번째 결혼 생활을 청산한 남자가 잘 차려진 뷔페 앞에서 자기보다 20년은 더 젊어 보이는 세 번째 후보와 시시덕거린다. 이날 생일의 주인공인 여성은 여왕처럼 푸른 비단옷을 입고 40대 중반처럼 빛을 발하며 파티 홀을 누빈다. 주인공의 아버지는 딸의 생일파티를 위해 94세라는 나이를 무릅쓰고 베를린에서 날아왔다. 간단한 기술적 보조수단 덕분에 그는 듣고 보는 데 전혀 지장이 없다. 셰익스피어가 타임머신을 타고 이 세계로 날아온다면 극심한 혼란에 빠질 게 틀림없다.

의문의 여지가 없다. 늙어감의 역사는 새롭게 쓰여야만 한다. 물론 예나 지금이나 변함없는 광경은 있다. 베이지색 포플린을 입은 시니어들은 공원 벤치에 앉아 예전이 더 좋았다고 맞장구들을 친다. 50대 말에 원하지도 않은 명예퇴직을 당한 조기 연금생활자도 여전히 많고 '둥그런 배'로 숨이 짧아진 60대 중반들은 병원 대기실의 단골 환자다. 그러나 사람들의 뇌리에 새겨진 노년의 전형적인 풍경은 이미 오래전에 무너졌다.

사회 변화의 추세를 보여주는 거울이라 할 수 있는 광고 산업은 이제 '시니어'라고 하지 않고 '황금 연령대', '실버 서퍼Silver Surfer', '마스터 컨슈머Master Consumer'라고 부른다. '50 플러스 세대'라는 신조어도 등장했다. 이런 변화는 거부할 수 없다. 숫자로 나타내는 제3의 인생 단계나 획일적인 노년은 더는 존재하지 않는다. 노년을 보는 그런 시각은 앞으로 계속 줄어들 전망이다.

역사상 최초로 우리는 늙음이라는 것을 스스로 결정할 기회를 누리며 적어도 선진 산업국에서는 연령의 경계가 갈수록 뒤섞이고 있다. 나는 브레멘의 야콥스 대학교 연구팀과 함께 오래전부터 인구 변화 추세와 그 결과를 추적해왔다. 2007년에는 파트너 기업인 다임러, 도이체반(독일의 국영철도회사), 도이체방크, 에엔베베, 론차, 오토, 폭스바겐, 곧이어 합류한 마르스와 함께 'WISE 인구통계 네트워크WISE Demografie Netzwerk, WDN'를 설립했다.[2] 이후 우리는 많은 유명한 기업들과 힘을 모아 다양한 연령대 직원들의 잠재력을 연구하는 프로젝트를 진행했다.

이 연구를 하면서 나 역시 나이를 보는 많은 선입견을 씻어냈으며 70, 80세 이후의 삶 혹은 심지어 약간의 운이 따라준다면 90세 이후의 삶까지도 매우 평안한 마음과 기대감으로 바라보게 되었다. 이런 깨달음은 연구를 해야만 얻는 것은 아니다. 언론에 자주 등장하는 기사와 정보만으로도 어떤 연령대에 무슨 일이 가능한지 확인할 수 있다. 그 많은 사례 가운데 몇 가지만 골라봤다. 이것이 우리가 사는 세상이다.

- '네 살짜리 꼬마가 드럼 콘서트에서 프로 못지않은 실력을 뽐내다.' (줄리안 파본, 미국)

- 에엔베베(EnBW)는 'Energie Baden-Württemberg'의 약자로 '바덴뷔르템베르크 에너지'라는 뜻의 발전소 기업이다. 론차(Lonza)는 스위스 화학기업이며 마르스(Mars)는 독일 자동차 제조회사다.

- '아홉 살 소녀가 아카데미 여우주연상 후보에 지명되다.' (쿼벤저네이 월리스, 미국)
- '17세 아가씨가 노벨 평화상을 받다.' (말랄라 유사프자이, 파키스탄)
- '30세 청년, 자수성가한 백만장자가 되다.' (더스틴 모스코비츠, 미국)
- '60세 여교사, 네쌍둥이를 낳다.' (안네그레트 라우니그크, 독일)
- '70세로 패션쇼 무대를 빛냈으며 디지털 비즈니스의 탤런트 스카우터로 활동하다.' (모델 에블린 할과 SAP 창설자 하소 플라트너, 독일)
- '80세로 에베레스트산에 등정했으며 국제 패션계를 주름잡다.' (미우라 유이치로, 일본/칼 라거펠트, 독일)
- '거의 90세로 시장 선거에서 승리하다.' (요제프 뤼델, 독일)
- '100세로 마라톤을 완주하다.' (파우자 싱*, 영국)

이것이 단지 개별적 사례일까? 아니면 법칙에서 벗어난 예외일까? 그렇기도 하고 아니기도 하다. 분명 100세에 누구나 마라톤을 완주할 수는 없으리라. 그렇지만 놀라울 정도로 건강한 노인은 우리 주변에서 얼마든지 볼 수 있다. 내 박사과정 제자들은 모두 아주 건강하게 혼자 살면서 독서회에 나가거나 정원을 가

---

* 파우자 싱(Fauja Singh)은 100세로는 최초로 같은 연령대 그룹에서 마라톤 신기록을 세웠다.

꾸거나 요리를 하는 90세의 숙모나 친할머니, 이웃집 할머니를 알고 있다.

50 플러스 세대는 손자 세대보다 더 활동적이고 민첩하다. 예를 들어 본의 시니어 전문가 서비스Senior Experten Service, SES는 1만여 명이 넘는 회원을 자랑한다. 이 회원들은 그동안 쌓은 전문 지식으로 161개국의 개발 프로젝트에 2만 3,000회 이상 활동하며 기여했다. 이들의 평균 연령은 67세다.[3] 최근 논란이 되고 있는 연동연금Flexi-Rente*은 적어도 노인 일부에게는 위협이라기보다 쌍수를 들어 환영할 기회다.

아직 소수일 수는 있다. 그렇지만 두뇌 연구가, 생물학자, 의학자, 스포츠과학자 등이 관찰한 인간의 유연성Plastizität은 이제 대중도 익히 아는 상식으로서 동기를 부여하는 기분 좋은 효과를 불러일으킨다. 이런 맥락에서 유연성은 적응력, 즉 몸과 정신의 변화 능력이다. 다시 말해 어떤 동기로 얼마나 훈련하느냐에 따라 우리는 전혀 다른 인생을 살 수 있다. 근육도 세포도 있는 그대로 머무르지 않고 우리가 요구하는 바에 반응한다. 우리의 생활 방식과 태도가 몸의 생리 작용보다 더 강한 영향력을 행사한다. 그러니까 30세든 70세든 얼마나 건강하고 삶의 의욕을 보이느가는 우리가 어떤 의식을 가지느냐에 따라 달라진다. 유연성이라는 개념은 이를 약속한다.

---

* 현재 독일에서 활발히 논의되고 있는 연금 형태로 연금 수령 연령과 시기를 수혜자가 직접 선택하도록 하자는 개혁안이다.

우리는 힘이 줄어들고 병환에 시달리며 사회생활로부터 멀어지는 단계인 노년을 지워버리거나 적어도 멀찌감치 미룰 수 있다. 물론 그에 상응하는 노력을 해야 하는 건 당연하다. 특히 갈수록 늘어나는 기대수명은 이것을 분명하게 보여준다. 아래에 많은 젊은이들이 있고 정상에는 소수의 노년을 그리던 연령대 피라미드는 점차 균일한 두께의 기둥이 되더니 갈수록 아래쪽이 얇아지고 있다. 이런 인구구조의 변화로 기업들은 30대 말에 자식을 키우느라 녹초인 직원보다 훨씬 더 건강한 50세 이상의 직원을 '노땅' 취급하는 게 과연 현명한지 고민하고 있다. 그리고 이제 우리는 의학의 발달로 우리의 조부모나 부모를 괴롭힌 숙환에 시달리지 않고 노년에도 얼마든지 만족스러운 삶을 살 수 있다.

인생을 마지막 순간까지 즐기기 위해 우리가 할 수 있는 것은 많기만 하다. 현재 평균 기대수명은 10년마다 2.5년씩 늘어나고 있으며 새로운 세대는 이전 세대보다 평균적으로 7.5년을 더 산다. 오늘날 60세인 사람은 95세 이상 살 수 있는 가능성이 10퍼센트 더 높다. 구글 X(지금은 알파벳 Inc.의 자회사다)와 칼리코는 현재 '죽지 않는 불멸성'을 연구하고 있다. 이 연구에 따르면 영원히 죽지 않는 것은 아니라 할지라도 유전공학과 나노 의학 덕분에 우리의 기대수명은 확연히 늘어날 전망이다.[4]

머지않아 80세 그 이상의 생일 파티에 샴페인이 넘쳐흐르리라. 그러나 우리는 이를 기뻐하고 그 가능성을 이용하기보다 변화하는 연령대 피라미드를 보며 말 그대로 뱀 앞의 토끼처럼 굳어질 수밖에 없다. 여전히 많은 사람들에게 노년은 '결손'이다. 보험회사의 계산에 따르면 우리는 그동안 낸 연금보험료보다 훨씬 더 오래 산다(돈이 허락하는 이상으로 더 오래 산다). 방송에서는 연금 논란을 다루며 공원에서 두툼한 점퍼를 걸치고 벤치에 앉아 하릴없이 소일하는 노인을 보여주며, 사회의 담론은 치매와 요양을 들먹인다. 그러나 이제야말로 우리는 전후 시대의 노년 개념과 작별해야만 한다. 60, 70, 80 그리고 90세를 하나의 당당한 인생 단계로 바라보아야만 한다. 우리는 이 시기를 얼마든지 유용하게 꾸려갈 수 있으며 또 그래야만 한다. 현실을 결정하는 것은 머릿속의 그림이다. 태도가 행동을 낳으며 기대가 성과를 결정한다. 두려움이 좋은 충고를 해준 적은 결코 없다.

이 책은 노년의 새로운 그림을 그릴 퍼즐 조각들을 독자들에게 제공하고자 한다. 숫자가 얼마나 말해주는 게 없는지 곧 알게 될 것이다. 왜 세계의 어떤 지역에서는 사람들이 장수를 누리는지, 스스로 그리는 자화상이 노년에 어떤 영향을 미치는지도 알게 된다. 친구를 사귀고 든든한 사회 연결망을 구축하는 것이 왜 중요한지, 행복한 노년에 돈이 어떤 역할을 하는지도 다룬다.

60세 혹은 70세 이후 침대에서 이뤄질 것은 없다는 주장일랑 깨끗이 잊도록 하자. "노년의 섹스는 식사다"라는 한 코미디언의 말은 헛소리에 지나지 않는다. 나는 21세기의 노년이 매우 상대적인 개념임을 보여줄 생각이다. 물론 노년의 모든 것이 아름답지는 않다. 그러나 모든 것이 아름다운 인생 단계가 과연 있었던

가? 희소식은 오늘날의 노년은 태도의 문제, 곧 어떤 생각으로 보는가에 달려 있으며 누구든 자신의 노년을 개척할 수 있다는 점이다. 당신은 어떤가? 함께 개척해보지 않겠는가?

숫자는 말해주는
것이 없다

"지금 180년이 춤을 추는 거야!"

딸의 은혼식 파티에서 왈츠의 활기찬 리듬에 맞춰 춤을 추던 한 노익장이 외친다. 춤 동작 또한 박자를 확실히 타며 자신감에 넘친다. 노인은 92세, 그의 아내는 88세. 정확히 180년이다. 나이만 본다면 대단한 고령이지만 활력이 넘치는 춤 동작은 놀라울 정도로 젊기만 하다. 이런 장면을 보노라면 '인간은 언제 늙는 것일까?' 하는 물음이 자연스레 떠오른다.

축구 선수는 30대 중반만 넘겨도 퇴물 취급을 받지만 올리버 칸은 39세 생일을 코앞에 두고도 바이에른 뮌헨의 골문을 지켰다. 기업가는 50대에 전성기를 맞으며 국가 지도자는 60대는 넘겨야 비로소 절정기를 구가한다. 교황 프란치스코는 80대, 엘리자베스 2세 여왕은 90대를 넘겼지만 누구에게도 은퇴하라는 소리를 듣지 않는다. 그럼 두 사람은 전혀 늙지 않았단 말인가?

다음 사항을 유념하자.

- 우리의 뇌는 태어나서 고령에 이르기까지 계속해서 새로운 시냅스를 만들어낸다.
- 70대는 평균적으로 20대보다 더 표현 능력이 뛰어나며 감정적으로도 더 현명하다.
- 60대 또는 70대는 대개 40대보다 더 만족하는 인생을 산다.

늙음이 시작되는
나이는 언제인가

'늙었다'는 것의 의미

> 어렸을 때 할머니를 따라 시골의 친척 농장을 자주 찾
> 았어요. 그곳에는 결혼하지 않았고 할머니보다도 더 나이가
> 많은 이모할머니가 사셨죠. 항상 검은 옷을 입고 무뚝뚝했던
> 이모할머니는 구부정한 허리에 머리에는 수건을 두르고 지팡
> 이를 짚으셨죠. 나는 보기만 해도 무서웠어요. 동화책에 나오
> 는 마녀처럼 보였거든요. 당시 정말로 늙어 보였던 이모할머
> 니는 지금 생각해보니 고작 70대 초반이었어요.

한 연구원이 내게 들려준 이야기다. 이 이모할머니가 제1차 세계
대전 이전이 아니라 제2차 세계대전 이후에 태어났더라면 아마

도 청바지와 블라우스를 입고 아이를 맞았으리라. 허리도 수술을 받고 지팡이도 짚지 않았을 게 분명하다. 또 1970년대에 학교를 다녔다면 이 여인은 도시에서 싱글로 살며 요가를 배우고 사회봉사 활동도 활발히 했으리라. 이처럼 불과 몇십 년 차이지만 노년의 삶은 완전히 달라졌으며 앞으로도 빠르게 바뀔 전망이다. 다시 말해 지금이야말로 우리는 이런 변화를 유념해야만 한다! 그렇다면 오늘날 '늙었다'는 것은 무엇을 뜻할까?

우리는 누구나 노년을 보는 나름대로의 이미지를 머릿속에 갖고 있다. 이런 이미지는 대개 가족 안에서 봤던 노년의 모습, 사회적 분위기 그리고 노년을 주제로 벌어지는 사회적 논란에 영향을 받는다. 사회적 논란들은 대개 치매, 고령화 사회 또는 연금 고갈 등을 주제로 벌어지는데 최근 뉴스를 보면 85세 이상 노인 가운데 4분의 3 이상이, 심지어 90대 이상 노인은 3분의 2 이상이 맑은 정신력을 그대로 유지한다고 한다. 이제 노인의 치매 문제가 신문의 1면 머리기사로 등장하는 일은 거의 찾아보기 어려워졌다. 1990년대에 노년의 요양 문제가 심각한 사회 위기를 부를 것이라던 진단은 지나치게 비관적이었다는 분석도 이젠 신문의 한 귀퉁이조차 차지하지 못하는 소식일 뿐이다.[1]

그럼에도 요양 환자의 비율이 꾸준히 늘어나리라는 예측은 그칠 줄 모른다. 이런 예측은 우리가 예전보다 훨씬 더 늘어난 기대수명을 누릴 뿐만 아니라 의학의 발달로 고령의 나이에도 더 건강한 생활을 할 수 있게 되었다는 점을 한사코 무시한다(제2장

'생물학적 나이'를 참고하라). 위키피디아도 예외는 아니어서 노년이 '일반적인 몸의 쇠퇴와 맞물린 인생 단계'라는 부적절한 정의만 고집하며 이 인생 단계가 오늘날 제공하는 다양한 기회를 무시한다. 그렇다 보니 나이를 먹을수록 더 행복하고 만족스러운 노년을 즐길 수 있다는 사실을 아는 사람은 극소수에 지나지 않는다.

《프랑크푸르터 알게마이네 차이퉁Frankfurter Allgemeine Zeitung》은 2013년 7월 23일자 보도에서 런던 정치경제대학교의 포괄적인 연구를 토대로 '행복은 U자 형이다'라는 제목의 기사를 실었다. 이 설문조사는 50여 개 이상 국가들의 2만 3,000명을 대상으로 이뤄졌다. 응답자의 대다수는 20대를 가장 행복한 시절로 꼽았으며 이후 삶의 만족도는 50대에 이르기까지 꾸준히 줄어들다가 놀랍게도 50대부터 다시 상승하는 경향을 보였다.

이런 경향이 나타나는 이유는 30~40대 중반에 '인생의 러시아워'를 겪으며 치열한 경쟁에 시달리기 때문이다. 그 밖에도 이 연령대는 직업과 가정생활을 조화시키는 요구를 감당해야 한다. 따라서 노년에는 보다 성숙해진 태도와 여유, 지나친 기대를 갖지 않는 마음가짐 덕분에 만족도가 높아진다고 연구자들은 진단한다.

그렇기에 노년을 두고 부정적인 단어를 사용하는 여론의 주장은 노년이 피할 수 없는 은퇴의 시기이며 굳이 병치레는 아니라 할지라도 가능한 일들이 확연히 줄어든다고 속삭인다는 점에서 가히 파괴적이다. 심리학은 우리의 기대와 생각이 행동에 결정적인 영향을 미친다고 가르친다. 계속해서 늙었다, 아무짝에도 쓸모가 없다, 무기력하다 따위의 암시에 노출되는 사람은 자신도 모르는 사이에 그렇게 행동할 확률이 높아진다.

이런 맥락에서 전설적인 실험 하나를 살펴보자. 하버드 대학교의 심리학자 엘런 랭어*가 1979년에 시도한 것으로, 그녀는 양로원 주민의 절반 정도에 해당하는 노인들에게 '타임머신'을 태웠다. 즉 마치 1959년으로 돌아간 것처럼 방 안의 가구를 꾸며놓고 라디오와 텔레비전 방송도 당시의 것이 나오도록 한 뒤 노인들에게 이곳에서 스스로 일상을 책임지며 생활하게 했다. 노인들에게 젊은 시절의 환경을 되돌려준 셈이다. 놀랍게도 일주일 뒤 노인들은 자신이 젊고 건강하다고 느꼈을 뿐만 아니라 아무런 변화를 겪지 않은 대조군에 비해 훨씬 더 활동적이었다. 이들은 기억력, 유연성, 심지어 청각 능력도 개선된 측정치를 보였다. 랭어는 『마음의 시계』에서 이 실험을 상세하게 소개하고 있다. 이 실험은 제3장에서 더 자세히 다루기로 한다.

지금은 우리가 얼마나 자신감을 가지느냐에 따라 우리가 할 수 있는 것들이 결정적으로 달라진다는 사실을 확인하는 것만으로도 충분하다. 아마도 대다수의 75세 노인은 주변에서 그 나

---

* 엘런 랭어(Ellen Langer)는 1947년에 미국에서 태어난 심리학자로 1981년 하버드 대학교 역사상 최초로 종신 교수가 되었으며 '마음챙김(Mindfulness)의 어머니'라 불릴 정도로 명상의 발전에 많은 기여를 했다.

이엔 안타깝기는 하지만 피할 수 없다고 부추기는 바람에 보행 보조 도구에 의존하리라. 그러나 규칙적인 운동이나 가까운 피트니스 센터 방문만으로도 줄어드는 힘과 신체의 조정력은 얼마든지 회복할 수 있다. 다음의 일화가 주는 교훈을 곱씹어보면 건강한 노년은 전혀 불가능한 일이 아니다.

엘리트 스포츠 분야의 운동선수를 관리하는 에이전시를 차린 내 친구 하나가 자신의 물리치료사가 보여준 사진을 이야기해준 적이 있었다. 사진 속 인물은 네덜란드에서 요양 생활을 처방받은 78세의 여인이었다. 골다공증을 앓는 이 여인에게 의사는 뼈를 지지해줄 필요가 있다며 코르셋을 착용하라고 했다. 그러나 물리치료사였던 여인의 조카가 이는 완전히 잘못된 접근 방식이라고 했다. 코르셋을 하면 뼈가 자연스러운 힘을 잃어 오히려 그 쇠퇴 속도가 더 빨라진다며 조카는 숙모에게 매일 이런저런 운동을 하라고 알려주었다. 몇 주 뒤 그녀는 요양원에서 퇴원했고 50킬로그램의 역기를 머리 위로 들어올렸다!

의학과 스포츠과학은 적절한 운동이 고령에도 놀라운 효과를 불러일으킨다고 목소리를 모은다. 스포츠라고는 몇십 년 동안 텔레비전에서만 본 사람일지라도 운동을 하면 얼마든지 효과를 본다는 것이 학계의 정설이다. 그럼에도 오늘날 75세 이상의 고령자들은 거의 모두가 운동이라는 말만 들으면 유행하는 운동복 차림에 늘씬한 몸매의 20대나 30대를 떠올릴 뿐 백발이 성성한 시니어를 연상하지는 않는다.

다시 '언제 우리는 늙은 것일까?'라는 물음으로 돌아가보자. 늙음은 60세나 70세, 80세 생일부터 시작될까? 과거를 돌아보는 눈길은 놀라운 사실을 알려준다. 킹스 칼리지 런던의 역사학자 팻 테인*은 자신의 책 『노년의 역사』에서 이렇게 요약한다. "언제 어디서나 늙었다는 것은 스스로 생활할 능력, 생존을 지킬 능력이 더는 충분하지 않은 상태로 간주돼왔다." 고대든 현대든, 유럽이든 대서양 건너편이든 늙음은 60대에서 70대 사이에 시작된다는 데에는 의견이 일치한다.[2]

오래전부터 노년은 생년월일보다는 개인적 상황 및 생활 능력과 깊이 연관되었다고 여겨졌다. 일상의 관찰은 이런 견해를 뒷받침한다. 벌써 몇 년째 거리에서 생활하는 30세의 알코올중독자는 비를 막아줄 지붕이 있고 건강한 식사를 하며 충분히 운동하는 70대에 비해 몸과 정신이 훨씬 더 늙기 마련이다. 이런 비교가 지나치게 터무니없다고 생각한다면 가장 최근에 갔던 동창회 사진을 확인해보라. 초등학교를 졸업하고 30년 또는 40년이 지난 시점에서 본 동창들의 얼굴은 동년배로 인생을 시작했다는 게 믿기 어려울 정도다. 놀라울 정도로 젊은 외모의 친구가 있는가 하면, 평균적인 용모의 친구, 폭삭 늙어버린 친구도 있다. 이들의 차이는 더없이 선명하다.

의문의 여지가 없다. 인간은 저마다 다르게 늙는다. 그렇지만

---

* 팻 테인(Pat Thane)은 1942년생으로 영국의 역사학자이자 복지 역사 전문가로 영국 정부의 자문관을 맡고 있기도 하다.

덴마크의 쌍둥이 연구(이 연구는 1870년에서 2000년까지 130년 동안 7만 5,000쌍의 쌍둥이를 대상으로 생활 및 의료 데이터를 수집했다)는 유전자가 인간의 평균 기대수명에 미치는 영향은 고작 10퍼센트뿐이라고 밝혀냈다. 나머지 90퍼센트는 각자의 생활 방식에 따라 달라졌다. 그러니까 자연적으로 타고나는 조건은 우리의 수명에 10퍼센트 정도의 영향력만 행사한다. 또 다른 연구는 유전자의 영향이 10퍼센트가 아니라 30퍼센트라는 결론(더 자세한 내용은 제2장을 참고하라)에 이르렀다고 해도 일반적으로는 생활 태도와 습관이 훨씬 더 크게 작용한다고 한다. 한마디로, 단순히 숫자로 표현되는 나이는 별 의미가 없다.

유전적 요인보다 생활 태도 및 습관이 중요하다는 점을 고려하면 알렌스바흐 여론조사 연구소*가 2012년 '사회가 보는 늙음'이라는 주제로 진행한 설문조사의 결과는 별로 놀랍지도 않다. '당신은 주변 사람이 언제 늙었다고 보는가?'라는 질문에 구체적인 숫자를 들먹이는 일은 갈수록 줄어들고 있다. "오히려 노년이라는 개념은 인생 말기로 갈수록 줄어드는 생명력의 묘사로 이해된다." 이런 관점에 따라 응답자 3분의 1은 '신체적 장애가 나타날 때' 늙은 것이라고 답했다. 다른 3분의 1은 '돌봄이나 요양이 필요한 경우'로 봤다. 나머지 3분의 1만이 '특정 연령대에 도달했

---

* 알렌스바흐 여론조사 연구소(Institut für Demoskopie Allensbach)는 독일의 여론조사 기관으로 1948년에 독일 남부 지방의 알렌스바흐에 설립되었으며 본과 베를린에 지부를 두고 있다.

을 때'라고 답했다. 3분의 2에 해당하는 많은 사람들이 늙음이란 고령에 자립적이고 활동적으로 살다가 병에 걸려 불과 몇 주 만에 사망할 때, 바로 이 병에 걸려 보낸 마지막 기간이라고 답한 셈이다.

마찬가지로 응답자 43퍼센트는 노년이 도대체 언제 시작되느냐는 질문에 특정 숫자를 언급하지 않았다. 숫자를 들먹인 사람들의 경우에도 노년의 경계는 자신의 연령대가 갖는 기대에 따라 뒤로 밀려나는 경향을 보였다. 16~29세의 응답자들은 평균적으로 61세가 늙음의 시작이라고 본 반면, 60세 이상 응답자들은 76세를 늙음의 시작으로 꼽았다.[3]

'60은 새로운 50이다' 또는 '75는 새로운 60이다'라는 지혜롭고 경쾌한 표현은 이런 노년의 이해를 잘 반영한다. 2015년 11월 독일 수상 헬무트 슈미트의 사망을 기리는 라디오 방송에서 어떤 젊은 청취자가 전화를 걸어 한 말도 그랬다. 이 청취자는 슈미트가 96세의 나이에도 "32세 청년 세 명보다 더 젊다!"고 촌평했다. 이런 관점에서 보면 병약함만이 늙음의 기준일 수는 없다. 정신적으로 젊음을 유지하며 자신의 인생 경험을 활용해 선견지명을 보여주면서도 고루한 태도를 보이지 않는 90대는 얼마든지 늠름하게 젊은 인생을 꾸린다.

프리드리히 노보트니(1929년생), 페터 숄라투르(1924년생), 마르가레테 미철리히(1917년생)처럼 90세를 넘기고서도 활발하게 활동한 인물을 만나봤던 사람은 정신적 젊음이 어떤 것인지 알고

도 남으리라.* 손주들을 정성껏 돌봐주며 이야기를 읽어주고 인
내심을 갖고 체스를 가르쳐주고 숙제를 도와주는 할아버지나 할
머니를 지켜본 사람들도 이런 관점에 흔쾌히 동조하리라. 실제로
인생 2막에서 자신이 늙었다고 느끼는 사람은 갈수록 줄어드는
추세다. 이는 예전 세대에 비해 행동반경이 확실히 늘어났을 뿐
만 아니라 의학의 발달로 질병의 고통이 줄어들었고 80대가 넘
어서야 비로소 노쇠 현상이 시작되기 때문이다.

---

* 프리드리히 노보트니(Friedrich Nowottny)는 독일 공영방송의 사장을 지낸 인물이며 페터 숄
  라투르(Peter Scholl-Latour)는 독일과 프랑스 혈통을 이어받은 저널리스트, 마르가레테 미
  철리히(Margarete Mitscherlich)는 독일의 정신과 전문의다.

부모보다 20년을
더 사는 세대

오늘날 기대수명은 남성의 경우 약 78세, 여성은 약 83세다. 그러나 19세기만 하더라도 유럽인의 평균적인 기대수명은 거의 절반인 40~45세에 불과했다. 이렇게 충격적일 정도로 낮은 평균수명의 원인은 당시 영아 사망률이 매우 높았기 때문이었다. 팻 테인에 따르면 "산업화 이전의 시대에 인생의 첫 시기를 이겨내고 성인 연령대에 도달한 사람은 60세나 그 이상을 살아낼 좋은 기회를 누렸다."[4]

16세기 유럽에는 탄생에서 고령에 이르기까지 인생의 경로를 그림으로 나타낸 이른바 '인생 계단'이 유행했다. 19세기에는 이것이 대량으로 인쇄되어 인기리에 팔려나가기도 했다. 수많은 거실과 작업장에 걸린 이 그림은 사람들이 노년의 이미지를 형성하는 데 결정적인 영향을 미쳤다. 대체 어떤 그림이었을까? '계단'이라는 단어에서 짐작할 수 있듯 일단은 상승하는 형태다. 대개는 10세를 단위로 나타난다. "10세는 어린애지/20세는 청년이야/30세는 남편이네/40세는 늠름하네/50세는 조용히 서 있네." 이런 묘사와 더불어 초등학생, 군인/대학생, 구애하는 청년, 신랑, 점잖은 신사의 그림이 등장한다. 그런 다음 다시 내리막길이다. "60세는 노년의 시작이네/70세는 노인이네/80세는 백발이야/90세는 아이들의 놀림감/100세는 신의 은총이라네."

60세부터 눈빛은 현명하게 빛나고 먼 곳을 바라보지만 등은 갈수록 굽어져 마침내 지팡이가 허리를 대신한다. 그리고 결국 무기력한 노인, 지금까지도 우리를 충격에 빠뜨리는 공포의 노년상이 남는다.[5] 이처럼 대중의 기억에 노년은 남성이든 여성이든 몰락과 상실의 단계로 각인되었다. 여성의 인생 계단도 마찬가지로 가족의 의무에 맞춘 사회적 역할에 따라 묘사되며(결혼, 자녀 양육, 손주 돌봄) 이런 묘사 역시 피할 수 없이 노환과 무기력함으로 끝을 장식한다.

이런 전조 아래 묘사된 노년은 실제로 추구할 가치가 별로 없어 보인다. 그러나 노년의 이런 평가 뒤에는 분명한 경제적 의도가 숨어 있다. 바로 알맞은 때에 후손 세대에게 경제력을 넘겨달라는 호소다. 다만 이런 의도가 노골적으로 표출되지 않았을 뿐이다.[6] 오늘날에도 노인이 자신의 사회적 역할에 충실하면서 알맞은 때에 자녀와 손주들에게 재산을 물려주었으면 하는 희망은 전혀 낯설지 않다.

아무튼 우리가 노년을 보며 가지는 관념은 19세기의 저 비더

마이어,* 곧 소시민풍의 인생 계단과 몇몇 공통점을 가진다. 즉 인생을 단계별로 나눠 어떤 것이 각 단계에 맞는 역할인지 구분하는 관점은 오늘날에도 여전하다. 애정 행각은 젊은 시절에나 하는 것이며 중년에는 경제활동에 치중해야 하고 인생의 마지막 3분의 1은 안락의자나 텔레비전 앞 소파에서 보내야 한다는 식의 고정관념은 예나 지금이나 똑같다.

손주와 놀아주며 놀림이나 받는 노인은 이미 15세기와 16세기에 루카스 크라나흐와 그의 아들이 즐겨 그린 주제다(「늙은 바보 Der alte Narr」, 「사랑에 빠진 노파Die verliebte Alte」).** 20세기에 베르톨트 브레히트는 소설 『품위 없는 노파Die unwürdige Greisin』에서 72세의 노파가 오랫동안 자식들을 키우느라 힘들게 일하고 마침내 독립적인 삶을 영위하는 것을 보며 자녀가 터뜨리는 분통을 묘사했다. 이 활동적인 어머니의 '품위 없는 행동'은 무엇보다 그녀의 커다란 집을 가난한 아들과 그 가족에게 물려주지 않고 이틀에 한 번 레스토랑에서 식사를 즐기며 유산으로 남겨줄 돈을 흥청망청 쓴다는 것이었다.

20년 전 50대 중반의 직장인에게 '젊은 세대를 위한 희생'을 요구하며 명예퇴직을 강요했을 때만 해도, 아무도 이 연령대가 잔디밭이나 깎고 십자말풀이를 하거나 텔레비전만 시청하기보다 훨씬

---

* 독일 문학에서 1815~1848년 사이 정치적인 격변이 사라지면서 소시민적 생활양식과 자족감이 두드러지던 시기의 예술 경향을 이르는 말이다.
** 루카스 크라나흐(Lucas Cranach, 1515~1586년)는 같은 이름을 가진 아버지(1472~1553년)와 함께 독일의 르네상스를 대표하는 화가다.

더 많은 것을 할 수 있음을 확실하게 제기하지 않았다.

나이를 가지고 자의적으로 단계 또는 과정을 설정하는 것이 각 개인의 성격, 능력, 삶의 조건 등을 전혀 고려하지 않은 잘못임은 아무리 강조해도 부족하다. 어린아이도 마찬가지다. 네 살에 유치원에서 지루해하는 아이가 있는 반면 여덟 살인데도 초등학교에 보내기 어려울 정도로 발달이 더딘 경우도 있다.

독일 법의 모순된 규정들은 이런 자의적인 연령 기준이 얼마나 어처구니없는지 잘 보여준다. 예를 들어 14세면 종교 선택의 자유를 인정해주며 범죄를 저질렀을 때 형사 처분을 받도록 규정해놓고서 영화관은 밤 10시까지만 출입을 허용한다는 법 규정은 실소를 자아낸다. 16세 청소년은 두 시간이 더 허용되어 자정에 음식점과 영화관에서 쫓겨난다. 그러나 글라이더 면허증은 딸 수 있으며 조건부로 결혼도 할 수 있다. 그러면 결혼한 16세 청소년도 자정이면 집으로 보내야 할까? 공직의 경우는 더 가관이다. 바이에른에서는 21세면 시장이 될 수 있다. 노르트라인베스트팔렌에서는 23세, 바덴뷔르템베르크에서는 25세면 시장으로 선출될 수 있다. 그렇다면 바덴뷔르템베르크의 아이들은 발달이 훨씬 더딘 걸까? 바덴뷔르템베르크주에서는 자녀가 25세가 될 때까지 부모가 주정부로부터 양육지원금을 받을 수 있다.

아무튼 나이를 기준으로 인생 단계를 나누는 사고방식은 젊은 시절에도 다양한 삶의 상황과 인격적 형태가 존재한다는 사실을 무시한다. 마찬가지로 노년이라면 모두 회색지대로 취급하는 것도 그와 같은 발상이 빚어내는 오류다. 헤센주의 경우 시장이나 지방의회 의원의 선거에 나갈 수 있는 연령 상한선은 67세다. 또 독일 전역에서 재판관과 공증인은 70세까지만 활동할 수 있다. 이런 식이라면 1949년 73세로 처음 수상에 선출되었으며 두 번 (1957년과 1961년) 재선된 콘라트 아데나워는 독일 지방법원 재판관이 될 생각은 꿈도 꾸지 말았어야 했다는 이야기다.

비록 더디기는 하지만, 오늘날 노년의 실제 폭에 맞춰 다양한 노동 모델과 더불어 유연한 연금제도 도입이 논의되고 있다. 이는 무엇보다 인구 변화와 더불어 다양한 분야에서 전문가가 부족해지는 현상이 그 원인이다(더 자세한 것은 제4장 '사회적 나이'를 참고하라).

인생 계단이라는 고정관념에 대항할 설득력을 가진 모델은 무엇일까? 저명한 심리학자로 버클리와 하버드에서 교편을 잡은 바 있는 에릭 에릭슨*은 인생이 중반에서 정점에 올랐다가 다시 내리막길을 걷는 계단이 아니라고 본다. 그는 인생을 꾸준히 이어지는 발달 과정으로 파악하고 각 시기마다 절정과 최악의 순간을 겪어내야 하는 것이라고 주장했다. 그의 '성격 발달 단계'는 유아기에서 노년까지 여덟 단계로 되어 있으며 노년은 고전적인 은퇴 시기인 65세에 시작한다. 각 발전 단계는 저마다 전형적인

---

* 심리학자 에릭 에릭슨(Erik Erikson)은 덴마크 혈통으로 독일에서 태어나 미국에서 활동했다. 이른바 '정체성 위기'라는 이론으로 유명해진 그는 프로이트의 정신분석을 더욱 발달시켰다는 평가를 받는다.

도전 과제와 위기를 가진다. 이를테면 어린아이는 엄마 품에서 떨어져 나와 자율적인 자아를 키우는 법을 배워야 한다. 학생은 실패의 두려움을 이기고 성취할 자신감을 키워야 한다.

에릭슨에 따르면 노년의 도전 과제는 자신이 살아온 인생의 긍정적 측면과 덜 긍정적인 측면을 있는 그대로 받아들이고 더 높은 차원에서 인간과 사회를 바라보는 관심을 베푸는 것이다. 여기서 더 높은 차원이란 가족이란 테두리를 넘어 사회와 세계에 관심을 가지며 그동안 쌓은 지식을 전달해주고자 하는 마음을 뜻한다.

이런 도전 과제를 성공적으로 완수할 때 지혜와 고결함이 키워진다. 자신이 살아온 인생에 불만을 품고 도전 과제를 감당하지 못하는 노년은 절망에 사로잡힌 나머지 비참한 여생을 살게 된다. 반면에 노년과 더불어 인격적으로 더욱 성숙하는 데 성공한 사람은 타인과 조화를 이루며 공감을 나누는 기쁨을 누린다. 실제로 그런 방증을 두뇌 연구는 충분히 보여준다.[7]

에릭슨의 메시지는 분명하다. 각 단계마다 인간은 새롭게 위치를 잡으면서 자신의 인성을 더욱 새롭게 가꿀 수 있다.[8] 80세에 기업을 운영할 수 있는 사람은 물론 많지 않으리라. 그러나 80세는 30세와 다르게 기여할 잠재력을 얼마든지 가진다(제2장 '생물학적 나이'를 보라).

인생은 공평하다! 인생이 꾸준히 우리에게서 희망을 앗아가는 것은 논란의 여지가 없는 사실이다. 그러나 또한 인생은 우리에게 늘 새로운 가능성을 선물한다. 태어나 3세가 되면 우리는 그 어떤 외국어도 모국어처럼 배울 수 없다. 25세만 되어도 우리는 5세 아이와의 기억 게임에서 이길 수가 없다. 40세만 되어도 주말 내내 클럽에서 즐기고 월요일에 아무렇지도 않게 출근할 수 없다. 그러나 60세의 우리는 복잡한 상황에서 20세보다 지혜로운 결정을 내릴 줄 안다. 70세의 우리는 40세는 도저히 보여줄 수 없는 관용과 공감으로 사람들을 포용할 줄 안다.

나이가 주는 선물

2009년 1월 15일 놀라운 장면이 전 세계 방송의 전파를 탔다. 58세 생일을 며칠 앞둔 조종사 체슬리 설렌버거는 에어버스 320을 비상착륙시키는 데 성공했다. 그것도 뉴욕의 허드슨강 한복판에서. 승객들은 강물에 가라앉는 비행기에서 서둘러 달려오는 배들에게 구조되기를 침착하게 기다렸다. 비행기는 뉴욕 라과디어 공항에서 출발한 직후 새떼와 충돌하면서 두 개의 엔진이 추진력을 잃는 바람에 수상 비상착륙이 불가피했다. 승객 150명과 승무원 다섯 명이 무사히 살아남았다. 비행 경험이 적은 30세의 조종사라면 이런 예술적인 비상착륙에 성공할 수 있었을까?

젊음이 언제나 강점인 것은 아니며 늙음이 언제나 약점인 것도 아니다. 노련한 산악인은 어려운 등산을 할 때 25세 이하의 젊은 이를 팀에 받아들이지 않는다고 독일의 노인학 대가 파울 발테스[•]는 말했다.[9] 25세 이하의 젊은이는 위험을 두려워할 줄 모르기에 팀 전체를 위기에 빠뜨릴 수 있다는 것이 그 이유다. 분명히 언급하지만, 나는 지금 세대 갈등을 조장하려는 게 아니라 노년을 두고 한쪽으로만 바라보는 관점을 바로잡으려 한다.

인생에 대체 얼마나 많은 단계가 있느냐 하는 것도 흥미로운 질문이다. 에릭슨은 인생을 8단계, 즉 유아기, 소아기, 놀이 단계, 학생 단계, 청소년기, 초기 성인 연령대(배우자를 찾는 시기), 성인 연령대, 노년으로 봤다. 1960년대에 에릭슨은 65세 이상을 '노년'이라는 하나의 범주로 정리했지만 오늘날 학자들은 이 범주를 더욱 세분화한다. 기대수명이 높아지기도 했거니와 시니어의 건강 상태가 상당히 좋아졌기 때문이다. 100년이라는 세월을 거치며 서유럽의 기대수명은 40세에서 80세로 늘어났다.

독일 연방통계청Statistisches Bundesamt은 2015년 초 여성의 평균 기대수명을 82년 10개월로, 남성은 77년 9개월로 발표했다(2015년 4월 22일의 언론 보도 자료 143번). 80세 이상의 인구수는 갈수록 늘어나는 추세다. 더욱이 80세 이상의 사망률은 1960년대와 비교해 절반 정도로 줄어들었다고 로스토크 인구조사 연

• 파울 발테스(Paul P. Baltes)는 독일의 심리학자이자 전 세계적인 노인학 선구자다.

구관들은 2013년 초에 발표했다.[10] 그리고 독일에서 100세 이상 인구수는 2000년부터 2010년까지 무려 두 배 이상 늘어나 약 6,000명에서 1만 3,000명 늘어났다고 로베르트 보슈 재단*이 2013년 위촉한 '제2차 하이델베르크 100세 연구'는 밝혔다. 이런 추세는 앞으로도 계속되리라는 것을 예측하게 해주는 방증은 많기만 하다.

이처럼 장수를 누리는 사람은 갈수록 많아지고 있으며 당연히 85세의 인생은 65세의 인생과 다를 수밖에 없다. 희소식은 우리는 조부모 세대와 비교해 족히 20년 가까이 건강한 인생을 더 누릴 수 있다는 점이다. 그래서 학자들은 세 번째 인생(은퇴 후부터 80세까지)과 네 번째 인생(80세부터)을 말하면서 '젊은 노인'과 '늙은 노인'을 구분한다. 우리는 20년을 더 산다! 부탁하건대 잠깐이라도 이 20년이라는 세월 동안 무엇을 할 수 있으며 어떤 체험을 누릴 수 있을지 상상해보기 바란다. 지난 20년 동안 당신에게는 무슨 일이 있었는가? 향후 20년 동안 어떤 것을 만회하거나 새롭게 체험하고 싶은가? 물론 이 새롭게 선물받는 20년의 계획이 그저 막연하게 '연금을 받으면 아무것도 하지 않고 지낼 거야.' 같은 것은 아니라는 전제 아래서 말이다.

---

* 로베르트 보슈 재단(Robert Bosch Stiftung)은 독일의 전기, 전자기기 및 자동차 부품회사인 보슈가 설립한 공익재단으로 창업자 로베르트 보슈(1861~1942년)의 유지에 따라 1964년에 설립됐다.

그런데 우리가 20년을 더 선물받게 되었다는 점을 명확히 의식하는 사람은 그리 많지 않다. 대다수 사람들은 여전히 조부모 세대의 사고방식에서 벗어나지 못한다. 조부모 세대는 오랜 세월 동안 몸으로 부딪치며 고된 일을 하고 고작 몇 년 남은 인생을 공원의 벤치에 앉아 쉬는 것으로만 이해했다. 바로 그래서 우리는 계획 없이 더 길어진 인생에서 헤맬 뿐이다.

노년의 모습을 그리다

영화 「인턴」에서 로버트 드니로는 40년 이상 전화번호부 제작회사의 판매부장으로 일하다가 은퇴한 70세 인생을 연기한다. 고작 몇 주의 은퇴 생활에 벌써 홀아비는 지독한 지루함을 참을 수가 없다. 그래서 마침내 여행을 하기도 했지만 지루함은 여전하기만 하다. 여행에서 돌아와 현관문을 닫는 순간 지루함이 고스란히 되살아났기 때문이다. 결국 그는 어떤 인터넷 창업회사에서 '시니어 인턴 프로그램'에 참여하기로 결심한다. 낯설고 서먹하기만 했던 인턴 생활은 며칠 지나지 않아 그의 인생 경험이 얼마나 소중한 것인지 입증해주는 것으로 바뀐다. 물론 오락영화 이야기이긴 하다. 그러나 직장에서 은퇴식을 치르고 나온 사람이 당신이라면 당신의 노년은 어떤 모습일까? 당신은 무슨 계획을 세워두었는가? 80대에 어떤 인생을 살지 50대에 이미 그 그림을 그려본 사람은 분명 유리한 고지를 선점하리라.

파울 발테스 같은 사회학자와 노화 연구가들이 이야기하는 네 번째 인생은 80세에 시작된다. 형식적으로 네 번째 인생을 정하는 기준은 80대에 이르면 해당 동년배 가운데 절반 정도가 사망한다는 점이다. 80세, 늦어도 85세부터 우리는 '고령'이라는 단어를 쓴다. 그러나 기대수명이 늘어나면서 아마도 머지않은 미래에 90세나 100세를 고령이라고 부르게 되리라.

네덜란드의 의학자 루디 베스텐도르프*는 세 번째 인생을 질병으로부터 자유롭게 하고 네 번째 인생은 최대한 개인의 행동 능력을 유지시키는 것을 연구한다.[11] 아마도 많은 사람들이 이런 메시지를 뒤섞인 감정으로 받아들이리라. 85세가 되면 요양원 신세는 안 져도 보행 보조 도구를 써야 하며 환자 취급을 받는다고 오랫동안 매체로부터 세뇌를 당해온 걸 생각하면 이런 혼란스러운 감정이 놀라운 것은 아니다. 정확히 이런 관념을 떨쳐내는 것이 중요하다. 85세를 넘겨서도 우리는 얼마든지 인생을 즐길 수 있다.

---

* 루디 베스텐도르프(Rudi Westendorp)는 네덜란드 코펜하겐 대학교에서 노인의학을 가르치고 있다.

'여생'이 아닌
'인생'을 사는 사람들

예전에 세대 간 갈등의 전선은 아이들 대 어른, 반항적인 청소년 대 보수적인 노인이라는 대비 구도로 더할 수 없이 분명했다. 스테판 에셀의 『분노하라』*를 보면 오늘날에는 90세를 넘긴 사람이 시민적 저항을 요구한다. 2007년 77세였던 보수 정치가 하이너 가이슬러는 세계화를 비판하는 NGO 아탁Attac에 가입했으며(가이슬러는 87세를 일기로 사망했다), 펑크 패션을 창조한 비비안 웨스트우드는 50세에 자기보다 25세 어린 남자와 결혼했다.** 반면 출세 지향적인 대학생들은 마치 태어날 때부터 넥타이를 맨 것처

- 스테판 에셀(Stéphane Hessel)은 프랑스의 레지스탕스 투사로 UN의 인권위원회 프랑스 대표를 역임한 인물이다. 그의 저서 『분노하라(Indignez-vous!)』는 전 세계적인 베스트셀러로 국내에도 번역본이 나와 있다.
- 하이너 가이슬러(Heiner Geißler)는 독일의 정치가로 보수적 성향의 기독교민주연합(CDU) 소속이나 항상 소신 있는 정치 행보를 보인 인물이다. 비비안 웨스트우드(Vivienne Westwood)는 영국의 디자이너다.

럼 행세한다. 사춘기 청소년은 옷과 음악 취향이 어른 세대와 너무나 비슷해진 나머지 부모에게 충격을 주려면 다른 방법을 쥐어짜야 할 지경에 이르렀다.

요즘은 상당수의 시니어들이 손주들과 똑같은 청바지를 입고 스니커즈를 신는다. 불과 몇십 년 전만 해도 노부인들은 매일 검은 드레스에 앞치마를 둘렀다는 걸 생각하면 이런 캐주얼한 차림은 참으로 놀라운 변화다. 무뚝뚝한 60대 기업가는 물론 손주 세대인 신생 기업 창업주들도 캐주얼한 후드 티 차림으로 회사에 출근한다.

더불어 시니어의 창업도 만만치 않다. 프레제니우스 메디컬 케어Fresenius Medical Care의 전임 회장 벤 리프스는 대표이사에서 물러나 골프장에서 시간을 보내는 대신 나노 기술로 암 치료를 목표로 하는 주식회사 마그포스Magforce AG를 베를린에 설립했다. 리프스가 작금의 사회 흐름을 주도한 선구자라는 점을 알아보기 위해 예언자여야만 하는 것은 아니다. 오늘날 기업 창립은 열 명 가운데 한 명꼴로 55세 이상의 '실버 워커Silver Worker'가 주도하는 추세다. 이런 시니어 창업자들은 필요한 정보를 인터넷(www.gruender50plus.de)에서 얻는다.

이런 변화에 혼란을 느끼는 사람도 없지는 않으리라. 아무튼 노년의 전통적인 이미지를 무색하게 만드는 현상들은 전례를 찾아볼 수 없을 정도다. 70, 80, 90, 심지어 100세에 믿기 어려운 기

적을 일으키는 사람은 많기만 하다. 다음과 같은 스포츠 분야만
해도 노년들이 세운 기록은 헤아릴 수 없을 정도다.

- 72세에 각종 대회의 상을 휩쓴 승마 장애물 경주 선수 (후고
  시몬, 1942년생)
- 89세에 공중제비를 돌며 물구나무서기를 하는 체조 선수
  (요한나 쿠바이스, 1925년생)
- 100세에 그 연령대 그룹에서 시간당 세계신기록을 수립하고
  102세에 시간당 24.25킬로미터에서 26.95킬로미터로 기록을
  경신한 사이클리스트 (로베르 마샹, 1911년생)
- 미국의 여성 해리엇 톰프슨은 92년 65일이라는, 세계에서 최
  고령의 나이로 마라톤을 완주했다. 암 투병을 이겨내고 그녀
  는 2015년 샌디에이고에서 열린 마라톤 대회에서 7시간 7분
  42초라는 그 연령대의 기존 기록을 1시간 30분이나 앞당겨
  신기록을 수립했다. 한편 2004년 아디다스의 홍보행사에서
  데이비드 베컴과 무하마드 알리와 함께 어깨를 나란히 했던
  파우자 싱은 최초의 100세 노인으로 같은 연령대 그룹에서
  마라톤 신기록을 세웠을 뿐만 아니라 고작 94분 동안 200,
  400, 800, 3,000미터 및 1마일에서 같은 연령대 신기록도 세
  웠다. 다른 대회에서는 단 하루 만에 100, 200, 400, 800,
  1,500, 3,000, 5,000미터와 1마일에서 세계기록을 수립하는
  기염을 토했다.

물론 건강한 시니어는 중병을 앓지 않았다거나 침대를 벗어나지 못할 정도로 쇠약하지 않았다는 점을 인정해야 공평한 이야기가 되리라. 심장에 결함이 있는 사람은 폐병 환자와 마찬가지로 마라톤을 달리지 못한다. 그럼에도 분명한 사실은 이런 어려움에도 의욕을 보이고 성공한 사람의 예가 많다는 점이다. 아무튼 자신이 무엇을 할 수 있는지 능력을 과소평가하는 사람이 너무 많다. 이는 동기부여가 부족한 것이지 근본적인 능력에는 별 차이가 없다. 의욕 있게 훈련하는 40대라 할지라도 결국 안정적인 건강은 필수적이다.

강연을 하면서 보다 더 긍정적인 노년의 중요성을 강조하노라면 청중들은 인상적인 일상의 사례들을 들려주곤 한다.

"메일에 제 아버지의 주간 계획표를 첨부했습니다. 아버지는 1928년생으로 어떻게 하면 몸과 마음의 건강을 고령에 이르기까지 잘 보존할 수 있는지 생생하게 보여주십니다."

내 강연을 들었던 어떤 분이 최근 보낸 메일 내용이다. 그의 아버지 R은 1991년까지 고등학교 교사로 일했으며 평생 적극적으로 운동을 해온 노익장이다. 90세에 가까운 지금도 매일 운동을 한다. R의 하루는 체조로 시작되며 일주일에 두 번 헬스 센터를 찾고 주말에는 노르딕 워킹과 자전거 타기를 즐긴다. 젊은 시절에는 지역 스포츠 단체의 회장을 지냈으며 지금은 두 시니어 그룹의 운동을 지도한다. 그리고 유관 단체의 연수 프로그램을 찾아다니면서 계속 운동을 하고 있다.

한편 R은 정신적 건강을 지키는 방법으로 초등학교에서 독서 지도를 하고 스크래블 게임(글자 맞추기 보드 게임)을 하거나 컴퓨터와 스마트폰으로 어려운 수수께끼를 풀곤 한다. 그 밖에도 일주일에 한 번 직접 요리를 하는데 매번 새로운 요리를 시도한다. R은 아내와 함께 여행을 즐기며 일주일간 매일 50킬로미터씩 소화하는 자전거 여행도 한다. 긴장을 푸는 방법은 매주 온천욕을 하는 것이며 남자들끼리 사우나도 한다. 이 고령의 신사가 이렇게 다양한 활동들을 계획하고 실천하려면 당연히 계획표를 만들 수밖에 없을 것이다!

80세에 건강하기 위해 너무 많은 수고를 들이는 게 아니냐고 생각하는 독자라면 안타깝지만 한 가지 나쁜 소식을 들려줄 수밖에 없다. 인류가 유구한 세월 동안 꿈꿔온 회춘의 샘, 그 물에 몸을 담그기만 해도 노인에서 청년으로, 노파에서 아름다운 처녀로 회춘할 수 있는 전설의 샘은 누구도 찾아내지 못했다. 오로지 노력을 아끼지 않는 사람만이 건강을 유지한다. 어른이 되어 직장 생활을 하기 위해 우리는 얼마나 많은 시간 동안 읽고 계산하며 교육을 받아야 했던가? 건강하고 활달한 노년을 위해 이런 노력의 일부만이라도 제때 해야 한다는 걸 최소한 한 번쯤은 진지하게 고민해야 하지 않을까?

위 사례의 R은 직관적으로 혹은 확실히 알고서 건강한 노년을 위한 세 가지 중요한 기둥을 자신의 인생에 세워두었다. 바로 규칙적인 운동과 사회적 교류와 정신 수양이다. 이제 우리는 두뇌의 노화가 막을 수 없는 세포 소멸과 반드시 맞물린 것은 아니라는 점을 알고 있다. 두뇌는 근육처럼 훈련시킬 수 있으며 고령에 이르기까지 계속 새로운 신경세포를 만들어낸다. 이는 두뇌 연구의 최신 화상 연구 기술로 입증된 사실이다. 신경과학 교수 벤 고데*는 이렇게 말한다. "두뇌는 게으르다. 두뇌는 꼭 필요한 만큼만 일한다. 요구를 해줘야 비로소 두뇌는 자원을 활용하며 능력을 끌어올린다."**

규칙적인 운동도 정신적 활력을 끌어올린다는 사실은 제2장에서 더 자세히 살피도록 하자. 사회적 교류는 결국 삶의 질을 끌어올려 마찬가지로 수명을 연장하는 효과를 낸다. 이런 효과를 보여주는 첫 번째 방증은 장수를 누리는 사람은 대도시처럼 익명의 정글이 아니라 누가 누구인지 서로 환히 아는 규모의 마을에 주로 거주한다는 것이다. 오키나와를 비롯한 이런 지역의 예는 제4장에서 확인할 수 있다.

늙어가기는 하지만 이런 늙어감이 관습적인 의미는 아니라는 점을 보여주는 정황은 많다. 체념과 제약으로 물든 노년이라는 지배적 관념을 거부하고 간단하게 즐거운 일을 하며 늙어가는 사람들을 우리 주변에서도 쉽게 찾아볼 수 있다. 대개 스포츠를

- 벤 고데(Ben Godde)는 독일의 두뇌과학자로 브레멘 대학교의 교수다.
- •• '노년을 지배하자'는 제목으로 브레멘 야콥스 대학교에서 개최한 전시회 아이알터(Ey Alter)의 홍보 자료를 보라. www.eyalter.com/presse/EYALTER_JacobsUni_FINAL.pdf. (저자 주)

즐기는 노인은 관습적인 노년의 이미지를 유쾌하게 무너뜨리며 '해도 될까?' 같은 생각 따위는 하지 않는다. 반면에 '나이에 걸맞게 행동해야 하지 않을까?' 하는 은근한 걱정에 브레히트의 품위 없는 노파처럼 행동하기를 주저하는 노인도 있다.

권터 크라벤회프트는 70세에 베를린의 최고령 힙스터Hipster가 되었다.* 그는 멋들어지게 차려입고 베를린의 클럽들을 순회하며 파티 분위기를 달군다. 물론 새벽 3시를 넘기는 일은 없다. 그의 이야기를 들어보자. "나는 정말이지 음악이 너무 좋다. 이따금 나이에 걸맞지 않은 게 아닐까 생각도 들지만 음악이야말로 나를 충전시키는 배터리다." 그는 언제 가장 행복했을까? "바로 지금이다. 나는 인생이 정말 즐겁다."[12] 크라벤회프트 같은 인물은 "불가능해!"라고 외치는 사람에게 전혀 위축되지 않고 무엇이든 즐겁게 시도한다. 그리고 이런 인물은 우리가 짐작하는 것 이상으로 많다. '즐겁게 늙어감'이라는 현상을 받아들인다면 노년에도 젊은 시절과 마찬가지로 활력을 가지고 목적을 추구하는 인물을 주변에서 쉽게 발견할 수 있다.

꾸준히 활동하며 성장하고자 하는 노력을 게을리하지 않는 태도는 보톡스나 리프팅보다 청춘의 샘에 훨씬 더 가깝게 다가갈

---

* 권터 크라벤회프트(Günther Krabbenhöft)는 1945년생으로 블로그를 통해 이름을 알린 후 2015년 '스트리트 패션 플럭 어워드(Street Fashion Pluck Award)'에서 수상하며 패션모델로도 활동 중이다.

수 있다. 이런 활동과 노력이 규칙적인지, 스스로 계획해서 하는 것인지, 봉사 활동에 참여하는 것인지 하는 문제는 중요하지 않다. 중요한 점은 은퇴 생활, 곧 노년을 계속되는 휴가와 휴식과 동일시하는 낡은 관념을 떨쳐버리는 태도다.

"평생 할 만큼 했어!" 35년 혹은 40년 돈벌이를 했으니 이제 쉬고 싶다는 토로는 사실 전후 시대의 고된 삶을 반영하는 것이다. 오랜 세월 동안 고된 노동을 하고 이제 좀 쉬었으면 하는 생각이야 이해 못 할 것은 아니다. 그러나 오늘날 우리 가운데 도로 건설 노동자나 기와장이, 미장이로 일하는 사람은 극소수에 지나지 않는다. 물론 독일의 노동부 장관인 안드레아 날레스*는 자신의 연금 개혁 구상을 위해 이 직업군을 따로 언급하기는 했다. 2014년 독일 연방통계청은 건설 업종에 종사하는 인구는 고작 244만 7,000명에 불과하며 제조 업종에는 868만 4,000명이, 서비스업에는 모든 생업 종사자의 75퍼센트에 육박하는 3,152만 1,000명이 일하고 있다고 발표했다.[13]

이런 사실을 굳이 염두에 두지 않더라도 우리는 60대 초에 불과 몇 년의 여생이 아니라 약간 행운이 따라준다면 25년을 족히 더 살 수 있다. 25년 동안 후손에 기대어 휴가를 즐긴다고? 이런 계산법이 통할 수 없다는 건 어린아이도 알리라!

제4장에서 보게 되겠지만 노년에도 더 오래 일하는 것은 사회

---

* 안드레아 날레스(Andrea Nahles)는 독일의 여성 정치인으로 메르켈 내각에서 노동부 장관을 지냈다. 사회민주당 소속으로 강성 좌파를 대표하는 인물이다.

와 복지 예산에만 이득이 아니라 각 개인에게도 여러모로 보탬이 된다. 일을 한다는 것은 사회적 참여인 동시에 활발한 교류이자 인지 능력을 계속 키우는 좋은 방법이며 무엇이든 의미 있는 기여를 했으면 하는 많은 사람들에게 기회이기도 하다. 상황이 이처럼 변했음에도 옛 노동 모델을 계속 고집하는 것이 좋을지 하는 문제는 다른 장에서 다룰 것이다.

가장 근본적인 문제는 오래된 노년 관념이 이제 더는 맞지 않는데 아직 새로운 모델이 없다는 점이다. 본보기로 삼기에 마땅한 역할 모델은 찾아보기 힘들다. 우리는 부모나 조부모 세대와는 다른 정황에서 다르게 나이를 먹어가기 때문이다. 바로 그래서 지금이야말로 각자 저마다 긍정적인 노년의 그림을 그려야 할 때다. 무엇을 할 수 있으며 어떻게 해야 하고, 어떤 인생을 살고 싶으며 어떤 것은 아닌지 알아내기 위해 우리는 머리를 맞대야 한다. 그래야 적절한 대책이 찾아진다. 외로움, 부족한 연금, 소심함과 체념으로 치닫는 정신력의 노쇠라는 충격적인 그림을 외면하는 태도는 피해야 한다.

현실은 엄중하다. 젊은 세대가 내는 보험료로 노년의 연금을 마련하는 연대 공동체라는 기존의 방식은 뿌리부터 흔들리고 있다. 우리 가운데 아무 걱정 없이 여행을 즐기고 골프장을 찾으며 텔레비전 앞의 안락의자에서 소일할 수 있는 사람은 극소수일 뿐이다. 그러나 인생은 노년에 관리를 받는 지루함 이상의 것을 베푼다는 점을 염두에 두어야 한다.

노인이 사라진
22세기 유토피아

잠깐 자유롭게 상상의 나래를 펼쳐보자. 정확히 100년 뒤의 세상은 어떤 모습일까? 물론 누구도 미래를 앞당겨 볼 수는 없지만 스케치 정도는 해볼 징후는 오늘날에도 충분히 있다.

때는 2116년 11월 25일 수요일 아침 7시 30분. "일어날 시간이에요, M! 음악 들으시겠어요?" 상냥한 컴퓨터 목소리가 M의 아침잠을 깨운다. M은 음성 명령으로 중국의 전통 음악을 고른다. 같은 시간에 로봇이 주방에서 아침 식사를 준비한다. M은 유럽합중국USE의 세 엘리트 대학교 가운데 하나인 브뤼셀의 유럽 대학교 역사학 교수다. 그는 안드로이드를 해묵은 사이언스픽션 영화에 나오는 로봇의 이름을 따서

'R2-D2'라 불렸다. 3주 전에 그는 105세 생일 파티를 달에서 즐겼다. 오늘 그는 오전 9시에 연구소에서 자신이 주도하는 학술회의 '21세기의 디스토피아'를 개최할 예정이다.

그가 태어난 2011년 11월, 독립국가의 지위를 자랑했던 독일에서 사회를 위협하는 고령화 논쟁이 뜨거웠던 것은 역사학자인 그에게도 기이하기만 한 사실이었다. 당시만 하더라도 대다수 사람들은 80세를 넘기지 못했다! 세포를 주기적으로 업데이트하는 나노의학 기술을 초보적인 수준에서조차 누리지 못한 탓에 사람들은 이른바 '문명병'을 앓았으며 85세를 넘겨서는 거의 활동조차 하지 못했다. 암은 번거롭기 짝이 없어 환자를 녹초로 만드는 외과수술과 방사선치료가 행해졌고 그 밖에도 많은 질병이 너무 뒤늦게 진단되었다. 이런 사정은 주기적인 혈액과 소변 모니터링이 도입되고서야 개선되었다.

오늘날에는 하이테크 화장실이 대소변을 자동으로 분석한다. 모든 가정마다 상비된 혈액 스캐너는 아주 적은 양의 피를 가지고도 이상 징후를 정확히 포착하기 때문에 주기적인 혈액검사는 양치질과 다를 바 없다. 무선 기술로 연결된 의학 소프트웨어는 혈액 분석 자료를 가지고 포괄적인 진단을 내리며 어떤 치료를 받아야 할지 추천하고, 영양성분의 정보를 R2-D2 같은 로봇에게 직접 전송해서 식료품 주문과 요리에 반영하도록 한다.

중국의 알리바바는 2045년 구글을 인수하고 모바일 하이테크 의학의 세계 시장을 지배해왔다. 이제 암은 '알리바바 스트랩'이라는 이름의 손목시계로 통제된다. 이 장치는 적외선 신호와 라디오 주파수로 몸 안에서 일어나는 최초의 세포 변형을 감지해 초기 단계에서 근절시킨다. 줄기세포 연구 덕에 손상된 장기를 생체 고유의 복제 장기로 대체하는 것도 일상이 되었다. 이를 위해 모든 신생아의 탯줄에서 채취한 혈액이 거대한 혈액은행에 보관된다.

이 모든 발달의 결과 평균 기대수명은 남성과 여성을 가리지 않고 110세로 뛰었다. 성별에 따른 차이는 거의 같아진 생활환경과 나노의학 덕택에 더는 찾아볼 수 없다. 나노의학은 남성 염색체가 여성 염색체와 달리 X와 Y-염색체가 각각 하나만 있어 더 쉽게 손상되는 위험도 막아준다.

M은 자율주행 승용차로 연구소에 출근한다. 인간이 운전하는 자동차가 사라진 이래 교통사고 사망자 수는 제로에 가까워졌다. M은 105세로 유럽 대학교의 나이 많은 교수 가운데 한 명이기는 하지만, 2015년 대규모 난민 행렬을 따라 에리트레아에서 유럽으로 건너온 연구소장 A 교수는 곧 123세 생일을 맞이한다. 획기적으로 개선된 건강관리와 의료 체계로

구시대의 유물이 된 연금은 2060년에 완전히 폐지되었다. 누구든 원한다면 일을 할 수 있다. 예전에 흔히 볼 수 있던 인생 계단, 즉 20~30년은 학업과 직업교육의 시절이며 35~40년은 일하는 시절, 이후 20년 또는 그 이상은 은퇴 생활로 못 박았던 인생의 단계는 이제 유연한 인생 계획에 자리를 내주었다.

21세기 초만 하더라도 일을 하지 않는 자신이 쓸모없다고 여기는 사람들은 신체적으로나 정신적으로 더 빨리 허물어졌다. 그래서 강제 퇴직에 반대하는 불만의 목소리가 커져갔다. 무엇보다도 공무원들이 반대의 목소리를 높였다(교사, 교수, 법관 등을 포함한 이 직업군은 평균적으로 기대수명이 최고로 높아 연금 체계에 가장 큰 부담을 주었다). 그 다음으로 늙기는 했지만 아직 활발히 활동하는 경영자들이 가세했으며, 결국 많은 직업군이 은퇴에 반대하는 행렬에 동참했다. 오래 직업 활동을 하는 사람이 더 행복하고 건강할 뿐만 아니라 더 오래 산다는 사실이 보편적 정설로 굳어지면서 시작된 변화의 물결이다. 그러면서 누구나 생애 근무시간 계좌를 가지고 매년 자신이 할 일을 30~100퍼센트 사이에서 고를 수 있게 되었다. 이렇게 해서 여성이든 남성이든 2년까지 육아 휴가를 얻거나, 새로운 직업교육을 받거나, 외국으로 장기 휴가 여행을 떠나는 등 인생을 유연하게 계획할 기회를 누린다.

교통 체증은 과거에나 볼 수 있었던 것이기에 M은 정확히 출근 시간에 맞춰 연구소에 도착한다. 그의 개회 강연을 들은 전 세계 800여 명의 참가자들은 특히 흥미로운 내용에 박수갈채를 보낸다. M과 그의 연구팀은 유럽의 사회 발달을 두고 2000년부터 시도된 부정적인 미래 전망 연구들을 수집하고 평가했다. 확인 결과 특히 비관적인 전망을 내놓았던 곳은 독일 민족국가였다. 이를테면 2007년에 독일은 텔레비전이라는 원시적인 매체를 통해 '2030년 노인들의 봉기'라는 제목의 미래 전망 프로그램을 방영했다. 이 프로그램은 2030년을 전망하며 2015년만 되어도 자택에서 편안하게 병수발을 받는 것은 부유층만 가능할 것이라고 진단했고, 2019년에는 회복 가능성이 보이지 않는 노년 환자들의 자발적인 안락사를 국가 의료보험 체계가 감당할 것이라고 했다. 청중은 이 소름끼치는 예측에 가소롭다는 표정을 지으며 어처구니없다는 반응을 보였다. 명망을 자랑하는 학자와 언론인들이 어떻게 저런 생각을 할 수 있었을까?!

실제 미래는 전혀 다른 모습을 보여주었다. 부단히 이뤄지는 기술 발전, 기업의 디지털화, 줄어드는 출산율 및 갈수록 더 좋아진 건강관리와 의료 체계로 2230년대부터는 풍부한 경험을 지닌 70대 이상의 사람들이 노동시장에서 그 어느 때보다도 더 환영받는 분위기를 이끌었다. 그럼에도 노년을 피할 수 없는 쇠락으로 바라보는 전래적 관념은 22세기 중반에 가서나 완전히 사라질 것으로 보인다.

정말로 이 모든 일이 지나친 상상력의 결과물일까? 앞서 묘사한 최소한 몇 가지 일들은 현재에도 확인할 수 있다. 2015년 3월 베릴리Verily(구舊 구글 라이프 사이언스)는 실제로 혈액 안의 유해 물질(특정 효소, 호르몬, 단백질, 변형된 세포)을 측정하고 처리할 수 있는 손목시계의 특허를 얻어냈다. 언론에서 '어떻게 구글은 암과 파킨슨을 이기려 하는가'라는 제목으로 보도한 기사에 따르면 이 특허의 이름은 '나노파티클 포레시스Nanoparticle Phoresis(나노입자 영동법)'이다.[14]

대학교들은 앞다퉈 나노로보틱스Nanorobotics라는 학과를 개설했다. 앞서 벤 리프스가 세운 마그포스의 사례에서 보듯이 나노기술에 기초한 의학 응용은 머지않은 시기에 현실로 나타날 것이다. 2013년 5월 독일 일간지 《디 벨트》가 '나노의학이 의학 혁명을 선도한다'라는 제목으로 보도한 기사에 따르면 "무엇보다도 암을 퇴치하려는 투쟁에서 나노의학의 빠른 발달은 이전에는 짐작도 하지 못했던 가능성을 열어준다."

오래전부터 논란이 끊이지 않았던 줄기세포 연구 역시 발전을 거듭하고 있다. 알려지기로는 전분화능Pluripotency 줄기세포, 다시 말해 특정 조직 유형으로 정해지지 않은 인간 줄기세포로 심장근육, 간, 췌장, 신경 세포를 배양하는 실험이 이미 성공했다고 한다.[15]

동시에 갓난아기의 탯줄에서 채취한 혈액을 나중에 의학적으로 이용하기 위해 저장해두는 서비스업 시장이 활황을 누리고 있다.[16] 인간의 수명이 계속 늘어날지 의심의 눈길로 바라보는 사람들도 이제는 신중해지고 있다. 신경생물학 교수 마르틴 코르테*는 인간의 최고 수명이 생물학적으로 정해져 있다고 믿지 않는다. 그는 1900년에서 2000년까지 100년 동안 수명이 평균 27년 늘어났음을 지적한다. 27세라는 수명은 정확히 기원전 3000년 당시의 사람들이 누린 평균수명이었다고 코르테는 강조한다.[17] '2030년 노인들의 봉기'라는 프로그램은 인용한 내용 그대로 실제 방영되었음을 잊지 않기 바란다.

오늘 유토피아처럼 보이는 것이 내일모레에는 현실이 될 수 있다. 만약 우리가 증조부모에게 1916년에 설명하기를, 2016년이면 거의 모든 사람이 작은 담뱃갑 크기의 기계를 들고 다니며 동시에 여러 가지 일을 처리한다고 했다면 증조부모가 어떤 반응을 보일지 생각해보라. 사람들이 이 기계를 가지고 세계 어느 지역

---

* 마르틴 코르테(Martin Korte)는 1964년에 독일에서 태어난 생물학자로 주로 학습과 기억의 토대가 되는 신경조직과 해마체를 연구했다.

의 상대와도 이야기를 나누며 음악도 듣고 일정을 관리하고 사진을 전송하고 시간을 읽는다고 말이다. 우리는 처음 방문하는 낯선 도시에서도 커다란 지도를 들여다보며 힘들게 길을 찾지 않고 이 기계에 원하는 주소를 입력해서 금방 찾는다. 이 기계는 현지인보다도 더 확실하게 올바른 길을 알려준다. 게다가 저 악명 높은 결핵 탓에 죽는 사람도 거의 없어진다고 말한다면 우리의 증조부모는 어떤 반응을 보일까? 병원체를 확실하게 박멸해주는 약품, 이른바 항생제가 개발되어 디프테리아도 예방주사 한 번이면 걱정거리가 되지 않는다.

아기를 출산하거나 산욕 탓에 사망하는 여성도 사라진다. 원치 않은 임신을 막아줄 피임약 개발로 여성은 정확히 자신이 원하는 만큼만 자녀를 가질 수 있다. 모든 가정, 심지어 아이들 방에도 사각형의 평면 기계가 있어서 단추만 누르면 영화 감상이 가능하다. 우리는 1900년을 전후해 살았던 사람들보다 더 많은 여가 시간을 즐긴다. 많은 허드렛일을 기계가 자동으로 해결해주기 때문이다. 기계들이 옷가지를 세탁하고 식기를 세척한다. 우리의 증조부모도 그랬겠지만 이런 이야기를 100년 전에 했다면 우리는 미친 사람 취급을 받았을 게 분명하다!

과학의 발전 속도는 갈수록 더 빨라진다. 100년 뒤 2116년에 어떤 것이 가능해질까라는 질문은 간단하게 우리의 상상력을 뛰어넘는다. 물론 질문은 꼬리에 꼬리를 문다. 120, 심지어 150이나 그보다 더 긴 인생을 우리는 어떻게 채울까? 그런 인생을 맞이할 마음의 준비는 되었는가? 사회의 공동생활은 어떤 새로운 모습이어야 이처럼 길어진 수명에 알맞을까? 사회 시스템에서 세대 모델은 어떻게 바뀌어야 할까? 디지털 기술의 발전은 노동 시장에 어떤 결과를 불러올까? 디지털 기술이 사라진 일자리를 보상해줄까? 계속 줄어드는 출산율로 인구 감소의 문제는 심각하지 않을까? 이런 질문들의 답을 우리는 알지 못한다. 그렇지만 한 가지만큼은 분명하다. 21세기 초에 사람들이 생각했던 노년은 이제 더는 찾아볼 수 없다!

제2장

생물학적 나이

젊음과 늙음을
결정하는 삶의 방식

인간은 참으로 기묘한 존재다. 인간은 지구상에서 가장 영리한 포유류 동물이다. 이 동물이 발명해낸 다채로운 물건들은 놀랍기만 하다. 비행기, 컴퓨터, 지퍼는 물론 페니실린, 포스트잇과 휴대폰도 만들어냈다. 건강의 관점에서는 안타깝다고 말해야 할 발명도 있다. 승강기, 에스컬레이터, 패스트푸드가 그것이다. 인간은 사스와 같은 위험한 전염병이나 비행기 추락을 두려워하면서도 일상의 심각한 생명 위협, 곧 의자와 소파를 오가는 생활과 너무 기름지고 달고 많은 음식을 편안한 마음으로 즐긴다!

그렇지만 건강한 생활 방식을 오늘날처럼 환히 알던 시절도 없다. 또 오늘날처럼 70, 아니 85세 이상으로 삶을 누릴 줄 아는 사람이 많았던 시절도 예전에는 없었다. 아무튼 한 가지만큼은 분명하다. 젊고 활력이 넘치는 노년을 위해 몸과 정신에 규칙적으로 투자하는 것보다 더 좋은 생명보험은 없다는 사실이다.

그리고 이런 사실을 알고 있는가?

- 🖊 매우 많은 사람들이 장수를 누리는 이른바 '블루 존'이 존재한다는 것을 아는가?
- 🖊 20세기 말엽의 75세가 20세기 초의 60~65세처럼 건강하다는 사실을 아는가?
- 🖊 윈스턴 처칠이 승마를 대단히 좋아했으며 자신의 장수 비결이 '노 스포츠No Sports'라고 말했다는 이야기가 사실이 아니라는 것을 아는가?

유전자의 저주를 이기는
낙관적 태도

칼에 손가락을 베이면 상처는 며칠이 지나면 낫는다. 우리 몸은 새로운 피부 세포를 만들어내 상처를 아물게 한다. 왜 몸의 이런 자기 치유 능력은 몸 전체에서는 일어나지 않을까? 왜 우리는 늙을까?

 보통 우리가 당연하게 여기는 노화 과정은 실제로는 매우 묘한 것이어서 과학은 벌써 몇십 년째 그 원인을 두고 논란을 벌이고 있다. 클라우스귄터 콜라츠*의『생물학 사전Lexikon der Biologie』은 노화를 다룬 이론이 300여 가지도 넘는다고 한다.[1] 복잡한 주제가 늘 그렇듯 노화의 원인은 한 가지로 특정할 수 없으며 수많은 요소가 함께 작용한다고 봐야 한다. 이런 사실을 분명히 염두에 두어야만 자신의 노화 과정을 건설적으로 다룰 수 있다. 다시

• 클라우스귄터 콜라츠(Klaus-Gunter Collatz)는 독일 프라이부르크 대학교의 생물학 교수다.

말해 수많은 요소가 저마다 노화를 거들기 때문에 노화에 미치는 영향이 다양하다는 걸 알아야 한다.

네덜란드의 의학 교수이자 노화 연구가 루디 베스텐도르프가 자신의 책 『늙지 않고 늙어가기Alt werden, ohne alt zu sein』에서 노화 과정을 설명하는 몇 가지 단서들을 소개하면 다음과 같다.

고령과 자연선택설

늙는다는 것은 진화론적으로 아무런 강점이 없다. 아이가 태어나 성장하면 아이를 만든 부모는 이른바 '종의 보존'이 확보되었기 때문에 불필요해진다. 따라서 고령은 자연이 선택할 강점을 가지지 않는다. 그렇기에 몇백만 년의 세월이 흐르는 동안 우리의 수명은 크게 늘어나지 않았다.[2]

시간은 모든 것을 소모시킨다

쓰다 보면 언젠가는 고장 나는 기계처럼 우리 몸도 소모에서 비롯된 고통을 겪는다. 예를 들면 나이 들어 연골이 망가지면서 관절염이 생기고[3] 혈관 안에 쌓이는 노폐물로 동맥경화, 심장마비, 뇌졸중 등의 질병이 발생한다. 잘못된 자세와 식생활, 과도한 육체노동이 이런 노화 과정에 영향을 미친다. 이렇게 우리의 몸은 시간이 흐르며 소모되고 질병이 생기기도 하지만 잘 관리해줄 수도 있다.

노화에 유리하거나 불리한 체질

네덜란드 레이던 대학교의 장수 연구는 평균 이상으로 노인이 많은 가족이 유전적 강점을 지닌다는 결론을 내렸다. 이를테면 신진대사 능력이 뛰어난 유전자가 있어 혈관과 장기가 별로 손상되지 않는 경우 이들 가족의 기대수명은 평균적으로 6년이 더 길었다. 노화 연구와 의학계는 유전자가 노화 과정에 10~30퍼센트 정도 영향을 미친다는 데 의견을 같이한다. 나머지는 생활 태도와 행운(예를 들면 치명적인 병을 앓거나 사고를 당하는 경우)이 결정한다.[4] 그리고 85세가 넘으면 우리의 유전적 체질이 노화 과정에 더 큰 영향력을 행사한다.[5]

노화 과정이나 질병을 오로지 유전자의 차이로 설명하는 것은 지나치게 간단한 논법이다. 좋은 유전자를 갖고도 과체중에 운동을 거의 하지 않는 사람은 타고난 강점을 빠르게 허비한다. 반대로 좀 덜 유리한 유전자를 가진 사람이라도 지속적으로 운동하고 체중 관리에 신경 쓰면 고혈압, 당뇨병, 혈관질환의 위험을 낮출 수 있다. 킬 대학교의 분자생물학자로 '건강한 노화Gesundes Altern'라는 연구 팀을 이끄는 슈테판 슈라이버Stefan Schreiber는 이렇게 말했다. "생활 태도만 바꿔도 유전적 요소를 무력하게 만들 수 있을 뿐만 아니라 나쁜 유전자의 영향도 이겨낼 수 있다."*

---

* 독일 dpa 통신이 2013년 보도한 '우리 노년의 비밀(Das Geheimnis unseres Alters)'이라는 제목의 기사를 보라. (저자 주)

슈라이버의 연구소는 고령자의 혈액을 분석한, 세계적으로 가장 포괄적인 데이터뱅크를 자랑한다. 연구소의 DNA 염기서열 분석기는 92세 이상임에도 놀라울 정도로 건강한 노인 3,000명 이상의 유전적 공통점을 찾고 있다. 그 과정에서 지금까지 확인된 공통 유전자는 세 가지이며 그 가운데 하나는 이른바 '종양 세포 억제 유전자'인 FOXO3다. 이 유전자는 손상되었거나 병에 걸린 세포의 성장을 막는 단백질을 생산한다. 학자들은 이런 비슷한 건강 유전자가 열두 개는 더 있을 것으로 짐작한다.[6] 그러나 이 중 어느 하나의 유전자를 조작한다고 해서 인간이 불멸의 영생을 누리는 것은 아니다.

도대체 왜 우리 몸에는 생물학적 시계가 있어 영원한 젊음을 누리지 못하게 하는 걸까? 이를 이해하기 위해 체세포를 전자현미경으로 들여다보자.

'생체 시계' 텔로미어의 소모

체세포는 무한히 분열하는 게 아니라 1961년 세포생물학자 레너드 헤이플릭과 폴 무어헤드가 밝혀냈듯이 평균적으로 대략 40~60회까지 분열한다.* 이후 세포는 더는 재생하지 않으며 일부 다른 물질과 해로운 물질을 생산한다. 이 해로운 물질은 최악의 경우 위중한 질병이 생겨나도록 거드는데, 그 원인은 세포분

---

* 레너드 헤이플릭(Leonard Hayflick)은 1928년생의 미국 과학자로 스탠퍼드 대학교 미생물학과 교수이며 폴 무어헤드(Paul Moorhead)는 헤이플릭의 동료다.

열이 이뤄지는 방식에 있다. 분열을 할 때마다 염색체 줄기는 복제되어야만 한다. 매번 복제할 때마다 줄기 끝의 보호 덮개는 짧아진다. 텔로미어telomere라고 하는 이 보호 덮개는 유전적 정보를 담고 있지는 않지만 오랫동안 염색체 줄기가 완전한 길이로 복제되지 않아도 아무 일이 일어나지 않게 하는 역할을 한다. 그러나 시간이 지나면 이 보호 덮개는 소모되고 세포는 더는 분열하지 않는다. 이렇게 해서 우리는 태어나는 순간부터 늙어간다.

과도한 면역 반응의 파괴적 작용

면역 체계는 병원체와 손상된 세포를 퇴치한다. 진화를 거치며 더욱 효율적으로 작용하는 면역 체계는 혈액순환을 강화함으로써 염증을 방어한다. 그렇지만 때로는 지나친 과민반응을 보여 자가면역과 같은 알레르기 반응(자신의 몸을 공격해 빚어지는 반응)을 일으킬 뿐만 아니라 몸 안에 수많은 작은 염증을 유발하기도 한다. 이런 작은 염증은 장기적으로 동맥경화, 당뇨병, 대부분의 암 종류와 알츠하이머가 생겨나기 좋은 환경을 만든다.[7] 물론 이런 작용은 우리의 생활 방식에 전혀 영향받지 않는 것이 아니다. 이를테면 체내에 쌓인 지방질은 해로운 염증이 일어나기 유리한 환경을 만든다. 과체중이 우리의 수명을 단축시키는 이유 가운데 하나다.

지금까지 살펴본 것은 노화의 원인을 규명하려는 연구의 극히 작은 단면일 뿐이다. 바로 그래서 노화 과정을 단지 몇 가지 원인으로만 국한하는 것은 대단히 경솔한 관점이다. 이를테면 최근 노화의 원인으로 자주 회자되는 '활성산소'를 다량의 비타민 섭취나 산소 치료 또는 인삼 제품으로 퇴치할 수 있다는 주장은 사실 말이 되지 않는 이야기다.

이런 맥락에서 베스텐도르프는 암과 같은 심각한 질병이 시작되는 것은 여러 불행한 정황이 어울려 빚어내는 '복잡한 체계의 실패'라고 표현했다.[8] 노화를 수학적으로 푼 이론도 개인의 노화 과정은 내적 요인과 외적 요인이 복잡하게 맞물려 이뤄진다는 매우 비슷한 설명을 내놓았다.[9] 그리고 그런 복잡한 체계가 실패할 위험은 시간과 더불어, 곧 나이를 먹어가며 기하급수적으로 늘어난다고 1825년 영국의 수학자 벤저민 곰퍼츠*의 계산 모델은 예측했다. 사고와 같은 외부의 우연한 사건들까지 고려하면 사망률은 8년마다 두 배로 늘어난다. 88세의 사망률은 80세의 경우보다 곱절이 된다는 이야기다.

아주 간단하게는 몸의 노화를 기계의 수명, 예를 들면 세탁기의 수명에 비유할 수도 있다. 세탁기도 늙는다. 어떤 기계도 영원히 작동하지 않으며 언젠가는 고장이 난다. 그러나 기계가 고장나는 시점은 얼마든지 늦출 수 있다. 기계를 올바른 위치에 두고 과중한 부담을 주지 않으며 주기적으로 점검하고 문제가 있을

• 벤저민 곰퍼츠(Benjamin Gompertz, 1779~1865년)는 유대인 혈통을 타고났다는 이유로 대학교 입학을 거부당했지만 독학으로 수학을 깨우쳐 아이작 뉴턴에게 영향을 주었다.

때 전문가의 손길을 빌리는 등 세심한 관리를 해주면 기계의 수명은 확실히 늘어난다.

반대로 기계는 무시할 수 있는 수준의 잡음이 난다고 그대로 방치하면 대개는 빨리 망가지고 만다. 제때 정품으로 부품 교체를 해주고 환경의 영향으로 생겨나는 피해, 이를테면 지나치게 경도가 높은 물을 세탁기에 공급해 생겨나는 피해를 적극적으로 예방해야 한다. 이런 관리는 이른바 '월요일 출고 기계'*처럼 시스템에 오류가 있어도 오랫동안 기계를 쓸 수 있게 해준다.

이론적으로는 기계를 정품 부품으로 관리해주면 영원히 쓸 수 있다는 두 번째 관점에서도 노화 과정은 기계에 비유할 수 있다. 많은 과학자들이 인간도 정확히 이런 관리를 해줄 수 있다고 진단한다. 의학의 발전 속도가 빨라질수록 우리는 별다른 제한을 받지 않고 인생을 누릴 수 있다. 이미 보청기, 안경, 인공관절 등의 개발로 오늘날의 70대는 예전처럼 지팡이에 의존해 제한된 행동반경 속에서 무기력하게 생활하지 않는다. 혈관이 막히는 것을 막기 위해 삽입하는 스텐트Stent와 인공심박조율기Artificial Cardiac Pacemaker는 50년 전만 하더라도 사망했을 사람들이 불편 없이 살 수 있게 해준다.

2050년이 되면 또 무엇이 가능해질까? 물론 한 가지 점에서만

---

* '월요일 출고 기계'라는 표현은 공장 노동자들이 일하기 싫은 월요일에 조립한 제품이라는 뜻이다. 주말을 쉰 탓에 그만큼 일을 소홀히 해서 하자가 많은 제품을 만들어내는 것을 이르는 독일의 속어다.

큼은 비유가 적절치 않다. 기계는 장수를 누리는 데 도움을 주거나 방해가 되는 생활 태도를 갖고 있지 않다. 그렇지만 우리는 낙관주의자가 더 오래 산다는 것을 안다(제3장 느낌상의 나이를 보라)!

나이를 먹으면
잃는 것

앞서 세탁기 비유는 우리가 더는 피할 수 없는 사실을 분명히 밝혀주었다. 노화는 소모와 맞물린다. 이미 몇 살만 되어도 아이들은 6개월 된 아기만큼 유연하지 않다. 아기는 힘들이지 않고도 엄지발가락을 입으로 가져가 빨며 귀여운 미소를 짓는다. 이에 비하면 일곱 살 아이는 늙었다!

그렇지만 일곱 살 아이는 인근에서 누군가 휘파람으로 개를 부르는 소리를 놓치지 않는다. 25세의 청년은 이런 높은 주파수의 소리를 듣지 못한다. 물론 20대 청년은 레스토랑에서 메뉴판을 읽느라 돋보기를 써야 하는 40대 이상의 중년을 보며 웃는다. 늦어도 40대 중반이나 후반에는 안경을 콧등에 걸쳐야만 한다. 이런 40대조차 노부모가 그동안 음식에 아무 맛이 없다며 계속 소금을 치는 것을 보며 놀란다. 이와 더불어 머리카락은 새치로 변하거나 빠지며, 피부에는 주름살이 늘어난다.

우리는 탄생의 순간부터 늙어간다. 노화 과정의 대부분은 "생명 체계의 구조와 기능에서 시간과 맞물려 불가역적으로 빚어지는 변화"[10]라는 정의처럼 불가피하며 되돌릴 수 없다. 우리는 눈의 수정체가 탄력을 잃어버리는 것을 막을 수 없으며, 가까운 사물에 초점을 맞추기가 갈수록 힘들어진다. 노년의 이런 근시는 이미 10대 시절에 시작된다. 물론 우리는 눈과 책 사이의 거리가 예전 같지 않음을 느낄 때 노안이 왔음을 알아차린다.

몇몇 노화 과정은 늦출 수도 있다. 이를테면 햇빛에 노출되는 것을 피함으로써 피부 노화의 속도를 늦출 수 있다. 노화 과정을 막아주는 다른 보조 수단도 많다. 백발은 염색을 하고 난청은 보청기를 쓰면 어느 정도 해결된다. 그럼에도 분명한 사실은 세월이 가며 우리는 감각의 날카로움, 힘, 운동 능력과 정신력도 잃는다는 점이다. 이런 과정을 밝히려 노력한 과학 연구는 매우 많다.

다음 페이지의 그림 1은 우리 몸의 물리적 발달을 인생 단계에 따라 나타낸 것이다. 몸의 핵심 기능은 평균적으로 40세부터 확연히 줄어든다. 신경이 두뇌로 전달하는 신호의 속도가 느려지면서 우리의 반응 속도도 느려진다. 전자 신호가 신경을 통해 빠르게 전달되지 못하면서 두뇌의 핵심 메모리, 곧 기억력은 예전처럼 기능하지 못한다(제1장 '캘린더 나이'를 보라). 신장은 몸 안의 독성 물질을 걸러주며 몸의 수분과 혈압을 조절하고 생명에 중요한 호르몬을 생산한다. 그렇기에 신장 기능이 떨어진다는 것은 혈액순환 관련 질병이 발생할 위험이 높아짐을 뜻한다. 더욱 두

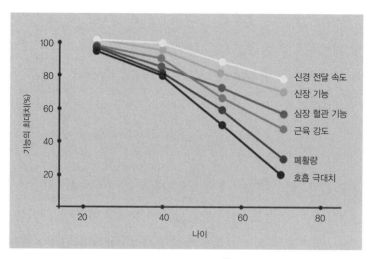

그림 1 노년에 나타나는 다양한 신체 기능의 물리적 상실[11]

드러져 보이는 것은 근육과 폐활량의 감소다. 이를 막을 대책을 세우지 않으면 우리는 60대에 20대보다 체력이 절반 줄어든다. 또한 폐활량의 감소는 빠르게 피로해지는 현상을 초래한다. 20대 의 폐가 평균적으로 대략 6.2리터의 폐활량을 가지는 반면 80대 는 3.6리터의 폐활량을 갖는다(그림 2를 보라).

물론 그림이 나타내는 것은 평균값이며 이는 우리의 생활 태도 와 노력에 큰 영향을 받는다. 믹 재거*가 70세를 넘긴 나이에도 마치 아이돌처럼 무대를 휩쓸며 로큰롤을 부를 때, 이 한 번의

---

* 1943년생의 영국 가수로 전설적인 그룹 롤링 스톤스의 리드싱어 믹 재거(Mick Jagger)는 이후 솔로로 전향해 활동하면서 2002년 대중음악에 기여한 공로를 인정받아 기사 작위를 받았다.

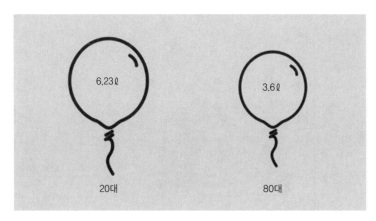

그림 2 20대와 80대의 최대 폐활량

쇼에서 소화하는 운동량이 거리로 환산하면 거의 20킬로미터를 뛰는 것에 맞먹는다고 한다. 그러려면 그는 그만한 폐활량을 가져야 한다. 물론 이런 능력은 꾸준히 연습하고 매일 운동을 해야만 가능하다. 하지만 분명한 사실은 이런 노력이 실제로 결실을 거둔다는 점이다. 그만큼 믹 재거의 몸 상태는 은퇴 생활을 하는 많은 사람들과 공통점이 거의 없다.

능력의 이런 차이는 사실 모든 연령대에서 나타난다. 초등학생만 하더라도 건강 상태는 천차만별이다. 체육 시간마다 놀이에 끼지 못하는 외톨이는 꼭 한 명쯤 있었던 것을 기억해보라. 공놀이에 방해가 된다는 이유로 따돌림을 받은 외톨이는 얼마나 속상했을까. 노년에도 몸의 건강 상태는 천차만별이다. 이런 차이는 뒤에서 더 자세히 다루었다.

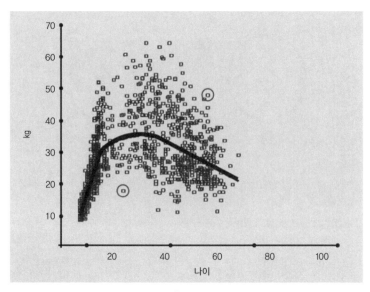

그림 3 인생 단계에 따른 손가락 힘의 변화[12]

그림 3은 내가 좋아하는 손가락 힘의 사례를 과학적으로 묘사한 것이다. 그래프 안의 검은 선은 평균값을 나타낸다. 점들은 개인들의 손가락 힘이다. 이를 살펴보면 손가락 힘은 어릴 때와 청소년기에 상대적으로 균일한 발달 속도를 보인다는 점을 알 수 있다. 대략 18세부터 힘은 편차를 보이기 시작한다. 이 시점부터 우리의 생활 태도와 습관, 이를테면 운동과 식생활에서 나타나는 차이가 이런 변화를 만드는 주요인이다. 이렇게 해서 동그라미를 친 부분에서 보듯 20대 중반임에도 손가락 씨름에서 60대의 힘을 보여주는 젊은이들이 생겨난다.

대체 그 원인은 무엇일까? 근육은 우리가 힘을 쓰면 지칠 수밖에 없다. 그러나 하루나 이틀 정도 휴식을 취하면 곧 재생되어 원래의 힘을 회복하거나 심지어 원래 수준을 넘어서는 힘을 발휘하기도 한다. 이처럼 규칙적 간격을 두고 강도 높은 운동을 하고 충분한 단백질을 섭취하며 수면을 취하면 근육은 불과 몇 주 만에 괄목할 만한 정도로 힘을 끌어올릴 수 있다.

나는 아이들과 놀이터에 가서 이 이론을 실천에 옮겨보기로 했다. 일주일에 세 번, 10분 동안 훈련한 결과 아주 짧은 시간 안에 나는 한 팔로 턱걸이 60회를 휴식 없이 해낼 수 있었다. 또한 샐비어 씨앗, 클로렐라, 삼 씨앗 같은 고급 영양분, 모링가와 스피룰리나를 기초 재료로 만든 영양 보충제, 아마인유를 섞은 저지방 치즈 등을 섭취하는 것도 힘을 키우는 데 도움을 준다. 75킬로그램이라는 내 체중을 감안하면 나의 손가락 힘은 그래프에 나타난 수준을 크게 상회한다. 그러니까 이 정도는 원하는 사람이라면 운동을 통해 얼마든지 도달할 수 있다. 생활 태도를 조금만 바꿔도 몸의 운동 능력이 개선된다는 점은 우리의 유연성이 얼마나 놀라운지 보여주는 사례다.

나이가 들면 잘 달리지 못하거나 계단을 오르지 못하는 게 아닐까 두려워하는 사람이 많지만, 정신적 쇠락을 바라보는 두려움은 그보다 훨씬 크다. 돌아서기만 해도 잊어버린다거나 치매에 걸리는 건 생각하기만 해도 끔찍하다. 정신적으로 쇠퇴하는 과정도 생리적 근거를 가진다. 성인의 두뇌 질량은 나이를 먹을수록 줄어든다. 가장 큰 두뇌는 20대의 것으로서 평균 1.3킬로그램으

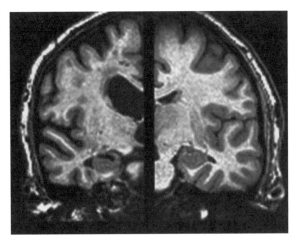

그림 4 27세(오른쪽)와 87세(왼쪽)의 두뇌 스캔 사진(오리건 두뇌 노화 연구, 1989년에 발표한 미국 NIA* 레이턴 노화와 알츠하이머 질병센터 신경이미지 실험실의 자료.)[13]

로 가장 무겁기도 하다. 80대에 이르면 두뇌의 무게는 10퍼센트 이상 감소한다. 더불어 두뇌의 구성도 달라진다. 기억력, 주의력, 언어 능력 같은 지능을 담당하는 두뇌의 회백질부가 줄어들면서 뇌실계통brain ventricular system이라는 빈 공간으로 대체된다. 그림 4는 27세와 87세의 두뇌를 촬영한 스캔으로 이런 과정을 보여준다.

우리의 다양한 정신 능력은 그림 5에서 보듯 똑같은 정도로 쇠퇴하지 않는다. 예를 들어 언어와 숫자를 다루는 능력은 고령에도 비교적 안정적이다. 반대로 지각 속도와 공간 상상 능력은 현

---

* NIA는 미국 국립보건원 산하의 노화 연구 기관으로 정식 명칭은 National Institute on Aging이다.

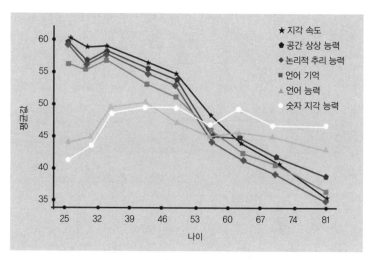

그림 5 연령대에 따른 인지 능력의 쇠퇴[14]

저히 줄어들며, 논리적 추리 능력은 더욱 심하게 떨어진다. 그렇지만 이 경우에도 그래프가 나타내는 것은 평균값일 따름이다. 그리고 처음 볼 때는 그래프가 제로에 가까워지는 것처럼 보이지만 정신 능력은 절대 제로가 되지 않는다. 평균값을 나타내는 수직축이 35에서 시작하는 것을 보라.

우리의 일상에 이 그래프는 무엇을 뜻할까? 실제로 우리는 나이를 먹어갈수록 건망증이 심해질까? 늙은이는 젊은이보다 반드시 인지 능력이 떨어질까? 다행히도 사정은 그처럼 간단한 게 아니다. 단순하게 말하면 늙은 뇌는 젊은 뇌에 비해 다르게 기능하며 놀라운 능력을 그대로 유지한다. 그리고 건망증이 얼마나 심해지느냐 하는 문제는 우리가 평소 사물을 어떻게 기억하는지 연습하는 정도와 자신감에 따라 그 답이 달라진다. 노년의 능력은 다음 이어지는 내용에서 보겠지만, 놀라울 정도로 무궁무진하다.

'허약한 노년'이라는
편견

2015년 가을, 한 젊은 남자가 모형 바벨을 집게손가락 위에 올려 놓고 장난치듯 균형을 잡는 사진이 표지에 실린 책이 출간되었다. 아마도 많은 사람들이 이 책 표지를 보며 나와 비슷한 인상을 받았으리라. 사진 속의 남자는 어딘지 모르게 친숙하게 보였다. 그의 머리 위에 적힌 책 제목 '슈타이너 원리Das Steiner Prinzip'를 보는 순간 궁금증은 곧 풀렸다. 그는 2008년 올림픽에서 인상과 용상 합계 461킬로그램으로 금메달을, 2010년에는 세계선수권대회 용상에서 246킬로그램으로 1위를 차지한 역도 선수 마티아스 슈타이너*였다. 그는 2012년 하계 올림픽에는 바벨이 목덜미 위로 떨어지는 사고를 당해 참가하지 못했다. 2013년 봄 슈타이

---

* 마티아스 슈타이너(Matthias Steiner)는 1982년생의 오스트리아 출신 역도 선수로 독일에 귀화해 올림픽 금메달을 땄다. 관심이 있는 독자는 인터넷에서 그의 이름을 검색해보면 확 달라진 면모를 확인할 수 있다.

너는 결국 은퇴를 선언했다.

책 표지의 남자는 내가 기억하는 곰 같은 역도 선수의 젊고 활력 넘치는 동생처럼 보였다. 슈타이너는 불과 1년 만에 150킬로그램에서 100킬로그램으로 몸무게를 3분의 1 줄이는 데 성공했다. 라디오 인터뷰에서 진행자가 그에게 "갑자기 다른 남자와 결혼한 것 같아 아내가 놀라지 않느냐?"고 물을 정도였다.

우리는 흔히 생각하듯 변함없는 모습으로 인생을 사는 게 아니다. 의학, 스포츠과학, 신경학은 인간이 놀라운 유연성을 가진 존재, 다시 말해 어떤 태도로 사느냐에 따라 변화무쌍한 모습을 보여주는 존재라고 확인해준다. 이런 유연성을 가장 분명하게 보여주는 것은 우리의 몸이다. 인간은 키가 같음에도 어떤 사람은 60킬로그램, 어떤 사람은 그 두 배에 가까운 체중을 갖고 있다. 그렇게 무게가 나가면 그의 골격, 근육, 장기는 하루 종일 육중한 짐을 끌고 다녀야 한다. 자리에서 일어날 때마다, 걸을 때마다, 계단을 오를 때마다 뼈마디는 녹초가 된다. 그래도 몸은 최소한 한동안은 그럭저럭 버틴다.

세계에서 가장 육중했던 남자인 멕시코의 마누엘 유리베*는 한때 몸무게가 10배나 늘어나 592킬로그램까지 갔으며, 48세에 심장마비로 사망하기까지 어쨌든 20년을 살았다. 이처럼 우리 몸은 무리한 요구도 어느 정도는 감당한다. 또 분명한 사실은 우

• 마누엘 유리베(Manuel Uribe, 1965~2014년)는 의학 역사상 592킬로그램으로 가장 무거운 체중을 가졌던 남자다.

리의 생활 태도가 직접적인 결과를 부른다는 점이다. 다행히 부정적인 의미에서만이 아니라 긍정적인 측면에서도!

'허약한 노년'이라는 편견

내 지인인 S는 줄담배를 피우며 운동과는 담을 쌓고 천식을 앓고 있어 결코 건강 조건이 좋다고 볼 수 없다. 45세의 중간관리자로서 받는 압박을 그는 흡연으로, 무려 하루에 60개비 이상을 피우는 것으로 견뎌냈다. 운동? 그냥 시간이 없다. 결국 체중은 눈 더미처럼 불어났다. 마침내 전환점이 찾아왔다. "계속 이런 식이면 당신은 50세 생일에 무 뿌리를 땅속에서 볼 겁니다!" 의사의 말에 화들짝 놀란 S는 담배를 끊고 조깅을 시작했다. 열정적인 흡연자는 격정적인 생활 스포츠인으로 변모했다. 2년 뒤 그는 프랑크푸르트에서 철인3종 경주에 참가해 완주했다. 천식? 깨끗이 없어졌다!

당신도 철인3종 경주에 출전하라는 말이 아니다. 중요한 점은 격렬한 스포츠를 하는 게 아니라 규칙적으로 건강하게 운동하는 것이다. 기록은 다만 가능성의 스펙트럼이 어느 정도 뻗어나갈 수 있는지 재어보면서 '허약한 노년'이라는 편견을 무너뜨리는 효과가 있다. 물론 스위스의 찰스 어그스터*와 같은 예외적인 인물은 드물지 않게 찾아볼 수 있기는 하다. 그는 60세에 육상경기에 흥미를 느껴 2015년 3월 200미터를 55.48초에 주파해 그 연령대의 세계기록을 수립했다. 그리고 '세계에서 가장 빠른 95세 노인'이라는 제목의 기사로 신문 지면을 장식했다. 2015년 10월에는 400미터에서 2분 21초 34라는 그 연령대 세계기록도 세웠다.[15] 어그스터 박사는 길모퉁이의 빵집도 마치 50세 중년들처럼 금방 다녀온다.

아무튼 고령에도 얼마든지 해낼 수 있다는 점을 증명해낸 80대 이상의 인물은 많기만 하다. 다음은 독일 육상연맹Deutschen Leichtathletik-Verband, DLV이 다양한 종목에서 시니어 최고 기록으로 정리한 것에서 뽑아본 자료다(비교를 위해 40대의 최고 기록도 찾아봤다).

종목	80대 남자 최고 기록	40대 남자 최고 기록
100미터	14.66초	10.7초
5,000미터	22분 04.79초	14분 18.10초
마라톤	3시간 50분 55초	2시간 16분 05초
장대높이뛰기	2.10미터	5.40미터
삼단뛰기	8.01미터	15.89미터

표 1 독일 육상연맹에 기록된 시니어(남자) 최고 기록

• 찰스 어그스터(Charles Eugster, 1919~2017년)는 영국 태생으로 스위스에서 활동한 치과 의사다.

종목	80대 여자 최고 기록	40대 여자 최고 기록
100미터	17.77초	12.18초
5,000미터	26분 59.18초	16분 16.08초
1만 미터(마라톤 대신)	58분 40.3초	50분 57.21초
장대높이뛰기	1.50미터	3.33미터
멀리뛰기	3.16미터	6.49미터

표 2 독일 육상연맹에 기록된 시니어(여자) 최고 기록(www.leichtathletik.de/senioren/rekorde-und-bestenlisten, 2015년 11월 15일 현재)

가슴에 손을 얹고 다음 물음에 답해보자. 80대의 장대높이뛰기 경기가 있다고 지금껏 상상이라도 해봤는가? DLV의 통계는 80대에 그치지 않고 남자의 경우 85세, 90세, 95세의 기록을, 여자의 경우는 85세의 기록을 다룬다. 표를 보기만 해도 나이를 먹어가며 속도가 느려지고 힘을 잃는 것을 볼 수 있다. 그러나 다른 한편으로 80세에도 마라톤에서 다른 많은 젊은 참가자들을 추월해 달리는 건강한 노인은 적지 않다. 미국의 조사에 따르면 마라톤의 평균 주파 시간은 남자의 경우 4시간 29분 52초다.[16] 이 기록을 보면 가장 빨리 마라톤을 주파한 고령자는 그보다 거의 40분이 더 빠르다. 40대와 30대, 심지어 20대의 남자의 상당수가 마라톤을 전혀 완주하지 못했다는 사실은 굳이 거론하지 않겠다.

아무튼 이로써 숫자로서의 나이와 생물학적인 나이의 차이는 분명하게 드러난다. 숫자로서의 나이는 생년월일을 기준점으로 잡지만 생물학적 나이는 의학이 정리한 노년의 표준과 비교한 몸의 객관적인 건강 상태를 참조한다. 건강한 생활 습관을 가진 사람은 생년월일이 짐작하게 해주는 것 이상으로 젊을 수 있으며, 런던에서 100세에 마라톤을 완주한 파우자 싱처럼 몸 상태가 건강할 수 있다.[17]

동시에 운동을 하지 않고 잘못된 식생활을 하는 사람은 이미 어릴 때부터 호흡이 짧아지고 운동이 부족한 나머지 이른바 '노인성 당뇨병(제2형 당뇨병)'을 앓기도 한다. 독일에서 18세 이하의 청소년과 아동 가운데 이 병에 시달리는 비율은 대략 1.6퍼센트다. 이는 곧 각 학교에서 학년마다 최소한 한 명이 당뇨병을 앓는다는 것을 뜻한다. 고령이 되어서야 앓는 병을 어릴 때 걸리는 이런 현상은 어찌 설명해야 좋을까?[18] 타고난 유전적 성향에 과체중과 운동 부족이 더해지면 아이라 해도 본래 나이 먹은 사람들에게 전형적으로 나타나는 당뇨병을 앓을 위험은 더욱 높아진다. 그리고 흔히 고혈압과 높은 콜레스테롤 수치가 부수적인 현상으로 나타난다.

인터넷에는 생물학적 나이를 계산해볼 수 있는 수많은 테스트가 있다(예를 들면 www.das-biologische-alter.de, www.onmeda.de, www.praxisvita.de 등). 여기서는 쌍방향 소통 전시회 '아이알터'에서 관람객이 직접 자신의 생물학적 나이를 계산해볼 수 있게 만든 테스트를 소개하고자 한다. 이 전시회는 원래 메르세데스 벤츠에서 주최했으며 나와 내 연구 팀이 과학적 자문을 맡은 것이다. 당신은 이 테스트를 통해 건강에 도움을 주는 요소와 해를 끼치는 요소를 살펴보고 자신의 생활이 어떤 요소들로 구성돼 있는지 알아볼 수 있다. 이를테면 긍정적인 측면에서는 정상 체중과 운동, 부정적인 측면에서는 과도한 음주, 흡연, 혈압 등이 있다. 이런 테스트는 연령 진단 자체에 초점을 맞추기보다는 개인적인 생활 습관과 그로 빚어지는 결과에 경각심을 일깨우도록 설계된 것이다.

나의 생물학적 나이는 몇 살인가?

무엇보다 자신의 생물학적 나이를 아는 것이 중요하다! 계산기를 옆에 꺼내놓고 오른쪽 칸은 가린 다음, 자신에게 해당된다고 생각되는 항목에 체크한다. 그리고 당신의 캘린더 나이에서 15.6년(여성의 경우), 10.6년(남성의 경우)을 뺀 다음 체크한 항목의 오른쪽에 제시된 수치를 합산한다. (만일 당신의 회색 뇌세포에 도움이 되고 싶다면 계산기를 치우고 머릿속으로 암산을 하도록 하자.)

일상에서 긴장을 풀 수 있는 시간이 얼마나 되는가?

나는 너무도 긴장된 생활을 해서 스트레스에 시달린다.	☐	1.71
나는 스트레스를 받기는 하지만 그럭저럭 이겨낸다.	☐	1.14
나는 긴장하는 일이 없이 여유로운 일상을 누린다.	☐	0.0

하루에 과일과 야채를 얼마나 먹는가?

대략 5인분	☐	0.0
대략 1~2인분	☐	0.57
전혀 먹지 않는다.	☐	2.28

당신의 체질량 지수Body-Mass-Index, BMI는 얼마나 높은가?

17.5 이하	☐	1.94
17.5~19	☐	0.0
19~25	☐	0.23
25~27.5	☐	0.46
27.5~30	☐	1.94
30 이상	☐	3.07

*BMI=체중을 신장(미터 단위)의 제곱으로 나눈 값

18세 생일 이후 체중이 늘었는가?

늘지 않았다. 또는 고작 몇 킬로그램 정도 늘었다.	☐	0.0
늘었다. 5~15킬로그램 정도 늘었다.	☐	1.12
18세 때 나는 지금보다 15킬로그램 정도 가벼웠다.	☐	2.85

흡연을 하는가?

하지 않는다.	☐	0.0
하지 않는다. 옛날에는 피웠다.	☐	1.59
한다. 하루에 다섯 개비 이하를 피운다.	☐	6.38

한다. 하루에 20개비 정도를 피운다.	☐	7.51
한다. 하루에 20개비 이상을 피운다.	☐	9.11

술은 평균적으로 얼마나 마시는가?

매일 마신다.	☐	2.28
일주일에 두세 잔 정도 마신다.	☐	0.0
거의 혹은 전혀 마시지 않는다.	☐	1.14

잠은 어떻게 자는가?

잘 잔다.	☐	0.0
잘 자는 편이다.	☐	0.85
잘 못 자는 편이다.	☐	1.71
잘 못 잔다.	☐	2.28

최소한 30분 정도 운동을 하는가?

전혀 혹은 거의 하지 않는다.	☐	4.55
일주일에 한 번 정도 한다.	☐	2.28
일주일에 두세 번 정도 한다.	☐	1.14
일주일에 하루도 빠짐없이 한다.	☐	0.0

모든 것을 종합해볼 때 당신의 인생은 행복한가?

매우 행복하다.	☐	0.0
어느 정도 행복하다.	☐	1.14
불행하다.	☐	2.28

친조부모와 외조부모는 얼마나 오래 살았는가?

모두 75세 이상 살았다.	☐	0.0
모두 75세 미만으로 살았다.	☐	1.14
두세 명은 75세 이상 살았다.	☐	0.57
세 명은 75세 미만으로 살았다.	☐	0.85

평가

A. 당신의 캘린더 나이 − 15.6년(여성인 경우) 또는 10.6년(남성인 경우)
B. 체크한 항목의 수치를 모두 더한다.
C. 당신의 생물학적인 나이: A+B

표 3 자신의 생물학적 나이 계산하기

제2형 당뇨병의 아동 사례가 이미 짐작하게 해주듯, 30세를 넘으면 개인의 건강이 큰 차이를 보이지 않는다. 노스캐롤라이나의 듀크 대학교에서 38세의 1,000명을 대상으로 조사한 바에 따르면 포괄적인 의학 진단을 토대로 나타나는 생물학적 나이의 스펙트럼은 28세에서 61세까지 큰 폭을 보여주었다. 이 연구가 측정한 것은 신장, 허파, 심장, 콜레스테롤 수치, 면역 체계와 치아의 건강이다.[19]

운동과 건강한 식생활로 우리 몸을 젊게 유지할 수 있다는 건 누구나 수긍할 이야기다. 그러나 정신적 활력은 어떨까? 70세나 80세를 넘겨서도 놀라운 지적 능력을 보이는 사람은 많다. 예를 들면 1935년생인 우디 앨런은 지금까지도 계속 영화를 만들며 작품 활동을 하고 있다. 1929년에 태어난 프랭크 게리는 오늘날까지 현대의 가장 중요한 건축가로 꼽힌다.* 현재 그는 아부다비의 구겐하임 미술관 건설을 계획하고 진행하고 있다. 파블로 피카소도 91세의 나이로 사망하기 직전까지 그림을 그렸다.

예외라고? 물론이다. 그리고 80세를 넘긴 사람들 가운데 체스 챔피언이나 기억술사를 찾아볼 수 없는 것도 우연은 아니다. 컴퓨터로 말하자면 메모리에 해당하는 두뇌의 프로세서는 20대 중반부터 그 능력이 점차 떨어지기 때문이다. 현재 체스 챔피언 망누스 칼센(1990년생)이 그처럼 어린 것도 놀라운 일이 아니다. 칼센에게 체스 챔피언의 왕좌를 내준 비스와나탄 아난드(1969년생)가 2013년까지 세계 정상의 자리를 놓치지 않았던 것을 두고

---

* 우디 앨런(Woody Allen)은 미국의 영화감독이자 각본가, 극작가이며 60년 이상 음악 활동을 했다. 프랭크 게리(Frank Gehry)는 캐나다 출신의 건축가로 월트 디즈니 콘서트홀과 구겐하임 미술관을 설계했다.

전문가들이 놀라는 것도 나이에 굴하지 않는 그의 체스 실력 때문이었다.*

두뇌 연구가 게르하르트 로트**는 인간이 운동 능력은 물론 인지 능력에서도 유연성을 갖고 있지만 몸의 운동 능력에서 가장 큰 유연성을 가진다고 강조한다. 두뇌는 나이를 먹어가며 실제로 그 능력을 점차 잃는다. 이런 측면은 뒤에서 더 자세히 살펴보기로 하자.

물론 우리는 줄어드는 주의력과 정보 처리 속도(유동적 지능 fluid intelligence)를 지식과 경험과 숙련도의 증가(결정적 지능 crystallized intelligence)로 상쇄한다. 말하자면 프로세서는 속도를 잃어버리지만 문제 해결에 필요한 정보를 확실하게 찾을 수 있는 잘 정리된 데이터뱅크는 갈수록 커지는 것이다. 더욱이 잘 훈련된 두뇌는 줄어드는 속도를 얼마든지 상쇄할 수 있다. 로트에 따르면 "손상된 회로는 대체 회로를 형성하거나 최소한 다른 회로가 일부 기능을 떠맡는다."[20]

- 비스와나탄 아난드(Viswanathan Anand)는 인도의 체스 선수로 2007년 세계 정상의 자리에 올라 군림하다가 2013년 노르웨이 출신의 망누스 칼센(Magnus Carlsen)에게 왕좌를 내주었다.
- 게르하르트 로트(Gerhard Roth)는 1942년생으로 독일의 생물학자이자 두뇌 연구가다. 브레멘 대학교에서 행동생리학을 가르친다.

인생의 빛은 나이에서 오지 않는다

「누가 백만장자가 되는가?」라는 텔레비전 퀴즈 쇼에 참가하는 사람은 우승을 차지하기 위해 잔뜩 긴장해야만 한다. 이 퀴즈 쇼의 가장 연로한 출연자인 카를하인츠 레헤르Karlheinz Reher는 2014년 2월 당시 86세의 나이에 상금 12만 5,000유로를 받았다. 경제학 석사이며 저널리스트이자 기업의 감사로 활동했던 그는 영리한 전술을 구사하며 적절한 때를 포착해 더는 경쟁하지 않고 상금을 받는 쪽을 택했다. 그는 '쉬는 자는 녹슨다'는 오랜 성공 비결로 정신적 건강함을 유지했다. "나는 늘 열심히 일했으며 일이 항상 즐거웠다." 오늘날까지도 레헤르는 저자로서 활발하게 책을 쓴다.[21]

물론 그가 독일의 가장 연로한 퀴즈 쇼 출연자인 것은 아니다. 그 기록은 95세의 나이에 당당하게 출연한 엘리자베트 베트케Elisabeth Betcke의 몫이다. 젊은 시절 목사로 활동했던 그녀는 「딜 오어 노 딜Deal or no Deal」라는 퀴즈 쇼에 2015년 7월에 출연해서 상금 1만 7,300유로를 받았다.[22]

더욱 놀라운 사실은 1912년생의 잉게보르크 질름라포포르트Ingeborg Syllm-Rapoport가 2015년 102세의 나이로 박사과정 구술시험에 합격했다는 것이다. 그녀는 유대인 혈통이라는 이유로 나치가 1938년에 수여를 거부한 박사 학위를 따냈다.

이로써 그녀는 박사 학위 시험을 치른 세계에서 가장 연로한 인물이라는 기록을 세웠다. 함부르크 대학교 의과대학 학장은 구술시험이 끝나고 이렇게 말했다. "그녀가 찬란하게 빛을 발하는 것은 나이가 많기 때문만이 아닙니다."[23] 질름라포포르트는 젊은 시절 동베를린의 국립병원 샤리테Charité에서 신생아를 돌보는 병동을 세워 1968년 정식 교수가 되었다. 그녀가 걸어온 인생 경력 역시 정신적으로 활발한 인생이 정신적으로 활달한 노년을 위한 최고의 조건이라는 관찰을 입증한다.

좀 더 자세히 살펴보면 사실상 인간은 모든 연령대에서 모든 것을 해낼 수 있다. 노화 연구가이자 독일 정부의 장관을 역임한 1930년생의 우르줄라 레르*는 2016년 3월 나와 함께 베를린 인구학 포럼Berliner Demografie Forum, BDF의 주최로 열린 '베를린 대회'의 무대에 올랐다. 이 범정당적이고 국제적인 플랫폼은 인구 변화의 문제를 토론하고 해결책을 찾아 국가적 차원은 물론 국제적 차원에서도 실행 방법을 찾는다. BDF는 정계와 재계, 학계, 시민사회의 인물들을 한자리에 모아 해결책을 모색하고 지속적 발전에 기여하고자 노력하고 있다. 레르는 고령의 나이에도 이런 과제를 능숙하게 감당했다. 이미 몇 년 전 그녀는 이런 제안

• 우르줄라 레르(Ursula Lehr)는 1930년생의 독일 심리학자로 노인 문제 연구의 전문가다. 1988~1991년 동안 독일 가족부 장관을 지냈다.

을 했다. "늙음이라는 개념을 없애야 합니다. … 건강한 100세가 있는 것처럼 허약한 50세도 얼마든지 있거든요."[24]

누구나 고령에 정치 무대에서 빛나고 싶어 하는 건 아니다. 그렇지만 자신의 인생을 당당하고 기쁘게 꾸려가는 것은 누구나 원하는 일이다. 그리고 지혜로운 생활로 노년의 두려움을 털어버린다면 우리 모두 그렇게 살 수 있다.

100세를 넘기는
삶의 방식

우리는 편안한 것을 좋아한다. 할 수만 있다면 잠을 자며 날씬해지고 싶고('잠자며 살 빼기'라는 다이어트가 있는 것을 보라), 힘들이지 않고 성공하며, 고되게 일하지 않고도 부자가 되기를 모두가 간절히 소망한다. 노년에 들어서도 몸과 마음의 활력을 잃지 않는 건강함을 유지할 수 있다는 말이 위로를 주기는 한다. 그러나 이런 건강함은 선물로 주어지는 것이 아니다. 예외적인 건강함은 꾸준한 노력을 전제로 한다. 이런 노력 없이 70이나 80, 90이 되어 빛나는 건강을 자랑할 수는 없다. 그래도 100세를 넘겨 건강을 자랑하는 사람은 혹시 무슨 비결을 가진 게 아닐까? 그냥 그대로 따라 하기만 하면 되는 비결 말이다. 혹시 그런 사람들에겐 어떻게 하면 건강하게 나이를 먹는지 공통적인 특징이 있지 않을까?

대단한 고령을 자랑하는 사람은 옛날에도 있었으며 주변의 부러움을 사곤 했다. 앞서 언급한 바 있는 팻 테인의 책 『노년의 역사』에는 화학자 미셸 외젠 슈브뢰이*의 사진(!)이 나온다. 그는 1786년, 곧 프랑스 혁명이 일어나기 3년 전에 태어났다. 100세가 된 그는 사진 속에서 만년필을 손에 쥐고 2절판의 큰 책 앞에서 허리를 숙이고 맑은 눈길로 카메라를 바라보고 있다.[25] 슈브뢰이는 1889년 102세의 나이로 사망했다. 이후 100세 이상의 사람은 몇 배로 늘어났다. 물론 그 가운데 110세를 넘긴 사람은 소수이며 115세가 된 사람은 거의 없다.

핀란드의 인구 통계학자인 베이뇌 칸니스토Väinö Kannisto는 1988년 13개 산업국가의 출생 기록을 조사했다. 고령의 여성 5만 3,000명의 생활 데이터를 바탕으로 그는 100세 여성이 15년을 더 살 확률을 계산했다. 이 확률은 2억 분의 1이다. 차라리 로또에 당첨될 확률이 더 높다. 로또의 확률은 1,600만 분의 1이기 때문이다.**[26]

이런 배경을 염두에 둘 때 1997년 8월 4일 122세 하고도 5개월 14일을 살고 사망한 잔 칼망***은 인생 로또에서 대박을 터뜨린 셈이다. 이 프랑스 여성은 이제껏 인류가 기록한 최고의 연령

---

* 미셸 외젠 슈브뢰이(Michel Eugène Chevreul, 1786~1889년)는 프랑스의 화학자로 지방 연구의 선구적 역할을 했다. 노인의학을 개척하기도 했으며 노화에 따른 심리적 영향을 연구한 것으로도 유명하다.
** 독일의 로또는 1~49의 숫자에서 여섯 개를 맞추는 시스템이다.
*** 잔 칼망(Jeanne Calment, 1875~1997년)은 공식 기록상 최장수를 기록한 프랑스 여성으로 114세에는 영화에도 출연했디.

에 도달했다. 이 독특한 여인의 삶은 어떤 모습이었을까?

잔 칼망은 1875년 부유한 선박 제조업자의 딸로 아를에서 태어났다. 훗날 그녀는 열세 살에 빈센트 반 고흐와 만났던 기억을 즐겨 이야기했다. 그녀는 그림을 그렸고 피아노를 연주했으며 오페라를 좋아했다. 21세에 결혼해 딸을 한 명 낳았고 남편과 딸보다 50년이 넘게 살았다.* 85세가 되어 칼망은 펜싱을 배웠으며 100세에 자전거를 탔다. 대략 90세를 전후해 그녀는 집을 어떤 변호사에게 일시불이 아니라 매달 생활비를 받는 조건으로 팔았다. 그 변호사는 30년 동안 그녀에게 매달 생활비를 지불하고는 77세의 나이로 그녀보다 2년 먼저 죽었다.

110세가 되어서야 비로소 칼망은 양로원으로 들어갔다. 115세에 엉덩이뼈가 부러지는 사고를 당하고 이후 휠체어에 의존하기는 했지만 부상을 잘 이겨냈다. 거의 시력과 청력을 잃은 인생의 마지막 시기에서조차 그녀는 명랑함을 잃지 않았다.

"나는 좋은 인생을 살았소. 나는 꿈과 아름다운 기억 속에서 살아갑니다."

기억력을 주기적으로 테스트한 신경심리학자에게 그녀가 한 말이다. 심리학자는 이 고령의 숙녀가 6개월마다 치른 테스트에서 심지어 암산 실력이 늘어났다고 이야기한다. 매일 그녀는 담배 한 개비와 한 잔의 와인을 즐겼으며 초콜릿과 케이크를 좋아

---

* 1898년생인 딸은 1934년에 폐렴으로 사망했으며 남편은 1942년에 식중독으로 죽었다.

했다. 건강하게 나이 먹는 비결을 묻는 물음에 돌아온 답은 이랬다. "항상 유머를 간직하는 거죠. 나는 웃으며 죽을 겁니다!"[27]

잔 칼망은 오늘날까지도 예외 현상으로 남았다. 130~150세까지 장수를 누렸다는 사람들을 다룬 보도가 종종 신문 지상을 장식하곤 했지만 결국 가짜 뉴스로 판명되곤 했다. 믿을 만한 기록, 이를테면 출생증명서나 교회의 세례인 명부는 찾아볼 수 없는 경우가 많아 이런저런 전설이 생겨날 여지가 있다.

2010년 인구통계학자와 노인학 연구자들의 국제 그룹은 공식 기록들을 면밀히 검토하고 세계에서 가장 장수를 누린 19명(잔 칼망을 필두로 한)의 명단을 발표했다. 이른바 '슈퍼센티내리언 Supercentenarian', 곧 110세를 넘긴 이들의 대다수는 115회 생일을 넘기지 못하고 사망했다. 현재 시점에서 장수의 한계는 115세인 셈이다. 물론 의학의 발달로 미래에 이 한계는 더 뒤로 늦춰지기는 하리라. 이 슈퍼 노인 가운데 남성은 단 두 명이다. 그리고 단 한 명의 여인, 곧 미국의 사라 나우스Sarah Knauss만이 119년 3개월로 잔 칼망에 근접하게 장수를 누렸을 뿐이다.[28]

이 사람들을 묶어주는 공통점이 있을까? 우리의 수명을 연장하기 위해 그들로부터 배울 점이 있을까? 칼망 부인과 인생 말년의 운명을 함께 나눈 한 미국 여성의 인생 이력은 이와 관련해 실제로 곱씹어볼 만한 화두를 던져준다. 다름이 아니라 1887년 미국 미시간주 몰리에서 태어난 모드 패리스루즈Maude Farris-Luse의 이야기다.

그녀는 네 살 때 가족과 함께 앙골라로 이주했다. 그곳에서 16세가 되던 해 날품팔이 농부와 결혼했고 18~26세 사이에 여섯 명의 아이를 출산했다. 41세가 되던 1928년에는 딸을 하나 더 낳았다. 1923년 그녀의 가족은 미시간으로 돌아왔으며 디트로이트 남쪽의 콜드워터에서 살았다. 남편이 죽고 70대 중반이 된 패리스루즈는 재혼을 했다. 그녀는 100세에도 어린 시절부터 좋아했던 낚시를 즐겼다. 두 번째 남편이 사망하자 104세의 나이로 홀몸이 된 그녀는 양로원으로 들어갔다. 110세에 그녀는 당시 거의 112세가 된 잔 칼망에게 편지를 썼다. 인생의 마지막 해에 이르러서야 그녀는 기력이 노쇠한 나머지 몸져누웠으며 2002년 115세의 나이에 폐렴으로 사망했다.

얼핏 보기에도 두 인생 사이의 공통점은 거의 없음을 알 수 있다. 딸 하나 대 일곱 명의 자녀, 잘 보호받는 시민으로서의 삶 대 고된 육체노동, 평생을 한 도시에서 살아간 삶 대 대륙을 오간 개척자와 같은 삶 등 두 인생의 접점은 실로 제한적이다. 두 인생에서 유일하게 읽어낼 수 있는 공통점은 긍정적인 생활 태도다. 한쪽은 70대에 재혼하고 100세에 낚시를 다녔으며, 다른 쪽은 115세에 골절상을 겪고도 활달함을 잃지 않았다.

덴마크의 인구통계학 교수인 베르나르 죈*을 포함해 여섯 명으로 구성된 연구 팀은 이런 사람들의 공통 접점을 찾으려 수고를

---

* 베르나르 죈(Bernard Jeune)은 덴마크 남부 대학교의 인구통계학 교수다.

아끼지 않았다. 이 슈퍼센티내리언 중에는 자녀가 없는 사람도, 자녀가 많은 사람도 찾아볼 수 있었다. 어떤 아프리카계 미국 여성은 심지어 15명의 자녀를 출산하는 고역을 치르고서도 115세를 누렸다! 시민사회 출신도 많았고, 노동자와 농부도 적지 않았다. 심지어 노예의 자손도 심심찮게 눈에 띈다. 부모와 형제자매가 마찬가지로 평균 이상의 장수를 누린 사람이 있는가 하면, 그렇지 않은 경우도 많았다. 그럼에도 한 가지만큼은 분명했다. 대단한 장수는 유전적으로 물려받는 것이 아니라는 점이다.

네덜란드의 최고령 여인 헨드리케 반 안델시퍼Hendrikje van Andel-Schipper는 1890년 조산아로 세상에 태어났다. 출생 후 첫 몇 주 동안 이 작은 아기는 할머니의 집중적인 보살핌을 받고 살아나 주변을 놀라게 했다. 헨드리케는 학교를 다니기에 너무 병약해 집에서 교육을 받아야만 했다. 그녀는 49세가 되어 비로소 부모의 반대를 무릅쓰고 결혼했으나 자녀는 가지지 못했다.

수많은 장수 비결 중에서도 가장 확실한 것은 2005년까지 장수를 누렸던 헨드리케가 알려주는 조언이다. "흡연하지 말고 과음하지도 말자." 나아가 그녀는 이런 말을 남겼다. "그냥 계속 숨을 쉬어. 그게 다야."[29] 대단한 장수를 누린 사람들의 공통분모는 몇 가지로 제한적이기는 하지만 무척 흥미롭다.

- 고령자 가운데 단 한 사람도 평생 정상 체중을 벗어나지 않았다.

- 흡연한 사람도 거의 없다. 예외(잔 칼망)가 있기는 하지만 아주 조금 담배를 피웠다.
- 대다수는 여성이다. 아무래도 XY 염색체보다는 XX 염색체가 장수에 유리한 모양이다. 세포가 재생하면서 유전자 손상을 쉽게 회복하기 때문이다.
- 대다수는 100세 이후 자립적으로 생활했으며 거의 말년에 이르러서야 독립성을 잃었다.
- 모두 친척으로부터 의지력이 뛰어나며 강인한 인물이라는 평을 들었다. 어쨌거나 모두 자신의 인생을 스스로 꾸리려 노력했다.
- 동시에 주변 사람들로부터 유머와 친절함을 가졌다는 평을 들었다.
- 생애의 말년에 이르러 모두 자신의 인생과 화해했다. 죽음을 두려워하지 않았으며, 다시 젊어지고 싶다는 희망도 갖지 않았다.

이처럼 슈퍼센티내리언은 인간 노화의 다채로운 폭을 보여준다. 70, 80 혹은 90세가 되어 보행 보조 도구에 의존하거나 치매 같은 정신적 혼란 상태를 초래하는 생물학적 근원은 한마디로 존재하지 않는다. 아무리 열악한 생활환경이라 할지라도 건강하게 나이를 먹으며 말년까지 맑은 정신으로 살아가는 것을 방해하지는 못한다. 동시에 긍정적인 마음가짐으로 노화를 너그럽게 받아들이는 자세야말로 건강한 노년의 필수 조건이다. 불평하며 비관만 늘어놓는다면 누구도 110세를 누리지 못한다!

물론 인생은 피할 수 없는 숙명이라는, 쉽게 씻을 수 없는 상처를 안기곤 한다. 전혀 예상치 못한 사고, 심각한 질병 또는 유전적 결함으로 받는 만성적 고통 따위가 그렇다. 그렇지만 독일에서 65세 이상 환자의 대다수는 전형적인 문명병에 시달린다. 이는 무엇보다도 생활 습관이 잘못되었다는 방증이다. 여성이든 남성이든 가장 자주 앓는 질환은 심부전이다. 남성은 그 밖에도 폐렴을 비롯해 다른 만성적인 폐질환, 이른바 '골초 기침'에 시달린다. 여성의 경우는 고혈압과 고관절 골절이 자주 나타나는 질환이다.[30]

더욱이 우리는 앞서 그 면면을 살펴본 고령자들에 비해 일찍부터 최신 의학의 혜택을 누리며 미래에는 첨단의학을 더욱 쉽게 누릴 것이다. 장수를 누린 모든 사람은 고령에 의학적 성취, 이를테면 새로운 인공관절, 보청기, 발달한 항생제의 덕을 봤다. 우리는 빠르게 발전하는 의학 덕분에 잔 칼망과 그 동시대인들은 그저 꿈만 꾸었던 혜택을 누리게 된다!

블루 존이 알려주는
환경의 비밀

'블루 존'은 장수하는 사람들이 많은 지역에 인구통계학자 미셸 풀랭과 조반니 페스가 붙인 이름이다.* 이유는 간단하다. 지도를 보면 그런 지역이 녹지대에 위치하기 때문이다. 그중 하나인 사르데냐의 누오로 지역 산중 마을의 주민은 100세 이상을 산다. 이탈리아 평균수명의 두 배에 가깝다. 풀랭과 페스는 그래서 유전적 영향을 짐작했다.[31]

누오로 지역은 남성이든 여성이든 100세 이상의 노인 비율이 유럽 평균보다 두 배는 높다. 주민들은 2005년 《내셔널 지오그래픽》 인터뷰에서 그들이 장수하는 비결을 이야기하면서 이곳 사람들은 남성이든 여성이든 일상을 함께 해결한다고 말했다.[32] 슈퍼센티내리언과 마찬가지로 블루 존이 주목을 끄는 이유는 무엇

---

* 미셸 풀랭(Michel Poulain)은 벨기에의 인구통계학자이자 장수 문제의 전문가로서 루뱅 가톨릭 대학교 교수이며, 조반니 페스(Giovanni M. Pes)는 이탈리아의 인구통계학자다.

보다도 장수의 비결이 무엇인지 그 답을 얻을 수 있기 때문이다.

사르데냐가 지구의 유일한 블루 존은 아니다. 고령자가 많기로 유명해 '100세의 섬'이라고도 불리는 일본의 오키나와도 있다. 2004년 오키나와의 130만 명 주민 가운데 100세 이상은 500명이다. 최근에는 900명이 넘는다고 한다. 독일과 비교해 오키나와에서는 통계적으로 네 배 더 많은 사람들이 성경에 나오는 장수를 누린다.

《프랑크푸르터 알게마이네 차이퉁》의 안네 슈네펜은 100세 마을로 알려진 오기미촌을 소개하는 기사를 썼다.[33] "70은 어린애이며, 80은 청소년이고, 90에 조상이 너를 부르거든 100이 될 때까지 기다려달라고 부탁해. 그런 다음 어쩌면 좋을지 잘 생각해봐." 오기미의 입구에 걸린 현판에 적힌 글이다. 대략 3,500명의 주민이 사는 오기미는 바닷가의 푸른 언덕 위에 자리를 잡고 작은 목조 가옥과 꽃이 무성한 정원으로 꾸며진 소박하고 정겨운 풍경을 자랑한다. 미국의 노인학 연구가인 브래들리 윌콕스가 2002년에 쓴 책 『오키나와 프로그램』 덕분에 이 섬과 마을이 유명해졌다. 독일에서는 2009년에 제인 케네디가 쓴 『오키나와 원리Das Okinawa-Prinzip』가 이 섬을 소개했다.**

오키나와에서는 125년이 넘게 가족기록부가 신뢰도 높게 관리

---

* 오기미촌은 일본 오키나와현 북부 구니가미군의 작은 마을이며 이를 취재한 안네 슈네펜(Anne Schneppen)은 베를린에서 프리랜서로 활동하는 저널리스트다.
** 브래들리 윌콕스(Bradley Willcox)는 미국의 노인학 연구가로 호놀룰루 더 퀸즈 메디컬 센터의 교수이며, 제인 케네디(Jane Kennedy)는 미국의 저널리스트다.

되어 오고 있다. 오키나와에서 자신이 100세가 넘었다고 말하는 사람은 실제로 그렇게 나이를 먹은 것에 틀림없다. 지역 대학교의 노화 연구가 타이라 카즈히코는 섬 주민이 장수를 누리는 이유를 '다양한 요소의 복합 작용'이라고 설명한다. 식습관, 기후, 생활 태도, 운동, 수면 습관이 그 요소들이다. 주민들은 소금과 고기를 거의 먹지 않는 대신 많은 야채와 콩과 두부를 적당히 먹는다. 주민의 표어는 이렇다. 되도록 적은 양을 자주 먹되, 위장을 80퍼센트까지만 채워라.

또한 오기미촌의 특징은 사회적 단합이 잘 되어 있다는 점이다. 노인들은 주기적으로 시니어 클럽에서 만나 친교를 나누며 음악을 연주하거나 춤을 추거나 공놀이를 즐긴다. 이들은 가족과의 관계를 중시하면서도 자신의 독립성을 소중하게 생각한다. "일을 하지 않으면 안 돼." 어떤 노인의 말이다. 102세로 이 마을에서 가장 연장자인 오쿠시마 우시는 2년 전만 하더라도 해변에서 매일 아침 체조를 했다고 한다. 물론 이제는 가족의 염려로 집 정원에서만 체조를 한다.

오키나와의 기후는 온화하다. 한낮의 열기를 피하기 위해 주민들은 매일 가벼운 낮잠을 잔다. 심혈관 계통의 병은 거의 나타나지 않으며 암에 걸리는 비율도 전 세계적으로 가장 낮다. 알츠하이머는 일본의 주요 섬들보다 훨씬 더 드물게 나타난다. 타이라 교수는 미국의 패스트푸드를 좋아하며 운동을 게을리하는 일본의 젊은 세대가 걱정이라고 한숨을 쉰다. 오키나와는 미군이 주둔하는 기지가 있어 맥도날드를 비롯한 외식 업체가 많다. "벌써부터 자녀와 손주가 할머니와 할아버지보다 먼저 죽는 일이 자주 일어납니다."[34]

그 밖에도 그리스의 이카리아섬, 캘리포니아의 예수재림교회 공동체 마을 로마 린다Loma Linda, 코스타리카의 니코야가 블루 존으로 꼽힌다. 에콰도르의 '100세 계곡' 빌카밤바Vilcabamba 역시 블루 존으로 꼽히기는 하지만 몇몇 돈벌이에 급급한 주민들이 자신의 나이를 터무니없이 부풀리는 바람에 오명을 뒤집어쓰고 말았다. 그러나 빌카밤바의 주민들은 실제로 장수를 누린다.

어떤 과학자는 블루 존의 원인을 산악 공기의 '음이온'이라고 하고, 어떤 과학자는 미네랄이 풍부한 물 덕분이라고 진단한다. 이런 이론들은 어디까지나 짐작일 따름이다. 블루 존의 목록을 냉철하게 살피면 다른 원인이 더 설득력을 가진다는 결론이 나온다. 블루 존으로 꼽히는 지역은 예외 없이 기후가 온화하며 전체 규모를 한눈에 가늠하기 좋아서 현대 대도시 정글의 스트레스와 환경오염이 없는 곳이다. 블루 존 전문가 댄 뷰트너*는 로마 린다, 오키나와, 사르데냐의 공통점으로 다음과 같은 요소들을 꼽았다.

• 화목한 가족 관계

---

* 댄 뷰트너(Dan Buettner)는 1960년생의 미국 저자로 탐험과 교육 문제, 다큐멘터리 제작 등 다양한 활동을 펼치고 있으며 미국에서 블루 존 사업을 벌이고 있다.

- 왕성한 사회 활동
- 식물성 위주로 협과를 즐기는 식사
- 금연
- 꾸준하고 적절한 운동[35]

이로써 장수는 생활 방식의 문제임을 알 수 있다. 뷰트너는 누구나 개인적으로 블루 존을 만들 비결도 소개한다. 소속감, 올바른 식생활(오키나와의 80퍼센트 원칙), 긍정적인 생활 태도(의미를 추구하며 스트레스를 피한다), 꾸준한 운동. 이것이 뷰트너가 강조한 장수 비결이다.[36] 다음 장에서는 이 철학이 정신과 몸의 건강을 결정하는 다른 요소의 지식과 어떻게 맞아떨어지는지 살펴보고자 한다.

노화의 속도는 운명의 문제가 아니라 우리의 인생 상황과 태도가 합작한 결과물이다. WHO가 발간한 기대수명 리스트를 봐도 이는 분명하다. 2013년 상위 5위권은 부유한 국가들 모나코(89.6), 마카오(84.5), 싱가포르(84), 산마리노(83.1)다. 233개 국가들에서 하위권은 아프가니스탄(50.1), 극도의 빈곤에 시달리는 아프리카 대륙의 지역들, 곧 스와질란드(50), 기니비사우(49.5), 남아프리카(49.48), 차드(49)다.[37] 통계상으로 보면 오늘날 차드에서 태어나는 아기는 부유한 모나코에서 태어난 젖먹이의 절반에 미치지 못하는 삶을 산다. 이런 대비는 우리의 수명이 생물학적 조건에 얼마나 영향을 받지 않는지 충격적으로 확인해준다. 결정적인 것은 어떻게 인생을 사느냐 하는 문제다. 내전, 빈곤, 열악한 의료에 신음하는 세계의 많은 지역을 보면 이는 더욱 분명해진다.

물론 이런 확인은 통계상의 흐름이다. 당연히 차드에도 노인은 산다. 담배를 피우는 사람 모두가 장수하는 골초 한 명쯤은 반드시 알고 있듯이 말이다. 다만 이들은 담배를 피워서 이미 오래전에 죽은 사람은 한사코 무시할 뿐이다.

회색 뇌세포와
노년의 지혜

"인생의 전반부에서 우리는 빨랐고, 후반부에선 더 현명해진다."

신경생물학자 마르틴 코르테는 두뇌의 발달을 이렇게 요약한다. 정신 건강이 보여주는 충격적일 정도의 다양한 폭에 그는 전혀 놀라지 않는다. "두뇌는 인간이 가진 장기 중 소중히 보듬어 아껴줄 것이 아니다. 끊임없는 훈련을 통해야만 겨우 그 실력을 유지하거나 더 낫게 만들 수 있는 것이다."[38] 이것이 정확히 무슨 말일까? 두뇌는 나이를 먹으면서 물리적으로는 쇠퇴하지만 정신적 능력은 그렇지 않다는 것이 이 말이 품은 정확한 뜻이다.

제1장에서 살펴봤듯이 우리가 주목해야 할 점은 모든 두뇌가 똑같은 모습으로 늙지 않는다는 사실이다. 물론 우리의 유동적 지능은 줄어든다. 이는 우리 두뇌가 정보 처리 속도가 떨어지면서 사실관계를 갈수록 파악하기 힘들어한다는 뜻이다. 그래서 나이가 들면 새로운 언어를 배우기가 힘들다. 반면 우리의 결정

적 지능은 꾸준히 높아진다. 결정적 지능이란 맥락을 파악하는 능력이다. 경험과 전략 구사, 새로운 사건을 일반적 유형을 바탕으로 빠르고 확실하며 현명하게 평가하는 능력은 나이와 더불어 늘어난다.

이런 사실은 우리가 일상의 경험을 통해 익히 아는 것이다. 까다로운 상황에서 우리는 풋내기보다는 경험이 많은 사람(일반적으로 나이가 많은 사람)을 더 신뢰한다. 기업이 경제 위기를 맞았다거나, 유조선이 해상 조난을 당했다거나, 가족이 목숨을 위협받는 상황에 처했을 경우 나이 많은 사람의 풍부한 경험은 꼭 필요하다. 한 연구에 따르면 직원들이 위기 상황에서는 젊은 지도자보다는 노련한 지도자를 더 신뢰한다고 한다.[39] 30년이나 40년쯤 한 분야에서 경험을 쌓은 사람을 보며 우리는 복잡한 상황을 어느 한 측면에 치중하지 않게끔 그 전모를 파악하면서 현명한 결정을 내릴 것이라고 믿는다. 이런 능력을 두고 우리는 '지혜'라고 부른다.

물론 나이가 들면 저절로 지혜를 자랑한다는 통념은 잘못된 것이다. 돌이켜 생각할 줄 아는 반성 능력을 키우지 못한 사람은 결코 현명해지지 않는다. 그러나 15세나 30세의 사람이 그보다 갑절 혹은 세 배 더 나이를 먹은 사람만큼 지혜롭지는 않다는 건 분명하다. 이런 차이가 빚어지는 이유는 간단하다. 비교 대상이 될 만한 상황을 충분히 많이 경험하지 못한 탓이다. 모든 경험은 기억에 흔적을 남긴다. 경험이 풍부할수록 그만큼 더 많은 관련 정보를 취합해서 상황을 올바르게 파악할 수 있다. 두뇌생리학에 따르면 일부가 자극을 받으면 곧장 작동하는 전체 신경 네트워크가 존재한다고 한다.

인생의 중반 지점쯤 도달한 사람이라면 이게 무슨 이야기인지 감을 잡으리라. 어떤 상황에서 우리는 그냥 '께름칙한 기분' 탓에 신중한 자세를 취한다. 예를 들면 직장에서 어떤 프로젝트를 맡게 되었고 첫 회의를 한 끝에 자연스레 탄식이 터져 나왔다고 하자. "허, 이거 간단치 않겠는데!" 물론 이런 느낌이 드는 이유는 다양하다. 누군가가 너무도 비현실적인 목표에 열을 올린다거나, 프로젝트의 일부 과제가 듣기만 해도 어렵다는 것이 그 좋지 않은 예감의 원인이다. 이런 예감이 드는 건 분명 이 프로젝트가 첫 번째나 두 번째가 아니며, 그동안의 경험이 판단의 근거를 제공하기 때문이다.

직감 또는 본능적 예감이란 무슨 신비로운 예언이 아니라 압축된 경험 지식이다. 두뇌가 무의식적으로 확실한 판단을 내리려고 찾는 지름길이랄까. 새로 입사했거나 아직 신참인 직원은 좋은 결정을 내리기 위해 필요한 직감을 활용하지 못한다. 물론 젊은이답게 다양한 개별 정보를 찾아내고 빠른 반응을 보이기는 하지만 얼마 가지 못하고 지친다. 반면 인간이 나이를 먹을수록 직감으로 더 나은 결정을 내린다는 것을 입증한 실험은 많다. 특히 과제에 맞게 팀을 꾸리는 일에서 젊은 세대는 다양성을 주목하지 않는다. 연령, 성별, 국적, 문화 혹은 종교 등 다양한 요소를 고려하지 않은 팀 구성은 간단하든 복잡하든 과제의 해결을 어렵게 만든다. 이에 반해 경험이 풍부한 연장자는 그동안의 경험 덕에 다양성을 지닌 팀을 꾸려야 한다는 걸 직감적으로 안다. 다양한 관점과 서로 다른 인지 능력이 쏟아내는 제안은 전체적으로 성공의 기회를 키운다. '다양성'이라는 주제는 제4장에서 더 자세히 다루기로 하자.

풍부한 경험은 개인적으로도 인생을 바꾼다. 어려운 상황에서 해결책을 찾아야 할 때 다른 사람들의 이해관계를 살펴가며 외교적 수완을 발휘할 줄 아는 태도는 다양한 경험에서 생겨난다. 이런 태도를 자랑할 확률은 40대가 14세 소년보다 훨씬 더 높다. 14세는 앞으로 돌진하는 것을 최선으로 여기며 마음에 들지 않을 땐 문을 쾅 닫는 나이다. 좌뇌와 우뇌가 완전하게 연결되는 건 대략 25세라고 한다. 아마도 이런 사실을 알면 다음번에는 반항하는 사춘기 청소년을 어찌 다뤄야 좋을지 몰라 난감할 때 적절한 대처가 가능하리라. 물론 벽이 흔들릴 정도로 문을 쾅 닫는 70대도 있기는 하다. 그러나 우리는 대체로 노년에 감정을 더 잘 다스린다. 이런 통제 능력 역시 두뇌의 변화와 관련이 있다. 방금 언급했듯이 나이가 들면 우뇌와 좌뇌가 균형을 이루기도 하지만 '아몬드 씨앗'이라고 불리는 편도체를 더 잘 통제할 수 있기 때문이다. 대뇌변연계의 핵심 부위인 편도체는 상황을 감정으로 평가할 때 중요한 역할을 한다.[40]

복잡한 상황에서 현명한 결정을 내릴 줄 아는 지혜가 어린 시절보다 노년에 더 빛을 발한다는 사실은 지금은 사망한 파울 발테스의 '베를린 노화 연구'가 입증했다. 그는 실험 참가자들을 두 그룹으로 나눠 첫 번째 그룹에게는 구체적인 상황에서 어떻게 대응할지 또는 매우 일반적인 물음에 어떤 답을 할지를 물어보는 설문조사를 실시했다. 이렇게 얻은 답을 그는 두 번째 그룹에게 보여주고 평가하게 했다. 첫 번째 그룹을 모르는 두 번째 그룹은 어떤 답이 지혜로운지 평가했다. 그리고 지혜롭다는 평가를 얻은 답들은 거의 65세 이상의 참가자들이 한 것이었다!

물론 속담에서도 말하듯이 늙음이 어리석음을 자동으로 막아주지는 않는다. 하지만 반성하지 않고 성장 가능성을 적극 활용하지 않는 정신적으로 게으른 젊은이는 늙어서도 그런 사람으로 남을 확률이 높다. 그럼에도 우리가 보다 현명해질 기회는 젊을 때보다 노년에 더 커진다. 지혜를 만들어주는 요소를 발테스는 다음과 같이 정리했다.

- 인생의 근본을 이루는 문제를 이해하고 전략적으로 대처할 줄 아는 지식
- 인생은 불확실함을 아는 통찰
- 인생과 사회 변화의 맥락을 꿰뚫어 볼 줄 아는 지식(자신이 처한 상황에서 옳고 그름을 가릴 줄 아는 자세)
- 가치와 인생 목표가 상대적임을 아는 통찰(내게 중요한 것이 상대방에게도 옳고 중요한 건 아님을 아는 통찰)[41]

나이와 지혜는 비례하는가

정치가와의 인터뷰는 하품이 나올 정도로 지루하지만 전혀 그렇지 않았던 것도 있었다. 바로 2005년 독일 의회 선거가 있던 날 저녁, 각 정당의 대표들이 모였던 이른바 '코끼리 좌담'* 이었다. 10여 년을 훌쩍 넘긴 지금도 많은 사람들은 씁쓸한 패배에도 자신의 수상 시절이 끝났음을 인정하지 않았던 게르하르트 슈뢰더의 태도를 생생하게 기억한다. 자신의 처지를 완전히 망각한 슈뢰더는 앙겔라 메르켈이 수상이 되었다는 사실을 실감할 수 없을 것이라는 무례한 표현을 서슴지 않았다! 이런 폭언은 분명 현명하지 않았다. 반면 경쟁자 메르켈은 말싸움에 말려들지 않고 슈뢰더의 공격을 은근한 미소로 넘겨버림으로써 훨씬 더 사려 깊은 반응을 보였다. 이런 태도는 전략적으로 멀리 내다보는 지혜다. 그 결과 메르켈은 당당했으며, 슈뢰더는 체면을 구겼다. 이 경우는 젊은 신참이 10년은 더 늙은 전임자보다 훨씬 더 지혜로울 수도 있다는 것을 보여준다(동영상은 다음 사이트에서 볼 수 있다. www.youtube.com/watch?v=SdkuQNvuJgs).

• '코끼리 좌담(Elefanten-Runde)'이라는 표현은 거물급 정치가들이 출연하는 좌담회 방송의 이름이다.

노년에 우리의 하드디스크는 거의 채워진다. 바로 그래서 노년은 강점을 가진다. 사람들은 나이가 들면 대개 매끈한 피부나 젊은 날의 힘을 아쉬워하지만 정작 오늘날의 관점에서 볼 때 피할 수 있었던 실수나 곤경을 떠올리는 사람은 드물다. 지난날의 사건을 돌이켜 보며 '그때 나는 왜 그렇게 행동했을까?' 하고 자문하는 것은 경험을 쌓고 인생의 지혜를 얻는 과정인데 말이다.

하지만 확실히 반응 속도와 민첩함은 잃는다. 이것이 또한 나이를 먹어가며 언어를 배우거나 이름을 기억하거나 메모가 없이 장보기 힘든 원인이기도 하다. 우리는 점차 깜빡 잊는 일이 잦아지다가, 좋아하는 영화에 나오는 배우의 실제 이름이 무엇인지 기억이 나지 않는 순간 이게 치매의 전조가 아닐까 걱정한다.

일단 좋은 소식부터 이야기하자. 기억이 잘 나지 않는다는 것을 스스로 알아차리는 한 치매를 걱정할 필요는 없다. 아쉽지만 나쁜 소식은 우리의 기억력이 실제로 감퇴하고 있다는 점이다. 이는 무엇보다도 두뇌의 해마가 노화의 영향을 받아 일어나는 일이다. 해마는 정보를 언어 코드로 맞춰 저장하는 일을 책임지는 두뇌의 부위다. 실제로 우리의 명시적 기억, 곧 구체적인 사건과 데이터를 분명하게 의식해 기억해두는 것은 젊은 시절에 훨씬 더 잘 기능한다. 그러나 이런 명시적 기억은 기억력의 일부분에 지나지 않는다. 나아가 손과 발의 움직임과 행동의 결과, 일반적인 원리 등 무의식적인 기억, 두뇌과학이 '함축적 기억'이라고 부르는 것은 나이와 상관없이 능력을 잃지 않는다. 어떻게 자전거

를 타며 구두끈을 매거나 여행을 계획해야 하는지 우리는 잊어
버리지 않는다.

그렇다면 왜 이름이나 사실을 그처럼 쉽사리 잊어버리고, 새로
운 것을 배우기 어려워하는 걸까? 이 경우에는 두뇌의 노화 외에
도 다음과 같은 요소들이 함께 작용한다.

- 우리는 나이 들면서 두뇌의 생리적 변화 탓에 집중력이 떨어
  지며 주의가 쉽게 분산된다. 이는 무엇보다도 우리의 단기 기
  억이 더는 빠르게 작용하지 않는 것과도 연관이 있다.
- 기억력의 변화는 영양의 불균형 탓에 빚어지기도 한다. 예를
  들어 물을 적게 또는 많이 마시는 경우 비타민 혹은 미네랄
  의 부족으로 탈수소 반응이 일어난다.
- 학생이나 대학생처럼 매일 머리 쓰는 일을 하지 않기 때문에
  우리는 사물을 기억하는 법을 잊는다.
- 망각이나 잘못된 기억을 우리는 너무 일방적으로 나이 탓이
  라 여긴다. 젊었을 때는 그 원인을 스트레스나 피로감에서
  찾았었다. 25세에도 우리는 장볼 때 메모가 필요했으며, 열쇠
  를 어디 두었는지 잊곤 했다.
- 우리는 자신감을 잃어버린 나머지 기억에 어려움을 겪곤 한
  다. 실제로 과학 연구는 65세 이상의 사람들이 기억력에 문제
  가 있다고 하는 경우 무료한 일상과 우울함 탓에 그런 기분
  을 느끼는 것으로 확인했다. 이런 사람들을 상대로 실험한 결

과, 실제 기억력 문제는 나타나지 않았다. "자신감이 부족한 사람은 조만간 실제 어려움을 겪는다." 코르테의 결론이다.[42]

독일 국민 전체를 대상으로 한 브레멘 야콥스 대학교의 연구에 따르면 학습 능력뿐 아니라 학습 전략의 우수성도 나이를 먹어가며 줄어들었다. 그러나 WDN(WISE 인구통계 네트워크)에 참여한 기업 오토는 정반대의 사례를 보여준다. 이 기업의 직원들은 나이를 먹을수록 학습 능력이 더 향상됐다. 그 원인은 모든 임원이 주기적으로 참여하는 연수 덕분이었다.[43] 노년은 생각하기 나름이라는 것이 다시금 확인되는 순간이다!

우리가 노년에 실제로 잘 잊어버리는지, 또 어떻게 잊어버리는지 하는 문제는 태도와 연습에 따라 답이 달라진다. 갈수록 주의력이 산만해지며 잘 잊어버리는 것을 피할 수 없다고 여기는 사람은 자신의 망각을 스스로 만들어내는 셈이다. 반대로 자신의 기억력이 여전하다고 확신하는 사람은 모든 방해 요소를 이겨내며 사물을 더욱 잘 기억한다. 그만큼 연습이 중요하다.

두뇌는 집중력과 단기 기억에서도 유연성을 지닌다. 컴퓨터 게임을 통해 자신의 반응 능력을 훈련한 시니어들을 대상으로 진행된 연구는 이런 사실을 보여준다. 그중 캘리포니아 대학교에서 이뤄진 실험은 60~85세의 사람들이 3주에 걸쳐 고작 열두 시간 훈련했음에도 훈련하지 않은 20대와 똑같은 반응 속도를 보이는 것을 확인했다. 실험에 쓰인 게임은 3차원 게임 뉴로레이서

NeuroRacer다. 이 게임은 곡선 주로를 되도록 짧은 시간 안에 주파하면서 특정 신호가 나타나면 단추를 누르는 것이다. 단기 기억과 반응 능력은 게임에 도움이 되는 데 그치지 않고 심지어 향상됐으며 이런 효과는 6개월 뒤에도 여전했다. "이 결과는 늙은 두뇌라 할지라도 유연한 학습 능력을 가진다는 것을 보여준 사례다." 연구를 주도한 애덤 개절리* 교수의 말이다.[44] 하루에 약 35분 연습으로 우리는 두뇌를 변화시킬 수 있다.

성장하는 두뇌

자기영상을 활용할 수 있는 발명으로 과학은 우리의 두뇌가 훈련에 적응하면서 어른이 되어서도 얼마든지 성장을 거듭할 수 있다는 놀라운 발견을 했다. 이와 관련된 전설적인 연구는 런던의 택시 기사들을 상대로 이뤄진 것이다. 런던의 택시 기사는 3~4년에 걸친 교육을 받고 대략 2만 5,000개의 도로명과 2만여 개의 관광 명소를 외워야만 면허를 얻는다. 유니버시티 칼리지 런던의 연구 팀은 장기간에 걸친 연구를 통해 이전과 이후에 두뇌를 스캔하는 방법으로 택시 교육을 성공적으로 이수한 기사는 교육을 받는 동안 해마의 회백질

---

* 애덤 개절리(Adam Gazzaley)는 1968년생의 신경과학자로 캘리포니아 대학교 교수다.

이 늘어난 것을 확인했다. 반대로 교육을 중간에 포기한 사람은 물론이고 도로명과 관광 명소를 배울 필요가 없는 비교 집단에서도 그런 변화는 나타나지 않았다.[45]

나이가 들어도 회백질은 근육처럼 자꾸 써줘야 성장한다고 신경학자들은 한목소리로 강조한다. 물론 근육 훈련과 마찬가지로 두뇌의 단련도 구슬땀을 흘리는 수고를 아끼지 않아야 한다. "매일 까다로운 문제와 씨름해야 정신적 건강이 유지된다. 생각은 이따금 정말 아플 정도로 어려운 수준에 도전하는 것이 좋다." 두뇌 연구가 게르하르트 로트의 추천이다.[46] 십자말풀이는 그저 자잘한 어휘력만 훈련시키는 탓에 충분하지 않다. 전체적인 접근을 요구하는 복잡한 일상 과제에 도전하는 것이 더 좋은 방법이다. 이를테면 새로운 언어를 배우거나 악기 연주를 시도해본다든지, 계속 새로운 교육을 받거나(제1장에서 소개했던 R처럼) 새로운 요리를 시도해본다든지 하는 도전 정신이 중요하다. 즐거운 나머지 신명이 나는 일을 하는 사람은 계속 성장하며, 더불어 자신의 정신 건강을 키울 수 있다.

이 모든 것은 치매와 알츠하이머를 두려워하는 우리에게 무엇을 시사할까? 치매와 알츠하이머는 나이를 먹을수록 이 질병에 걸리는 사람들의 수가 급격히 늘어나는 통에 병약하고 노쇠한 노년의 동의어가 되고 말았다. 독일은 75~79세에서 14명 중 한 명이, 80~84세에서 일곱 명 중 한 명이, 85~89세에서 다섯 명 중 한 명이, 90세를 넘겨서는 약 세 명 중 한 명이 이 질환을 앓는다. 그리고 여성이 남성보다 더 많이 걸린다고 독일 알츠하이머 협회는 보고했다.[*] 비록 거꾸로 볼 때 90세 이상의 사람들이 세 명 중 두 명꼴로 정신 건강을 유지한다고 해도 위험은 크다.

모든 치매 중에서도 가장 자주 나타나는 형태는 알츠하이머로 그 비율은 55~60퍼센트 정도다. 환자의 대략 20퍼센트는 혈관 분포성 치매, 곧 두뇌의 미세혈관들이 막혀서 생기는 치매를 앓는다. 그 밖에 드물기는 하지만 다른 형태의 치매도 있다. 의학은 치매를 두뇌 기능이 일상생활을 어렵게 할 만큼 위축되는 것이라 정의한다.[47]

알츠하이머의 경우 환자는 초기에 몇몇 기억을 잃는 것부터 시작해 방향감각에 문제가 생기다가 마침내 완전히 무기력해지는 순서로 점차 생명력을 잃어간다. 질병의 정확한 원인을 두고 학자들은 여전히 의견이 분분하다. 물론 최근에는 두뇌에 단백질이 쌓이는 아밀로이드 플라크가 주된 원인으로 주목받고 있긴 하다. 두뇌 신진대사에서 나타나는 결함, 이를테면 세포 골격을 공격하는 타우 섬유Tau-fibril[**]의 생성과 맞물려 이 플라크는 정신적 쇠

• 85~89세에서 남성은 20.85퍼센트, 여성은 28.35퍼센트가 알츠하이머에 걸린다. 90세를 넘긴 경우에는 남성은 29.18퍼센트, 여성은 44.17퍼센트다. 이 수치는 2012년의 것이다. 독일 알츠하이머협회(Deutsche Alzheimer Gesellschaft), '치매 질병의 빈도(Die Häufigkeit von Demenzerkrankungen)', www.deutschealzheimer.de(2015년 12월 7일에 열어봄). (저자 주)

•• 타우 단백질이 이상을 일으켜 몇몇 가닥으로 꼬인 실 모양을 이루는 것을 말한다.

락에 상당한 영향을 끼친다. 하지만 그렇다고 알츠하이머라는 수수께끼가 풀린 것은 아니다. 고령에도 정신적으로 건강했던 사람을 해부해본 결과 놀랍게도 플라크가 발견되었기 때문이다.

'미네소타 수녀 연구'*에 참여한 85세의 한 수녀는 모든 인지능력 테스트에서 대단히 좋은 성과를 올렸음에도 나중에 심장마비로 사망한 뒤 해부해보니 두뇌에 최악의 치매 단계에 해당하는 플라크가 낀 상태였다. 비슷한 사례는 73세의 런던 거주 교수의 것이다. 체스를 매우 좋아했던 그는 평소 일곱 수를 읽던 것이 네 수로 줄자 불안해지고 말았다. 통상적인 테스트는 인지능력의 그 어떤 손상도 없음을 확인해주었다. 그러나 나중에 사망하고 의사가 그를 해부해보니 두뇌에 전형적인 알츠하이머에 나타나는 플라크와 타우 섬유가 검출되었다. 교수의 두뇌는 물리적으로 이미 질병에 걸린 수준이었지만 꾸준한 활용으로 원래의 기능을 잃지 않았던 것이다. 체스처럼 고도의 집중력이 필요한 경우는 평소의 실력을 보일 수 없었지만 일상생활에는 전혀 지장을 받지 않았다.[48]

위의 사례들을 설명해줄 수 있는 이론은 '인지 유지Cognitive Reserve'다. 이 이론은 잘 훈련된 두뇌는 치매의 발병을 그 첫 번째 조짐을 보상해줌으로써 미룬다고 설명한다. 의학은 미뤄지는 시간이 7년이나 10년 혹은 그 이상이라고 본다. "맑은 정신을 갈

• 미국 노화연구소와 미네소타 대학교에서 노트르담 수녀원의 수녀 678명(75~106세)을 1986년부터 추적 관찰하고 있는 연구를 말한다.

고닦아온 사람의 두뇌는 손상을 이겨낼 수 있다"고 네덜란드의 노화 연구가 루디 베스텐도르프는 썼다.[49] 이런 확인은 교육 수준이 낮은 사람이 높은 수준의 사람보다 두 배 더 알츠하이머에 걸린다는 충격적인 사실과도 맞아떨어진다.[50]

증조부모는 우리보다 치매에 걸릴 위험이 적었다. 이유는 간단하면서도 분명하다. 증조부모는 이 병이 발발하기도 전에 사망했다. 우리는 훨씬 더 오래 살며 치매에 걸릴 위험은 그만큼 더 높다. 그러나 우리는 훨씬 더 풍부해진 교육 기회를 누리는 덕분에 정신적 쇠락을 예방할 다양한 방법을 가지고 있다.

시간은 어디로 갔는가

당신은 일상에서 새로운 것을 발견하고 배우느라 얼마나 많은 시간을 보내는가? 2003년 독일 연방통계청은 '시간은 어디로 갔는가?'라는 제목의 흥미로운 조사 결과를 발표했다. 이 조사에 따르면 10~18세의 아동과 청소년은 평균적으로 하루에 3.5시간을 배움에 사용한다. 물론 이 시간은 자율학습, 수행학습, 강좌를 포함한 것이다.* 18~25세의 학습 시간

---

* 학생들의 학습 시간이 이처럼 낮은 것은 주말과 공휴일과 방학을 뺐기 때문이다. 학교의 수업 일수는 1년에 200일이 채 되지 않으며 3.5시간이라는 평균 시간은 365일로 나눠서 나온 것이다. (저자 주)

은 하루에 1.5시간이며 25~45세는 19분, 45~65세는 7분으로 급감한다. 65세 이상의 경우는 고작 2분이다. 이 정도 시간은 이 책 한 쪽을 읽고도 남으리라! 물론 통계 수치라는 평균값은 항상 숨기는 것이 있다. 이 경우는 학습 의욕이 뛰어난 쪽과 학습이라고는 깨끗이 잊어버린 다른 쪽, 양극단의 수치가 숨겨졌다. 65세 이상의 사람들은 대다수가 후자의 경우에 속하리라!

최근 10년 동안 이런 상황은 변했다. 독일에서 65세 이상의 사람들이 대학교에 청강생으로 등록한 비율은 2005년의 31퍼센트에서 42퍼센트(2015년)로 올랐다. 나아가 정부의 지원을 받는 평생교육강좌에 등록한 노년층의 비율은 같은 시기 5.9퍼센트에서 15.4퍼센트로 거의 세 배가 늘었다.[51]

노년에 여전히 공부를 하거나 무엇인가 새로운 것을 배우는 사람은 자신의 정신 건강을 키운다. 이는 순전히 인지적 성과 외에도 다른 사람들과의 교류에서도 긍정적인 효과를 낸다. 사회적 교류를 나누거나 봉사 활동을 하면 알츠하이머의 위험이 12퍼센트 줄어든다는 연구 결과가 이런 효과를 확인해준다. 더욱 긍정적인 효과를 내는 것은 스포츠 활동이다. 규칙적으로 운동을 하는 사람은 알츠하이머에 걸릴 위험이 38퍼센트 낮다![52]

이런 효과의 근거 역시 남김없이 규명되지는 않았다. 치매는 혈관의 결함으로 생겨나기 때문에 운동과 치매 예방 사이의 상관관계야 분명하다. 혈관 건강에 도움을 주는 모든 것은 두뇌에도 좋게 작용하기 때문이다. 고혈압, 과체중, 운동 부족을 피하고 니코틴과 알코올을 줄여야 건강함을 지킬 수 있다는 건 당연한 이야기다. 당뇨병과 부정맥 같은 위험 요소도 건강한 생활 습관에서는 거의 나타나지 않는다. 연구가 거듭 확인해주기는 하지만 그럼에도 알츠하이머를 막아주는 운동의 효과는 완전히 해명되지 않았다. 아마도 두뇌의 혈액순환이 잘 이뤄져 신경세포가 충분한 영양분과 산소를 공급받아 노폐물을 더 잘 배출하는 것이 그 원인으로 보인다.

어쨌거나 우리는 무방비로 치매에 걸리는 것은 아니다. 그 반대다. 우리는 치매를 적극적으로 예방할 수 있다. 이를 위해 너무 늦은 때도, 너무 빠른 때도 없다. 우리 몸의 장기가 보이는 변화는 치매가 나타나기 오래전에 시작된다. 80세에도 건강하고자 하는 사람은 중년부터 규칙적으로 운동을 하는 것이 최선이다. 20년 전 보스턴 대학교에서는 40세 전후의 건강한 남녀 1,094명을 대상으로 두뇌의 자기공명영상을 촬영하고 심혈관 계통의 건강 정도를 측정했다. 그리고 20년 뒤 동일한 참가자들을 다시 촬영하고 측정했다. 두 차례의 테스트 결과를 비교한 결과 첫 테스트에서 건강이 좋지 않은 사람일수록 20년 뒤 두뇌 용량이 더 작아졌다. 이는 중년의 심혈관 계통 건강이 노년의 두뇌 건강에 중요한 전제 조건임을 말해준다. 인생 전반에 걸쳐 충분히 운동을 하면 우리는 최대한 오래 두뇌 크기를 유지할 수 있다.[53]

오해를 피하기 위해 미리 말해두자면, 치매에 걸렸다고 해서 모든 것이 자기 잘못이라며 자책할 필요는 없다. 그러기에는 치매라는 병의 원인과 그 진행이 너무 복잡하다. 날씬하며 운동을 즐기고 정신적으로 활달한 사람도 치매에 걸린다. 그렇지만 통계적 확률은 건강한 생활 태도로 현저히 낮춰진다.

동시에 우리는 치매가 실제 위험이기는 하지만 그렇다고 언론이 호들갑을 떨며 비관적 그림을 그리는 것처럼 누구나 피할 수 없는 것은 아니라는 점을 유념해야 한다. 아마도 치매 문제를 보는 우리의 시선은 지난 세기의 노년을 보는 고정관념, 곧 나이 들면 노망Senilität(이 단어의 어원인 라틴어 세니움senium은 '고령'이라는 뜻이다)이 든다는 생각을 아직 뛰어넘지 못했다. 젊은이들이 비웃으며 '어차피 쫓아오지 못할 노친네'라고 놀려댄다면, 양로원에서 유치원생 다루듯 시답지 않은 놀이나 하라고 한다면, 요컨대 70이나 80을 넘겼다고 어린애 취급을 한다면 지금이야말로 떨쳐 일어나 맞서 싸울 때다! 스스로 노인이라는 회색 외투를 뒤집어쓰고 구석 자리만 찾는다면 자신의 회백질을 방치하고 치매에 걸릴 위험을 높이는 것이다.

채식과 근육으로
건강해지는 삶

흡연자들은 종종 줄담배를 피우고도 2015년 96세로 사망한 전임 수상 헬무트 슈미트를 방패막이로 내세운다. 또 늘 쾌활했던 숙모, 보기만 해도 기분 좋은 이웃이나 장난을 좋아하던 할아버지처럼 좀 비만이어도 둥글둥글하게 살며 나이를 먹는 모습이 자연스럽다고 생각한다. 아마도 이런 사실은 누구도 부정하지 않으리라. 그러나 통계는 다른 사실을 말해준다. 담배를 피우고도 누리는 장수라는 행운은 러시안룰렛을 닮았다. 권총 안에 실탄이 많을수록(예를 들어 흡연, 과체중, 운동 부족) 그만큼 위험은 더 커진다.

원시인은 한시도 가만히 있지 못했으리라. 사냥하고 채집하다가도 맹수가 달려들면 도망가야 했을 테니까. 연구에 따르면 사냥과 채집을 하기 위해 원시인은 매일 대략 10~15킬로미터를 움직여야 했다고 한다.[54] 우리 몸은 지난 5만 년 동안 별로 중대한 변화를 겪지 않았지만 생활 방식은 엄청나게 변했다. 현대에 들어 주로 실내에서 근무하는 사람은 하루에 1,000~1,500보 정도 걷는다. 이는 거리로 환산하면 대략 700~1,000미터에 해당한다. 따로 운동을 하지 않는 사람은 우리의 선조가 몸을 움직인 것의 10퍼센트에도 미치지 못하는 하루 운동량을 갖는 셈이다. 우리는 고기를 먹으려 사냥할 필요가 더는 없으며, 버섯과 열매와 과일 대신 모퉁이마다 패스트푸드, 케이크, 초콜릿의 유혹에 사로잡힌다. 그 결과는 잘 알려진 대로 과체중과 문명병, 이를테면 고혈압, 심혈관계 질병, 당뇨병, 비만증(심각한 과체중)이다.

이런 상황은 두 가지 결론만 허용한다. 오랫동안 건강하게, 곧 생물학적으로 젊게 살고자 하는 사람은 균형 잡힌 식생활을 하고 충분한 운동을 해야 한다. 이런 정도야 그동안 상식이 되었다. 그러나 건강한 식생활을 둘러싼 끊임없는 논쟁과 요리 방송의 범람은 냉동피자, 햄버거, 텔레비전 앞의 감자칩, 테이크아웃 커피밖에 모르는 우리의 식습관과 기묘한 대비를 이룬다. 오늘날 사회는 '무조건 맛있고 빨리 먹을 수 있어야 한다'는 구호 아래 바삐 움직이는 다수와, 엄격한 채식과 온건한 채식과 반\f 채식주의flexitarianism를 놓고 토론을 벌이며 어떤 식품이 건강에 좋은지 고민하는 소수로 분열되었다.

이 책은 영양학을 다루는 게 아니다. 그리고 냉철하게 말해서 간단하게 살을 뺄 수 있는 기적의 다이어트 비법은 아직 누구도 발견하지 못했다. 근본적으로 귀담아들어야 하는 것은 독일 영양학협회가 추천하는 건강한 식생활이다. 지방과 설탕은 적게, 육류는 적당하게, 매주 한 번쯤 생선 요리, 매일 과일과 야채와 적당량의 탄수화물을 섭취하며 무엇보다도 충분한 양의 물을 마셔야 한다(그림 6).

나아가 무엇이 자신에게 좋은지 우리는 스스로 알아내야 한다. 몸은 저마다 다르게 반응한다. 생식이라면 두말할 필요 없이 좋아하는 사람이 있는 반면, 생식이라는 말만 들어도 속이 거북한 사람도 있다. 지금 먹는 것이 내게 좋을까? 먹고 난 뒤 기분이 좋은가, 아니면 어딘지 모르게 불편한가?

건강한 식생활이 성탄절의 칠면조 요리나 생일 케이크, 와인 또는 맥주를 반드시 포기해야 한다는 건 아니다. 술을 좋아하는 사람이 죽으면 곧이어 금욕주의자가 죽는다는 말처럼, 지나치게 건강한 식생활에 집착하는 것도 음주만큼이나 해롭다. 알코올은 암에 걸릴 위험을 높이지만 심장과 혈관의 건강에 좋다. 그러나 이런 효과는 다른 식품으로도 얼마든지 볼 수 있다. 아무런 부작용이 없이 더 효과를 볼 수 있는 식품에는 마늘이나 아마인유가 있다. 이런 식품은 동시에 고혈압과 암, 당뇨병의 위험을 낮춘다. 건강에 좋은 것은 물론 젊음도 지켜준다! 무엇보다 중요한 것은 해로운 식습관(해로움의 정도에 차이가 있을지라도)에 경각심을 갖는 태도다. 이런 관점에서 본다면 매일 하는 음주, 지나친 육류 섭취, 기름진 음식이나 미리 만들어두었다가 데워 먹는 음식은 삼가는 것이 좋다.

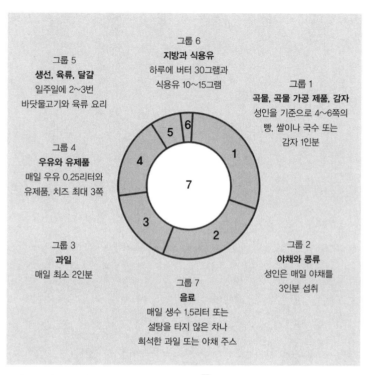

그림 6 독일 영양학협회가 추천하는 건강한 식생활[55]

체중과 관련해 이런 식의 추천 정보를 담은 책은 이미 너무 많이 출간되어 새삼 되풀이하기가 겸연쩍을 정도다. 과체중을 판단하는 근거로는 체질량 지수BMI가 있다. 이것은 킬로그램으로 측정한 체중을 신장의 제곱으로 나눠 계산한 것이다. 예를 들어 신장이 1.75미터이고 체중이 65킬로그램인 사람이라면 BMI는 '65/(1.75×1.75)=21'이다. 표 4는 체질량 지수로 판단한 비만의 정도를 나타낸 것이다.

	BMI (남성)	BMI (여성)
저체중	20 미만	19 미만
정상 체중	20~25	19~24
과체중	26~30	25~30
비만증	31~40	31~40

표 4 BMI(체질량 지수)로 판단한 비만의 정도

표 4를 참고해 만일 자신이 지나친 과체중 또는 비만증의 경우라면 의사와 함께 체중을 줄일 방법을 찾아보는 것이 좋다. 반대로 자신이 가벼운 저체중이라면 걱정할 필요가 없다. 오히려 가벼운 저체중은 희소식이다. 동물로 실험한 결과 먹이를 줄여 체중이 감소하면 신진대사가 이뤄지는 속도에 제동이 걸려 수명을 연장시키는 효과가 나타났다. 적어도 실험실 모르모트는 그렇다.[56] 가장 최근의 연구 결과는 농도를 낮춘 글루코오스와 아미노산으로 배양된 암세포는 건강한 세포를 이기지 못하고 죽는다는 사실을 밝혀냈다. 암에 걸린 모르모트로 실험을 하자 60퍼센트가 금식으로 병을 이겨냈다. 인간에게서도 같은 효과가 얼마든지 나타날 수 있다.

어쨌거나 지금까지 확인된 바로는 암환자가 화학치료를 받으며 시달리는 심각한 부작용은 금식으로 거의 완전하게 사라졌다. 앞서 여러 차례 언급한, 100세로는 최초로 같은 연령대 그룹에서 마라톤 신기록을 세운 파우자 싱은 신선한 채소를 위주로 식단을 구성해 1인분의 절반에 해당하는 식사량만 먹는다. 금욕에

끌리는 사람은 이런 생활 태도를 너무 과장하지 않고 충분한 영양소와 비타민과 미네랄을 섭취한다면 안심하고 지켜도 좋다. 물론 거식증으로 고통을 받거나 극단적으로 뼈만 남은 사람을 두고 이런 말은 할 수 없다. 다만 아주 날씬한 나머지 주변에서 "이슬만 먹고 사시나 봐요!" 하는 시샘 섞인 찬사를 듣는 사람에게만 이런 이야기가 해당된다.

인간의 기초대사율이 나이를 먹어가며 자연스럽게 떨어진다는 건 BMI보다 덜 알려진 사실이다. 이는 곧 우리 몸의 기능을 유지하기 위해 필요한 칼로리가 나이를 먹을수록 적어진다는 것을 뜻한다(표 5). 표 5를 참고해 현재 자신이 하루에 소비하는 칼로리 양을 계산해보자. 표에 언급된 기초대사율에 몸을 움직임으로써 연소되는 칼로리 양을 더한다. 앉아서 하는 일의 경우 이 칼로리는 하루당 대략 600칼로리이며, 근육을 쓰는 노동의 경우에는 그 강도에 따라 900~1,200칼로리다.

	기초대사율(kcal, 남성)	기초대사율(kcal, 여성)
18세	1,800	1,600
24세	1,700	1,500
42세	1,600	1,500
66세	1,500	1,400
75세	1,400	1,300

표 5 각 연령대의 전형적인 기초대사율[57]

나이를 먹어가며 식습관과 운동 습관에 변화가 없다 할지라도 우리는 자동적으로 뚱뚱해진다. 몸이 나이를 먹어가면서 처음에는 100, 좀 더 나이가 들면 200, 노년에는 300~400칼로리를 하루에 덜 소비하기 때문이다. 매일 100칼로리 정도가 몸 안에 그대로 쌓인다고 하면 1년 뒤 저울 위에 올라간 우리의 몸무게는 족히 5킬로그램이 늘어날 수밖에 없다. 더 심각한 사실은 몸 안에 누적되는 칼로리로 체중이 늘어나는 것은 곧 체지방의 증가로 이어진다는 점이다. 근육과 지방의 비율은 지방이 우세한 쪽으로 바뀐다. 그렇지만 에너지는 지방보다 근육이 훨씬 더 많이 소비한다. 쓰이지 않은 칼로리가 쌓이다 보니 기초대사율은 계속해서 줄어든다.

결국 나이가 들수록 에너지 소모량은 갈수록 줄어들고 체지방의 비율이 높아지면서 체중 증가의 속도가 빨라진다. 학창 시절의 몸매를 그대로 유지하고 싶은 사람은 장기적으로 식습관을 바꿔 섭취하는 칼로리 양을 줄여야 한다. 예를 들어 주스보다는 물을 마시고, 점심을 먹고 난 뒤 입이 심심하다고 초콜릿 간식에 손을 대지 말아야 한다.

단당류와 이당류 같은 단순 탄수화물은 혈당을 끌어올려 세포가 성장하도록 자극한다. 그러나 이로써 암세포와 같이 달갑지 않은 세포가 강하게 성장할 위험도 높아진다. 바로 그래서 정제 과정을 거치지 않아 식이섬유가 많은 곡물로 만든 제품과 다당류의 복합 탄수화물(예를 들어 샐비어 씨앗)을 섭취하는 것이 좋다. 이런 식품은 당분을 천천히 배출하기 때문에 오랫동안 지속되는 포만감을 준다.

칼로리를 적게 섭취하는 대신 운동을 더 열심히 하는 것도 방법이다. 더욱 좋은 것은 균형 잡힌 식생활과 운동을 병행하는 방법이다. 운동을 하면 근육을 키울 뿐만 아니라 칼로리도 소비한다. 그리고 운동은 신체 건강뿐만 아니라 정신 건강도 지켜준다. 스포츠가 몸을 젊게 유지해준다는 건 분명한 이야기다. 규칙적으로 달리기나 수영, 춤 또는 근육 단련을 하는 사람의 생물학적 연령은 낮아진다.

최근에는 스포츠가 정신을 위한 젊음의 샘이라는 연구 결과가 많이 나오고 있다. 2015년 8월 초 시사주간지 《슈피겔》의 표지 기사 제목은 '머릿속의 빠름'이었으며 그 아래에 '어떻게 운동이 생각을 개선하는가'라는 부제가 달렸다. 기사는 도입부에서 베를린의 막스플랑크 교육 연구소에서 아직 발표하지 않은 연구를 인용한다. 이 연구는 52명의 참가자를 대상으로 이뤄졌으며 참가자의 평균 연령은 66세였다. 연구의 핵심 질문은 '규칙적인 운동이 인지 능력을 향상시킬까?'라는 것이었다. 남녀 참가자들은 매주 세 시간씩 자전거 운동 기구를 이용해 운동하고 인지 능력 테스트를 받았다. 결과는 분명했다. "지구력 훈련은 두뇌를 다시 젊게 만들었다." 스포츠 심리학자 자비네 셰퍼Sabine Schäfer가 내린 결론이다.[58]

막스플랑크 교육 연구소의 2015년 연구는 브레멘의 노화 연구가 우르줄라 슈타우딩거*가 이끈 연구 팀이 2009년 세계 최초로 장기간에 걸쳐 신체 활동이 두뇌 능력에 미치는 영향력을 측정한 것과 같은 결과를 보여준다. 연구 팀은 규칙적이고 적절한 지구력 훈련(일주일에 세 번 노르딕 워킹을 했다)이 나중에 반복 실시한 지능 테스트에서 반응 속도를 높인 것으로 확인했다. 같은 기간 동안 조정력 트레이닝, 더 정확히 말하면 중국 무술인 태극권을 훈련한 두 번째 그룹은 답변 정확도가 나아진 결과를 보여주었다.

이렇듯 신체 활동의 종류는 우리가 생각하는 방식의 유형에 영향을 미친다.[59] 그래서 나는 내가 가장 좋아하는 취미인 댄스를 추천하고 싶다. 댄스는 지구력과 조정력을 동시에 단련해줄 뿐만 아니라 음악을 즐기며 사람들과 사회적 교류도 나누게 해준다. 세계적으로 잘 알려진 연구들을 종합한 메타 분석은 운동으로 인간의 다양한 능력 지표, 건강을 포함한 능력 지표가 개선되었음을 확인했다. 무엇보다도 높아진 주의력과 집중력 덕에 스트레스가 줄어들었으며 지각 능력이 날카로움을 회복했다. 그리고 부정적 감정이 줄어들었으며 생동감과 해낼 수 있다는 자신감이 개선되었다.

• 우르줄라 슈타우딩거(Ursula Staudinger)는 1959년생의 독일 심리학자이자 노화 연구가로 현재 뉴욕 컬럼비아 대학교 교수다.

젊어지는 샘물, 운동

베를린에 거주하는 70대 중반의 여성 우르줄라 세잔 Ursula Cezanne은 조촐한 셋방에 홀로 살며 운동을 거의 하지 않고 고혈압에 시달리는 전형적인 노년을 보냈다. 그녀는 어느 날 신문에서 베를린 달렘에 있는 막스플랑크 교육 연구소에서 "일상생활에서 거의 운동을 하지 않으며 6개월에 걸친 훈련 연구에 참가할 생각이 있는 노년 참가자들을 모집한다"는 광고를 읽었다. 참가 수고비로 지급되는 1,000유로가 생계에 도움이 되리라고 여긴 그녀는 곧장 연구소를 찾아가 참가 신청을 하고 매주 자전거 운동 기구에 올랐다. 그러다 어느 순간 머릿속에서 '빛이 반짝하는 느낌'을 받았다고 나중에 그녀는 말했다. 이제 그녀는 자신이 젊어졌고 건강하다고 생각할 뿐만 아니라 더욱 열심히 운동할 각오를 불태우고 있다. 최근에는 레닌 광장의 '샤우뷔네Schaubühne'라는 연극 전용 극장에서 단역을 맡았다고 한다. 연극 「오이디푸스 왕」에서 그녀는 수녀를 연기하며 라틴어로 찬송가를 불렀다.[60]

운동이 인생을 바꿀 수 있는 이유는 몸을 씀으로써 혈액을 통해 뇌로 올라가 뇌유래신경성장인자Brain-Derived Neurotrophic Factor, BDNF를 분비시키는 물질이 생겨나기 때문이다. BDNF는 신경세포의 축삭돌기와 시냅스, 곧 신경세포들 사이의 결합을 촉진한다. 그 밖에도 운동 능력을 관장하는 뇌 부위의 혈액순환이 대단히 잘 이뤄지면서 이것이 이웃 영역, 이를테면 언어중추와 주의력을 조종하는 부위에도 영향을 미친다.[61] 정신 건강을 유지하고 새로운 신경세포 생성에 결정적 요소인 BDNF는 정신적 훈련만이 아니라 운동을 통해서도 형성된다. 동시에 운동은 스트레스를 해소하는 데 도움을 주며 세로토닌 같은 신경 전달 호르몬을 분비시킨다. 만성적인 스트레스는 해마체의 두뇌 세포를 손상시키며 우리의 기억력에 나쁜 영향을 미친다. 바로 그래서 운동은 우리 두뇌에 축복인 셈이다.[62]

운동이 스트레스를 줄이고 긴장을 풀어준다는 사실은 두뇌생리학이 증명해낸 것이다. 스포츠는 대뇌피질의 한 부분인 전두엽 피질에서 일어나는 전자 활동을 줄여 '스트레스에서 회복될 수 있는 휴식'을 가능하게 하고 이 휴식 뒤에 더욱 잘 생각할 수 있게 해준다.[63] 나아가 운동은 낙상당할 위험을 줄여 노년에 심각한 위험이 될 수 있는 대퇴부 골절을 예방한다.

핵심만 간추려보자. 운동은 몸뿐만 아니라 정신의 건강도 지켜준다. 또한 면역 체계를 강화해서 심장마비, 당뇨병, 뇌졸중 같은 이른바 문명병을 예방하며 치매와 다양한 암 질환의 위험을 낮추고 우울증을 해소한다.[64] 이런 사실을 생각해볼 때 이성적인 사람이라면 운동을 포기할 이유가 없다. 그럼에도 왜 우리는 운동을 하지 않을까?

독일 연방통계청이 최근 사람들의 여가 시간 활용을 조사한 자료에 따르면 45~64세의 약 28퍼센트가 '스포츠, 신체 활동'에 시간을 쓴다.[65] 65세 이상의 경우 적극적으로 운동하는 사람의 비율은 약 38퍼센트다. 그리고 두 그룹이 가장 선호하는 활동은 '산책'이다.

독일 연방정부의 국민건강백서가 그리는 그림은 더욱 부정적이다.[66] 이 백서에 따르면 전혀 운동을 하지 않는 사람의 비율은 65세 이상이 49퍼센트로 가장 높았다. 45~64세는 35퍼센트가 운동을 멀리했고 30~44세의 경우는 31퍼센트였다. 일주일에 최소 두 시간 운동을 해야 한다는 권고에 충실한 사람은 64세 이상의 경우 35퍼센트, 45세 이상의 경우는 42퍼센트, 30대는 44퍼센트였다.[67]

65세 이상의 사람들이 매주 평균적으로 텔레비전 앞에서 보내는 시간은 18.5시간이다. 이들은 방송 소비의 단독 선두 주자다.[68] 많은 은퇴 생활자들이 예전에 자녀들에게 엄격히 금지했던 바로 그것을 하고 있는 셈이다. 그저 넋을 놓고 텔레비전 화면만 바라본다! 듣기만 해도 불편한 이야기다. 55세부터 만성질환에 걸릴 위험은 확연히 늘어나기 때문이다. 독일의 기술자의료보험 Techniker Krankenkasse*의 보고에 따르면 이 연령대는 두 명 중 한 명꼴로 만성질환을 앓는다.[69]

---

* 독일의 직능 노조가 설립한 의료보험회사로 건축가, 엔지니어를 비롯해 각종 분야의 기술자들이 가입한다.

무엇이 우리에게 좋은지 충분히 알 수 있으면서도 이처럼 운동을 소홀히 하는 이유는 어디 있을까? 몰라서 그런 것은 분명 아니다. '운동이 좋다'는 메시지는 도처에서 볼 수 있다. 무엇을 해야 좋은지 알지만 귀찮아 뭉그적거리는 태도가 문제다. 가장 흔히 듣는 변명은 '시간이 없어!'다. 자전거 안장이나 수영복, 실내 체육관보다는 편안한 소파와 리모컨을 선호하는 우리 내면의 게으름뱅이를 이겨내는 것이 중요하다. 또 운동을 하면서 시간이 흘러 몸과 정신이 건강해지는 즐거움을 느끼기 전에 단기적으로 겪는 불편함에 굴복하지 않는 태도도 필요하다. 단기적으로 보자면 운동은 힘들고 소파는 편안하다. 당장은 운동을 하면서 호흡이 벅차고 근육이 아픈 것이 소파에 누운 편안함보다 견디기 힘들다. 그래서 우리는 왜 지금 운동을 할 수 없는지 변명을 찾기에 급급하다.

다른 중요한 일이 있다고 둘러대거나 아무것도 하지 않는 주말을 건강에 도움이 되는 '웰빙 주말'이라며 지어내는 태도는 이렇게 해서 생겨난다. 만일 조부모나 부모가 평소 돈벌이를 위해 힘들게 일하고 여가에는 아무것도 하지 않고 휴식을 취했다면 이를 보고 자란 우리는 더욱 운동을 하지 않는다. 긍정적 모범은 이래서 중요하다. 실제로 내 아이들만 봐도 모범의 중요성을 깨닫곤 한다.

10분 운동의 모범

운동 강습이나 피트니스 센터 방문은 지금처럼 바빠 살고 있는 나로서는 엄두도 낼 수 없는 일이다. 학기 동안 다양한 프로젝트를 수행해야 하고 강의를 소화하기에도 벅찬 마당에 집까지 수리해야 한다. 조금이라도 시간이 나면 가족도 돌봐야 한다. 그래서 나는 나름대로 방법을 찾아냈다. 두 아들을 데리고 놀이터에 갈 때마다 턱걸이를 하거나 무릎 굽히기, 때로는 아들을 팔에 매달고 무릎 굽히기를 한다. 이것만으로도 집중적인 10분 운동을 완수한다. 그 결과 한 살짜리 아들은 최근 모래 삽과 양동이를 옆으로 치우고 나를 재미있다는 듯 보면서 우스꽝스러운 자세로 내 동작을 따라 한다. 세 살인 큰아들은 손으로 낮은 철봉을 잡고 턱걸이를 시도한다. 이 모든 게 일부러 시키지 않고도 자연스럽게 이뤄졌다. 나는 두 아들이 나중에 커서도 운동을 게을리하지 않으리라고 믿는다.

만일 당신의 상황도 비슷해서 따로 운동할 시간을 낼 수 없다면 일상에 더 많은 운동을 접목할 방법을 찾도록 하자. 아래에 몇 가지 제안을 정리해봤다.

- 승용차 대신 자전거로 출퇴근을 하자. 또는 승용차를 되도록 멀리 주차해두고 사무실까지 걷자.
- 대중교통 수단을 이용할 때는 몇 정거장 앞에서 내려 걷자.
- 대기 시간(이를테면 기차역에서 기차를 기다릴 때)에 그냥 서서 가만히 있기보다 가벼운 체조를 하거나 주변을 한 바퀴 돌자.
- 두 사람이나 세 사람이 회의를 할 일이 있다면 회의실보다는 바깥에서 걸으며 의견을 나누도록 하자.
- 회의를 '서서 하는 회의'로 바꾸자. 몇 시간 동안 앉아 있는 것은 매우 해롭다고 입증되었다. 서서 하는 회의는 전보다 훨씬 더 빠르게 안건을 정리할 수 있으리라.
- 되도록 스탠딩 책상에서 업무를 보자. 전화도 서서 하면서 스트레칭을 하자. 간단한 전달 사항은 채팅창을 이용하지 말고 동료에게 직접 가서 전하자.
- 승강기나 자동계단보다는 계단을 이용하자.
- 프린터를 멀리 두자. 되도록 공간의 구석진 곳에 프린터를 두고 인쇄물을 뽑을 때마다 걷자.
- 자전거 운동 기구나 러닝머신 또는 아령을 구입해 텔레비전 시청을 하면서 운동하자. 예를 들어 뉴스를 시청하는 15분 동안 운동을 병행하자.
- 아이들과 축구나 술래잡기를 하거나 춤을 추자.
- 예전에도 춤이 즐거웠다면 춤을 추러 가자. 또는 춤이 취미일 수 있을지 생각해보자.

● 집에서 간단하지만 효과적인 근육 단련을 하자. 무조건 운동 기구가 필요한 것은 아니다. 강좌나 책 또는 유튜브 동영상을 보고 배우겠다는 자세가 중요하다.

운동에 늦은 나이란 없다

나는 스트레스로 얼룩진 일상을 어떻게 하면 경제적으로 이겨내고 건강함을 유지할 수 있을지 그 방법을 찾는 실험을 늘 한다. 가장 최근의 경험은 매일 몇 분의 아령 운동만으로도 석 달 만에 8킬로그램의 근육을 키운 것이다. 이를 위해 가벼운 것에서 20킬로그램까지 나가는 아령 두 개를 가지고 15분 동안 쉬지 않고 훈련을 했다. 매일 상박과 하박을 바꿔가면서 한 훈련이다. 훈련이 끝나면 치즈와 잼과 아마인유를 섞은 것 또는 과일을 먹었다. 잦은 출장과 오랜 근무시간 탓에 나는 일주일에 세 번만 이 훈련을 할 수 있었다. 그럼에도 효과는 놀라웠다. 고작 12주 만에 내 몸은 단단한 근육질로 바뀌었다!

운동이 몸에 얼마나 좋은지는 누구라도 금방 알 수 있다. 그리고 운동을 지속하기가 생각보다 쉽다는 것도. 운동을 시작하기에 너무 늦은 때란 없다. 스포츠과학은 나이 많은 사람, 심지어 고령의 노인도 지구력과 근력 단련의 덕을 톡톡히 본다고 강조한다. 특히 인생의 질이 높아지며 자립을 돕는다. "근육은 자연이 선물하는 젊음의 샘이다." 바이로이트 대학교의 벤트우베 보에크베렌스*의 말이다. 결정적인 것은 연령대에 맞춰 이뤄지는 적절한 운동이다.[70] 혹시 시작을 가로막는 심리적 장애를 무너뜨리거나 주기적으로 운동을 계획했음을 상기시켜 줄 동지를 찾고 싶은가? 그동안 오래 운동하지 않았다면 처음부터 너무 큰 야심을 품지 말고 그냥 간단하게 즐길 수 있는 것부터 찾는 것이 중요하다. 적절하게 그러나 규칙적으로! 이것이 관건이다.

덧붙이자면 시간 관리 전문가들은 '시간이 없다'는 말이 사실은 그 일을 중요하게 여기지 않는 걸 뜻한다고 지적한다. 또 이런 중국 속담도 있다. '신체를 단련하는 데 시간이 없다고 믿는 사람은 조만간 몸져누워 시간을 보내야만 한다.' 당신은 늙어 허약해지고 싶은가, 운동을 해서 젊은 체력으로 살고 싶은가?

---

* 벤트우베 보에크베렌스(Wend-Uwe Boeckh-Behrens)는 1943년생의 독일 스포츠과학자로 바이로이트 대학교 스포츠과학 연구소 소장을 지내고 2008년에 은퇴했다.

내가 느끼는 나는
몇 살인가

운이 없는 사람은 인생의 전반전에는 노년을 부정하고, 후반전에는 노년과 그에 따르는 현상들을 두려워하며 보낸다. 지혜로운 태도는 모든 인생 단계를 온전히 누리는 것이다.

젊음에 집착하는 것과 노년을 두려워하는 것은 형제와도 같다. 매끄러운 피부와 흠결 없는 몸을 인격이나 지성, 유머보다 더 중시하는 사회에서 자신의 나이를 긍정적으로 바라보는 일은 쉽지 않다. 다행스럽게도 우리는 우리가 느끼는 나이를 낮출 여러 방법을 알고 있다. 젊음과 노년을 기분 좋게 대비해볼 줄 아는 자세, 나이를 먹으면서도 긍정적인 것을 찾으려는 노력, 그리고 자기충족적 예언Self-Fulfilling Prophecy, 곧 '노년을 긍정적으로 보는 사람은 긍정적으로 나이를 먹는다!'는 말의 힘을 우리는 믿어야 한다. 사랑과 섹스도 마찬가지다.

이런 사실을 알고 있는가?

- 진정한 젊음의 샘은 우리 머릿속에 있다는 것을 알고 있는가? 운동이나 특별 훈련 없이도 우리 몸은 젊음을 구가할 수 있다.
- 노년을 긍정적인 태도로 보는 사람은 평균적으로 7.5년 더 오래 산다는 사실을 알고 있는가?
- 많은 60대들이 30대보다 더 자주 섹스를 한다는 사실을 알고 있는가?

젊다고 느끼면
정말로 젊어진다

늙음을 보는 시각

'시간 교황' 로타르 자이베르트●는 화가 난 나머지 얼굴이 붉어졌다. 자신의 60세 생일을 두 달 앞둔 시점에 그의 고향 하이델베르크에서 보낸 생일 축하 편지가 이 기회를 이용해 '60대 축하 1년 교통카드'를 권했기 때문이다. 이 카드는 대중교통을 할인된 조건으로 1년 동안 이용할 수 있다. "벌써 그렇게 되었다는 거야?" 자이베르트는 자신의 책 『새로운 시간-노년: 우리가 늙어가는 것이 좋은 이유』의 서문에서 이렇게 물었다. "갑자기 나보고 노인 행세를 하라는 거야? … 시니

● 로타르 자이베르트(Lothar Seiwert)는 1952년생으로 독일의 시간 관리 전문가다. 국내에도 그가 쓴 여러 권의 책이 소개돼 있다.

어 버스를 타고 알자스에 가서 하루 종일 우두커니 앉았다가 이따금 산책을 하고 식사나 하며 시간을 때우라는 거냐고?" 그의 흥분은 다음 질문에서 정점을 찍는다. "나더러 늙었다고? 이 사람들 미친 거 아냐?"[1]

위 글은 '시간 관리 전문가께서' 자신은 아직 늙었다고 느끼지 않는다는 걸 분명하게 드러낸다. 내가 보기에는 앙겔라 메르켈 수상이나 디터 제체 다임러벤츠 회장도 모두 60대 초반이지만 경로 우대 교통 카드를 반기지는 않으리라. 그러나 시니어를 보는 고정관념은 간단하게 무너지지 않는다.

인터넷 포털 Mal-alt-werden.de는 노년이라는 주제를 상세히 다룬다. 2015년 12월 이 포털은 치매를 앓는 시니어들을 위한 '산타클로스 제안'이라는 프로그램을 시작했다. 다가올 성탄절을 위해 손수 그린 그림으로 카드를 만들어보자는 것으로 꼭 유치원 아동 프로그램 같다.[2] 마치 시니어들이 모두 치매에 걸리기라도 하는 것처럼 노년을 바라보는 시선이 노골적이다. 인터넷에서 '노년'이라는 주제어를 검색하면 곧바로 에스컬레이터 광고가 뜨며 요실금과 관련된 정보도 깜빡이며 나타난다. 분명 광고 산업은 전통적이고 비관적인 노년만 아는 모양이다. 당신은 어떤가? 자신이 젊다고 느끼는가, 아니면 늙었다고 탄식하는가? 뒤에 나오는 테스트는 느낌상의 나이를 측정해볼 수 있게 만들어본 것이다.

어쨌거나 분명한 점은 60대 이상의 대다수 사람들이 자신의 나이를 전형적인 고정관념과는 전혀 다르게 느낀다는 사실이다. 45세부터 거의 50퍼센트에 가까운 독일 국민은 자신이 실제 나이보다 더 젊다고 느낀다고 2012년 알렌스바흐 여론조사 연구소는 밝혔다. 14퍼센트는 심지어 자신이 훨씬 더 젊다고 주장했다. 60~74세의 사람들 가운데 자신이 젊다고 대답한 비중은 60퍼센트다. 75세가 넘는 사람들의 경우는 절반이다. 75세가 넘는 사람들은 자신이 생년월일이 말해주는 것보다 평균 10년 더 젊다고 답했으며, 60세 이상의 경우는 8년 더 젊다고 말했다.[3] 약간 또는 훨씬 더 늙었다고 대답한 사람은 60세 이상과 75세 이상에서 고작 4퍼센트였다. 나머지 30~40퍼센트는 느낌상의 나이가 실제 캘린더 나이와 같다고 대답했다. 아이알터 전시회를 찾은 방문객 수천 명의 대답도 비슷한 경향을 보였다.

어떻게 이처럼 많은 사람들이 자신을 실제보다 젊다고 느낄까? 한편으로 사람들은 10년이나 20년 전의 같은 연령대와 비교해보고 이런 배경에서 자신이 더 젊다고 여겼다. 다른 한편으로 현재의 동년배를 보면서도 되도록 기분 좋은 비교를 하려는 경향이 있었다. 다시 말해 우리는 젊고 활기찬 모습을 보여주는 동년배와 자신을 동일시한다고 노화 연구가 우르줄라 슈타우딩거는 말한다.[4] 이런 긍정적인 자화상은 더 나은 건강과 활달함을 선물한다. 젊다는 느낌은 그만큼 우리의 자화상이 건강에 중요한 영향을 미친다는 점에서 바람직하다. 자신이 젊다고 느끼는 사람은 실제로 더 오래 젊고 활달한 모습을 유지한다. 그리고 앞서 언급했던 성탄절 카드 만들기나 에스컬레이터 같은 진부한 고정관념은 우리를 지레 늙게 한다.

"주제[노년]는 바깥으로부터 강제되는 것일 뿐 나는 그렇게 느끼지 않는다." 독일 제2공영방송 ZDF의 문화 매거진 「아스펙테 Aspekte(시각들)」의 사회를 맡았던 루치아 브라운*이 베를린에서 발간되는 일간지 《타게스차이퉁Tageszeitung, TAZ》 인터뷰에서 한 말이다. "나는 61세가 되지만 느낌으로는 40세다. 다만 거울을 보면 40세가 아닌 것만큼은 분명하다."[5]

얼굴의 주름은 숨길 수 없지만 그렇다고 생명력과 삶의 활기까지 주름지는 것은 아니다. 나이를 먹어갈수록 더욱더 분명하게 의식하는 사실은 10대 시절에 40세 이상은 엄청나게 늙은 것처럼 느껴졌던 그런 대단한 변화는 없다는 점이다. 15세에 본 40세는 막상 40이 되고 나면 별다른 감흥을 불러일으키지 않는다. 나는 이제 40대 초반이다. 밤을 새워 작업을 하거나 바쁜 일정을 소화하느라 허덕일 때면 마치 내가 60대 중반처럼 느껴진다. 분명 이 느낌은 내가 그 나이가 되면 이러리라 하는 상상의 결과물이다. 아마도 나는 10대 시절의 착각을 되풀이하는 게 아닐까. 다른 날, 예를 들어 과제를 성공적으로 완수했다거나 충분히 잠을 자고 기

• 루치아 브라운(Luzia Braun)은 독일의 여성 영화 제작자이자 방송인이다.

분 좋은 아침을 맞을 때나 춤을 출 때 나는 25세로 돌아간 것처럼 느낀다. 나의 느낌상의 나이는 현재 30대 중반이다. 저 알렌스바흐 여론조사처럼 나도 실제보다 젊다고 느끼는 게 분명하다.

나의 자화상 나이는 몇 살인가

아래 설문을 읽고 곧장 떠오르는 대로 자신에게 해당하는 칸에 표시해보자. 계산 방법은 테스트 끝에 밝혀두었다.

1. 계단을 오를 때 내 느낌은

2. 거울을 볼 때 내 느낌은

3. 좋아하는 취미나 관심사(영화, 음악, 스포츠, 정치 등)를 생각할 때 나는

4. 나는 동년배와 비교할 때

5. 인생에서 모든 것을 보고 겪었다고 생각할 때 나는

표 6 자신의 자화상 나이 계산하기

종합 평가

계산은 다음과 같이 한다. 모든 질문마다 실제 나이에 아래 표에 정리된 대로 표시한 부분의 값을 골라 더하거나 뺀다. 이렇게 얻어진 나이를 오른쪽 '값' 칸에 적는다. 예를 들어 질문 1에서 실제 나이가 46이고 오른쪽 끝에 표시했다면 자화상 나이를 나타내는 값은 31이다. 이렇게 얻어진 모든 값을 더해 5로 나눈다.

		캘린더 나이	값
1. 계단을 오를 때 내 느낌은			
+15년	■		
+10년	■		
+5년	■		
+/-0년	■		

−5년	■		
−10년	■		
−15년	■		

2. 거울을 볼 때 내 느낌은

+15년	■		
+10년	■		
+5년	■		
+/−0년	■		
−5년	■		
−10년	■		
−15년	■		

3. 좋아하는 취미나 관심사(영화, 음악, 스포츠, 정치 등)를 생각할 때 나는

+15년	■		
+10년	■		
+5년	■		
+/−0년	■		
−5년	■		
−10년	■		
−15년	■		

4. 나는 동년배와 비교할 때

+15년	■		
+10년	■		
+5년	■		

+/-0년	■		
-5년	■		
-10년	■		
-15년	■		
5. 인생에서 모든 것을 보고 겪었다고 생각할 때 나는			
+15년	■		
+10년	■		
+5년	■		
+/-0년	■		
-5년	■		
-10년	■		
-15년	■		
전체 값			
전체 값 ÷ 5 = 자화상 나이			

어떤 날은 늙은 것처럼 느껴지고, 어떤 날은 나무라도 거뜬히 뽑을 정도로 활력이 넘쳐나는 경험은 인생을 어느 정도 산 사람이라면 누구나 아는 것이리라. 어제 친구의 이사를 도왔다거나 너무 오래 산책을 했다거나, 오랜만에 폭음을 했다거나 일찌감치 잠자리에 들었다거나, 성공의 기쁨에 젖었다거나 스트레스에 찌들었다 하는 것이 이런 차이를 만든다.

도대체 이런 느낌에도 평균값이라는 게 있을까? 어떤 느낌은 정상이고, 어떤 느낌은 예외일까? 그리고 우리는 어떤 종류의 느낌에 인생을 맞춰야 할까? '65세 같은 날'이라는 느낌을 자주 가진다면(실제로 그런 날이 적지 않다) 이는 인생을 어떻게 꾸려가야 좋을지 나의 자신감에 적지 않은 영향을 미친다. 그럼 아마도 나는 활동적이지 못한 65세의 평균적인 삶에 어느덧 물들지 않을까? 이런 생각은 사실 말이 되지 않는다. 스스로 늙음이라는 올가미에 자신을 옭아매는 태도는 모순이기 때문이다. 75세의 사람이 70대 중반은 으레 이래야 한다는 관념에 맞추느라 안간힘을 쓴다는 게 말이 되는 이야기인가?

치매나 건망증 외에도 나이듦을 두렵게 만드는 공포는 몸져누워 더는 일어나지 못하는 것이다. 노년이라는 주제를 학문적으로 다루기 훨씬 이전에 나는 바이에른의 고향 마을에서 나이 든 이웃집 할머니나 먼 친척이 침대에 몸져누워 더는 일어나지 못한다는 소식을 듣고는 깜짝 놀랐다. '몸져누움'은 마치 바이러스처럼 사람을 공격해 침대에 몸을 붙들어 매는 것처럼 보였다.

간호학자 앙겔리카 압트체겔린*은 이 문제를 집중적으로 연구했다. 그녀는 62~98세에 몸져누운 사람들을 대상으로 어떻게 해서 이런 지경까지 오게 되었는지 일일이 찾아다니며 물었다. 질의에 답한 모든 사람은 그 경위를 확실하게 밝혔다. 이들은 한 사람도 예외가 없이 심리 질환을 앓거나 치매에 걸린 것이 아니었

---

* 앙겔리카 압트체겔린(Angelika Abt-Zegelin)은 1952년생으로 독일의 간호학 교수다.

다. 압트체겔린은 이들의 설명에서 똑같이 나타나는 현상을 확인했다. 이들은 걸음걸이가 불안했으며 많은 경우 몇 년째 이런 증상에 시달렸다. 그러다가 낙상을 하거나 그와 비슷한 사고를 당하며 건강을 잃고 병원에 입원했다. 특히 심각한 것은 많은 사람들에게 입원이 '병상에 누워 지내야 하는 것'을 의미했다는 점이다. 입원 생활을 하며 간간이 자리에서 일어날 수 있었음에도 많은 사람들이 그러지 않았다. 이렇게 해서 본격적으로 불행의 막이 올랐다. "대다수는 일주일 뒤 근육이 약해지고 혈액순환 계통에 문제가 생겨 침상을 벗어날 수 없었다. 결국 이들은 병원에서 양로원으로 들어가기로 결정했다."

압트체겔린에 따르면 고령의 노인이 집에서 누워 지내면서 가족에게 일어나야 한다는 동기부여를 받지 못하는 경우도 비슷한 과정을 밟았다. 이처럼 어쩔 수 없다고 지레 포기하는 바람에 연속적으로 상태가 더욱 나빠지는 '누적 효과'가 다른 많은 연구에서도 확인되었다고 압트체겔린은 강조한다.[6]

자신감이 없고 노년에 누워 지내는 게 특이한 일이 아니라고 생각하는 사람은 불운한 사고로 일주일만 입원해도 일어나지 못하고 자립성을 잃는 안타까운 지경에 빠진다! 많은 경우 이런 위중한 상황은 피할 수 없는 운명이 아니라 우리의 생각이 빚어낸다. 압트체겔린 역시 당사자와 주변 사람들의 태도를 원인으로 지적한다. "상황이 그 지경까지 가는 것[몸져눕는 것]은 근본적으로 본인이 원하기만 한다면 얼마든지 되돌릴 수 있다."[7] 바꿔 말해서 몸져눕게 되는 결정적인 원인은 몸이 잘못되어서가 아니라 비관적인 자화상이다. "나는 늙었어. 어차피 피할 수 없는 일이야." 이런 관점을 주변도 공유하거나 심지어 강화해주면 불행은 본격적으로 시작된다. 몸은 말 그대로 무너져 내린다. 일주일만 누워 있어도 우리의 활력이 바람 빠지듯 사라지는 것은 놀라운 일이 전혀 아니다.

자신이 늙었다고 느끼는 사람은 착각이든 일반적인 통념이든 스스로 몸을 쇠락하게 만들 위험을 자초한다. 젊다는 느낌은 우리를 다르게 행동하게 만들기 때문에 좋다. '나는 그래도 젊잖아'라고 생각하는 사람은 '나는 이미 폭삭 늙었어'라고 한숨짓는 사람과는 다르게 걸음걸이에 나타나는 첫 불안에 의연하게 반응한다. 자신의 몸이 아직 그럴 리 없다고 받아들이지 않는 사람은 이내 불편함을 극복한다. 반대로 지레 낙담하고 운동을 피하는 사람은 불편함이 더 심해지며, 아마도 언젠가 실제로 낙상을 당해 압트체겔린이 절박하게 경고한 것처럼 본격적인 불행에 직면한다.

생각은 행동을 바꾸며 행동은 현실을 만들기에 젊다고 생각하는 것은 실제로 중요하다. 몸져눕는 극단적인 경우에만 해당되는 진실이 아니다. 생각이 현실을 바꾸는 효과는 다른 경우에도 얼마든지 볼 수 있다. 네덜란드의 의학자 루디 베스텐도르프는 현대의 진단 기술이 너무 발달한 탓에 40대 중반의 사람들이 이미 불운을 자초한다고 지적한다. 의사가 고혈압이나 높은 콜레스테롤 수치를 진단하고 심지어 심장 수술까지 필요하다고 하면 당장 자신이 만성질환자라도 된 것처럼 낙담에 빠진다. 그리고 매일 엄청난 양의 약물을 복용하면서 실제로 폭삭 늙는 결과를 맞이한다. 건강하고 활달한 생활을 하려 하지 않고 자신을 만성질환자로 여기고 생활하다 보니 실제로 건강이 심각한 타격을 받는 것이다.[8] 물론 병색을 꾸며 보이면 가족과 주변 사람의 관심을 끌 수는 있지만 몸이 쇠락하는 함정이라는 대가는 혹독하기만 하다. 이런 식으로 우리는 불필요한 느낌 탓에 빠르게 늙는다.

긍정적인 성격과
노년의 행복

약 2,400년 전 고대 그리스 철학자 플라톤이 쓴 『국가Politeia』를 보면 첫 쪽부터 노년이라는 주제가 등장한다. 소크라테스는 자신의 늙은 친구 케팔로스에게 노년이 "살기가 어려운 것"인지 묻는다. 그러자 케팔로스는 먼저 자신의 동년배와 만나는 느낌이 어떤지 묘사한다. "우리 대다수는 함께 있으면 불평을 늘어놓으며 젊은 날에 누렸던 즐거움, 곧 향연과 술과 사랑 등을 애타게 회상하고, 마치 대단히 소중한 것을 빼앗긴 것처럼 불쾌해하면서 당시는 부족할 게 없었으나 지금은 그렇지 않다고 한다네. 몇몇은 가족이 노인을 불손하게 다루는 것에 화를 내면서 한탄을 쏟아내곤 하지."

고대에도 "옛날이 더 좋았어"라는 넋두리를 하거나 자신을 돌봐줄 시간이 없는 자녀에게 불평을 털어놓는 노인이 있었던 모양이다. 케팔로스는 계속 말한다. "그러나 이런 넋두리든 불평이든 원인은 하나라네. 늙음이 아니야. 인간의 감각이 문제지. 감각이 온전하고 만족스러울 때면 늙어서 겪는 갖은 어려움도 그럭저럭 견딜 만해. 하지만 그렇지 않으면 늙을 때든 젊을 때든 인생은 어렵기만 하지."[9]

요컨대 노년의 인생은 성격의 문제지 누구나 똑같이 겪는 어려움이 아니다. 우리는 저마다 자신의 인품에 따라 늙어간다. 젊은 불평꾼은 늙어서도 불평꾼이며, 젊어서 활달하게 인생을 즐기는 사람은 늙어서도 활력을 잃지 않는다. 이것이 바로 케팔로스가 한 말의 핵심이다. 당신도 오래전에 알고 지내던 늙은 사람들을 떠올려보라. 그들은 옛날에는 어땠으며 오늘날은 어떤가? 그들은 젊었을 때 어떤 인생을 살았으며 지금은 어떻게 지내는가? 그리고 자신에게도 자문해보자. 나이를 먹는다면 당신은 어떤 강점과 자원을 활용하게 될까?

인품, 곧 사람됨이라는 주제를 다루는 이론과 테스트는 헤아릴 수 없이 많다. 오늘날 심리학은 많은 인격적 특성을 다섯 개의 근원적인 차원, 이른바 '빅 파이브Big Five'로 묘사한다.

- 신경성Neuroticism(또는 불안한 감정): 얼마나 스트레스에 예민하며 신경질을 부리고 변덕스러운가?
- 외향성Extraversion: 얼마나 사교적이며 활달한가? 얼마나 다른 사람과 외부의 자극에 열려 있는가?
- 경험 개방성Openness to Experience: 얼마나 지적 욕구가 뛰어

나고 다양한 것에 관심을 가지며 새로운 것을 기꺼이 받아들이는가? 얼마나 독립적으로 판단을 내리는가?

- 친화성Agreeableness: 얼마나 공감할 줄 알며 이해심이 뛰어나고 남을 잘 도우며 신뢰를 중시하는가? 얼마나 협력을 중시하는가?

- 성실성Conscientiousness: 얼마나 규칙을 중시하며 정리 정돈을 잘하고 목적 추구에 노력을 아끼지 않는가?

이런 특성은 양극화한 좌표로, 즉 감정적 안정성의 높고 낮음과 외향성의 높고 낮음을 대비하는 방식으로 측정된다.[10]

우리의 인품은 타고나는 부분이 있지만 환경의 영향과 경험으로 형성되기도 한다. 오랫동안 성격은 청소년기를 거치며 다듬어지고 그런 다음 성숙한다고 여겨졌다. 그러나 최근 들어 인격의 발달은 결코 끝나지 않는 과정이라는 견해가 갈수록 더 힘을 얻고 있다(인격적 성숙에 이르는 길).

이런 견해를 뒷받침하는 사회학 연구를 살펴보자. 빅 파이브의 간단한 설문을 포함한 연구로 약 1만 4,000명을 대상으로 한 영국 가구 패널 조사British Household Panel Survey, BHPS와 약 2만 1,000명을 대상으로 한 독일 사회 경제 패널Sozio-oekonomische Panel, SOEP이 있다. 이 조사들에 따르면 개방성과 외향성은 나이가 들어갈수록 성실성과 마찬가지로 줄어들었다. 반대로 친화성은 늘어났으며, 신경성은 독일에서는 가볍게 증가한 반면 영국에서는 줄어드는 경향을 보였다.[11] 이 연구는 다른 많은 조사와 달리 실제로 고령의 사람들, 곧 80대 중반까지 조사 대상에 포함시켰다는 점에서 흥미롭다. 흔히 학자들은 60대나 70대까지에만 관심을 보여왔다.

세월이 흐르며 인성에 변화가 있다 할지라도 분명하게 말할 수 있는 사실은 파티를 주도하는 활달한 성격의 사람이 늙었다고 낯가림이 심한 어린아이가 되지는 않는다는 점이다. 무척 내성적이어서 외톨이로 지내던 사람이 오지랖 넓게 참견하는 성격으로 돌변하는 일도 없다. 우리는 대개 지금껏 살아온 모습 그대로 늙어간다. 신경생리학 연구 결과처럼 노년에 절제력이 높아지며 감정을 더 잘 다스리는 경향이 나타난다 해도 이런 사실은 바뀌지 않는다.[12]

흔히 낙관주의자들이 그렇듯, 잘 알지 못하는 사람에게 먼저 다가가고 새로운 경험을 두려워하지 않고 목표를 성실히 추구하며 자신이 세운 계획을 실천하는 태도는 성공적인 노년을 누리게 해줄 것이 확실하다. 이런 자세로 노력하는 사람은 자신의 인생을 행복하고 가치 있는 것으로 만든다. 개방적이고 낙관적이며 성실하게 노력하는 자세는 인생의 위기를 이겨낼 수 있게 도와주며, 변화를 받아들이고 계속 인생의 목표를 위해 나아가며 사람들과의 교류에 힘쓰고 사회적 참여를 하고 긍정적인 노년을 살게 해준다. 이 모든 것이 의미로 충만한 노년을 이루는 핵심이다. '의미로 충만한 노년'은 75~102세 사람들의 인생관을 조사한

연구 프로젝트의 제목이기도 하다.[13]

긍정의 심리학이나 행복 연구를 다뤄본 사람은 이런 요소들을 쉽사리 알아차린다. 우리의 인생에 만족감을 선물하는 요소는 예나 지금이나 똑같다. 분명 인생을 슬기롭게 살아가는 기술과 노년의 능력 사이에는 많은 공통점이 있다. 늙는다는 것은 근본적으로 볼 때 상급자 과정의 인생과 다르지 않다.

회한은 무엇보다도 되돌릴 수 없이 놓쳐버린 기회와 물거품이 된 가능성을 돌이켜 보며 낙담한 나머지 갖는 감정이다. 하지 못한 것이나 더는 할 수 없는 것을 아쉬워하는 탓에, 혹은 그렇게 생각하는 탓에 이런 감정이 생겨난다. 회한에 사로잡히는 사람은 인생의 운이 따라주지 않았다고 여기며 노년의 인생도 막다른 골목으로 내몰고 만다. 최악의 경우 살아가는 모든 에너지를 기쁘게 몸과 마음을 강화하는 데 쓰기보다 그동안 겪은 수모에 무기력하게 화만 내는 데 허비한다.

인생을 활기차게 꾸미며 폭넓게 만끽한 사람일수록 가슴을 치는 회한에 사로잡힐 빌미는 줄어들기 마련이다. 또 60세를 넘겨서도 인생을 만끽할 동기와 기회를 찾아낼 능력은 그만큼 더 커진다. 멋들어진 인생을 사는 예술가의 신명나는 끼는 없다 할지라도 예전에 자신이 좋아했던 일을 떠올리며 잊은 취미를 새롭게 되살리는 것만으로도 인생은 새로운 활력을 얻는다. 예를 들어 악기를 다시 꺼낸다거나 테니스 라켓을 손에 쥐고 같은 뜻을 가진 사람들의 동호회에 가입하는 것도 좋은 방법이다. 또는 용감하게 새로운 인생 영역을 찾으러 탐사를 떠나도 좋다. 자신의 인생이 어떤 색깔을 자랑하느냐는 우리 자신의 노력에 달린 문제다. 60세를 넘겨서도!

늘어난 수명을 보며 앞으로는 점점 더 시끌벅적해질 은퇴 생활을 그냥 흘러가는 대로 따르지 않고 일찌감치 적극적으로 꾸릴 계획을 세우는 일이 최대 과제가 될 것이다. 60세를 넘겨서도 충만한 인생을 살고 싶은 사람은 20 혹은 30년을 자신의 책임으로 꾸려갈 도전에 흔쾌히 맞서야 한다. "40에 이미 80을 생각하자"라고 카롤라 클라인슈미트Carola Kleinschmidt는 자신의 책 『젊게 늙어가자Jung alt werden』에서 권고한다. 사회의 통념에 사로잡히거나 부정적인 속설에 현혹되지 말고 스스로 인생을 꾸려야 한다는 게 이 책의 핵심 요지다. 이를테면 어떤 심리학자가 1978년에 지어낸 '중년의 위기Midlife-Crisis', 예를 들어 화가는 50세를 전후해 화풍을 바꿔 주로 검은색을 이용한다는 말도 안 되는 속설 등을 우리는 경계해야 한다(농담이 아니다!).[14]

분명 이런 가짜 위기는 인생을 살며 저지르는 크고 작은 일탈을 위한 변명으로 알맞다. 최근 사람들의 입에 오르내리는 비슷한 속설에 '빈 둥지 증후군Empty Nest Syndrome'이 있다. 자녀가 성인이 되어 독립해서 집을 나가면 부모는 허탈감에 사로잡혀 새롭게 얻은 자유를 누리지 못하는 현상이다. 그러나 실제로 이 빈 둥지 자유를 온전히 만끽하는 부모도 매우 많다.

'노년 우울증'이라는 말 역시 흔들리지 않는 굳건한 개념인 것처럼 보인다. 그러나 이는 우울증이 노년보다는 젊은 시절에 더 자주 나타난다는 사실을 결정적으로 간과한다.[15] 많은 사람들을 불안하게 만드는 병 수발과 요양이라는 공포의 대상도, 거듭 강조하지만 모두가 염려하는 것처럼 심각하지 않다. 학계가 진단하는 수발 사례의 증가는 본래 베이비붐 세대가 노년에 진입하며 유발된 측면이 있으며, 기대수명이 꾸준히 늘어나는 가운데 요양 환자의 비율이 변함없이 높다고 보는 탓에 빚어지는 착시 현상이다. 이런 착시는 우리가 늘어난 기대수명을 병상에서 보내야 한다는 오해를 낳는다. 그러나 이는 말이 되지 않는 헛소리다!

이미 몇 년 전 우르줄라 레르는 '병약함의 압축'이라는 표현을 사용했다.[16] 이 표현은 쉽게 풀면 인생 말년에 병에 시달릴 햇수가 줄어든다는 것이다. 코르테 역시 기대수명의 증가로 "병 수발을 받을 햇수가 아니라 건강하게 살 시간이 늘어난다는 것"을 입증한 연구 자료를 제시했다.[17] 더욱이 그런 속설들은 의학의 발달과 건강한 노년을 다룬 정보의 증가를 전혀 고려하지 않았다. 아무튼 만족스럽고 행복하게 살 시간이 늘어가는 것을 반증하는 사례는 전혀 없다! 우리는 의지를 갖고 필요한 개인적 자원을 동원할 줄 알아야만 한다. 심리학과 노화 연구의 관점에서 이런 자원에 어떤 것이 있는지는 뒤에서 다루겠다.

청춘의 샘은
우리의 머릿속에 있다

대다수 사람들은 신체 건강이 수면과 식생활과 운동으로 지켜질 수 있기는 하지만 그 밖에도 스스로 통제할 수 없는 외부 영향을 받는다고 여긴다. 예를 들어 사고를 당하거나 전염병에 걸리는 건 어쩔 수 없는 경우로 보는 것이 이런 관점이다. 분명 노화는 우리의 건강과 활력에 피하기 힘든 영향을 주기는 한다. 80세의 노인이 아무리 열심히 운동한다고 해도 잘 단련된 30세와 겨룰 수는 없다.

그렇지만 이 경우에도 예외는 있다. 쇼토칸 가라테의 창시자 후나코시 기친船越義珍은 자서전 『공수도: 나의 길』에서 80세가 넘었을 때 몽둥이를 든 도둑에게 공격받은 일을 묘사했다. 그는 젊은 강도를 맨손으로 간단하게 제압했다. 물론 그는 이로써 가라테의 정도를 지키지 못했다고 안타까워했다. 싸움을 피하고 그냥 빈손으로 돌려보낼 수 있었다면서! 그가 가장 중시하는 행동

규칙 가운데 하나는 정신을 다스리는 법을 배워야 한다는 것이다. 정신을 다스린다는 것은 지금 우리의 이야기에 딱 맞는 가르침이다.

지금까지 우리는 우리의 몸에 잠재된 놀라운 탄력성의 사례를 확인했다. 그럼에도 오로지 정신력으로 더 젊어질 수 있다는 말에 대다수의 사람들은 고개를 절레절레 저으리라. 그런 말은 진지한 제안이라기보다는 무슨 마법의 주문처럼 들리기 때문이다. 그러나 제1장에서 잠깐 언급했던 사회심리학자 엘런 랭어의 타임머신 실험이 보여주었듯, 정신력으로 더 젊어지는 일은 얼마든지 가능하다.

1979년 랭어는 70대에서 80대 초반까지의 남성들을 대상으로 실험했다. 실험은 참가자들을 일주일 동안 20년 전으로 돌려놓는 것이다. 참가자들은 두 그룹으로 나뉘어 뉴햄프셔의 오래된 수도원으로 들어갔다. 그곳에는 1959년에 발간된 신문이 놓여 있었으며 라디오에서는 당시의 음악이 흘러나왔다. 한 그룹의 참가자들은 1950년대 말의 복장을 입고 각자의 방을 그 시절 귀중히 여겨지던 물건들, 이를테면 사진이나 트로피로 꾸몄다. 그리고 이들은 과거에 실제로 일어났던 사건들을 현재형으로 이야기하기를 요구받았다. 요컨대 과거를 재현하는 이 상황은 될 수 있는 한 완벽하게 이뤄져야 했다. 다른 그룹은 똑같은 환경에서 이런 재현 없이 오로지 과거를 회상하기만 했다. 두 그룹은 노인 취급을 전혀 받지 않았으며 새로운 나이에 맞춤한 대접을 받았고 모두 일상생활을 자립적으로 꾸렸다.

결과는 놀라웠다. "실험을 위한 예비 인터뷰를 하고자 하버드 대학교 심리학과를 찾았을 때만 해도 가족의 손길에 의지해야만 했던 노인들은 실험이 끝난 뒤 가진 좌담회에 도움을 받지 않고도 거동에 불편함을 보이지 않았다." 랭어는 첫 번째 그룹의 참가자들이 정신적으로나 신체적으로 놀라울 정도로 젊어졌다고 보고하며 이렇게 썼다.

사전과 사후 테스트 결과에 따르면 이들은 청력과 기억력이 좋아졌으며, 악력이 강해졌고 기존의 관절염이 나아지면서 손가락이 길어졌다. 지능 테스트에서는 첫 번째 그룹의 63퍼센트가, 그냥 과거를 회상만 했던 비교 그룹은 44퍼센트가 예전보다 더 좋아진 결과를 나타냈다. 실험 내용을 전혀 모르는 관찰자들은 사진을 보고 첫 번째 그룹의 참가자들이 '훨씬 더 젊다'고 평가했다.[18] 이 모든 변화는 고작 일주일 만에 일어났다는 점을 우리는 잊지 말아야 한다!

놀라운 것은 실험 그룹이 수도원으로 출발할 때와 나중에 귀가할 때를 묘사한 대목이다. 처음에 노인들은 가족과 작별 인사를 나누고 수도원으로 가는 버스에 탑승했다. "노인들이 버스로 허우적거리며 걷는 모습을 보면서(심지어 몇 명은 거의 들려가다시피 했다) 나는 지금 무슨 일을 벌인 것인가 걱정이 앞섰다." 일주일 뒤 이들이 수도원에서 떠나는 모습은 완전히 달랐다. 이들이 버스를 기다리는 동안 몇몇 박사과정 학생들이 풋볼 공을 던지고 받는 놀이를 하고 있었다. "나는 처음 만났을 때 특히 쇠약해 보였던 짐에게 공놀이를 함께 할 생각이 있냐고 물었다. 그는 흔쾌히 좋다고 했고, 몇몇 다른 노인들도 가세했다. 불과 몇 분 만에 잔디밭에는 즉흥적인 풋볼 경기가 펼쳐졌다. 물론 노인들을 NFL(미국 프로풋볼 연맹) 선수들로 보는 사람은 아무도 없었지만 연구를 시작했을 때만 해도 이런 일은 누구도 가능하다고 여기지 않았다."[19] 마치 이 노인들은 젊어지는 샘물로 목욕한 것처럼 보였다. 그렇지만 이 샘은 노인들의 머릿속에 있었다! 이후 많은 연구가 이어지면서 랭어의 믿음은 확신으로 굳어졌다. 몸이 아니라 우리의 물리적 한계를 의식하는 정신 태도가 늙음과 젊음을 결정하는 핵심이라는 것이 랭어의 결론이다.[20]

태도의 변화, 곧 관점의 변화를 뜻하는 신조어 '마인드세트 체인지Mindset Change'가 바로 이런 효과를 불러일으킨다. 예를 들어 플라세보 효과를 다룬 연구에 따르면 의학 치료처럼 꾸민 가짜 치료를 받은 것만으로도 몸은 34~100퍼센트까지 더 나아졌다.[21] 심리학, 교육학, 사회학, 스포츠과학 등 다른 분과 학문에서도 긍정적 태도의 놀라운 효과를 입증하는 연구들이 속속 이뤄졌다. 이런 효과를 나는 '긍정 효과'라 부른다. 긍정 효과는 낙관적인 태도로 감정이나 행동을 처리하고 꾸려갈 때 나타나는 인간의 가치 창조적 변화다. 우리가 갖는 확신은 행동에 영향을 미쳐 결국 세계와 우리의 인생을 바꾼다.

40세에 허리가 아파 하루 종일 일어설 수 없었다면 아마도 나는 최근 운동이 부족했구나 하는 결론을 내리리라. 또는 좀 따뜻하게 입어야겠구나 생각하거나 앞으로 규칙적인 허리 체조를 해야겠구나 결심하리라. 그렇지만 오늘날 내가 이런 이야기를 했다가는 주변에서 숱한 놀림을 듣는다. 그저 건성으로 공감해주는 것 같은 "그래, 우리는 그렇게 늙어가"에서 짓궂은 촌평 "40부터 내리막길이야"까지 다양한 반응이 이어진다. 아마 70이 될 때까지 자잘한 불편함, 이를테면 무릎이 뻐근하다든지 시력이 약해지는 것을 두고 그런 촌평들은 정말 숱하게 들을 게 분명하다. 이런 부정적인 태도 탓에 많은 70대들이 허리가 조금만 아파도 낙심하고 늙음을 운명으로 받아들이고 만다. 이런 태도는 치명적으로 다음 허리 문제를 이끌고 오며 '그래, 나는 늙었어'라는 체념을 굳힌다.

무엇을 할 수 있으며 해야만 하고, 또 무엇을 나이에 맞게 해야 하는 것인지 하는 질문, 곧 우리의 자화상을 묻는 태도는 우리가 어떻게 늙어갈지에 결정적 영향을 미친다. 랭어가 실험을 시작할 때 참가자들에게 축구 시합을 하자고 했다면 아마도 노인들은 역정을 내며 거부했으리라. "안 돼", "너무 위험해!"라고 말했을 게 뻔하다. 그러나 겨우 일주일 만에 그런 생각은 깨끗이 사라졌다. 그 일주일 동안 노인들은 운동을 한 게 아니었다. 그저 자신이 젊은 시절로 돌아갔다고 느꼈고, 그런 분위기 속에서 활발한 대화를 나누었으며, 일상생활을 자립적으로 꾸렸다. 요컨대 머릿속이 젊어지자 몸이 따라왔다.

이처럼 우리의 자화상, 감각, 자기 평가 등이 우리의 행동을 결정한다. 어떤 목표를 설정할지, 이 목표를 얼마나 꾸준히 성실하게 추구할지, 실패할 경우에는 어떻게 대처할지 하는 문제를 다루는 데 있어 결정적인 변화를 이끌어내는 것은 다름 아닌 긍정적인 마인드다. 기대수명이 늘어나는 만큼, 노년에 들어서면 몸이 쇠락한다는 굳어진 관념을 버리는 것이 더욱 중요해진다. 바로 그래서 우리는 일찌감치 젊을 때부터 긍정적인 자화상을 키워야만 한다.

사례를 하나 살펴보자. 얼마 전 내 지인 가운데 두 여인이 직장이 파산해서 일자리를 잃었다. 당시 S는 47세, B는 50세로 사회적 통념으로 보면 새로운 일자리를 찾기가 힘들었다. S는 일자리 중개 업체를 찾아가 상담을 받았으며 그곳 컴퓨터에서 발견한 몇몇 구인 광고를 보고 지원했다. 물론 큰 기대를 걸지는 않았다며 그녀는 근심이 가득한 표정으로 말했다. "아시다시피 제 나이엔…."

B는 몇 주 동안 모습을 볼 수가 없었다. 그녀는 예전 기업에서 당시 사업 파트너로 함께 일한 경험이 있는 영국 회사에서 외국 실습에 참가했기 때문이다. 이와 더불어 그녀는 예전의 인맥을 활용해 몇 가지 프로젝트에 프리랜서로 참여했다. 6개월 뒤 B는 어떤 회사로부터 채용 제안을 받았다. 연봉과 직위는 심지어 예전보다 더 높았다. 여전히 실직 상태였던 S는 이 소식을 듣고 말했다. "운이 좋았네!"

두 여인은 같은 상황에 처했지만 대응 방식은 전혀 달랐다. 한쪽은 자신감을 가지고 적극적이었던 반면, 다른 쪽은 수동적으로 구제되길 기대하며 체념하는 태도를 보였다. 그렇지만 행운은 노력하는 사람의 편을 들어주었다. 물론 S는 여전히 나이 운운하며 이런 사실을 받아들이려 하지 않겠지만.

스탠퍼드 대학교의 심리학 교수 캐럴 드웩*은 두 여인이 보여준 기본 태도를 '정체된 자화상'과 '역동적인 자화상'으로 정리한다. 정체된 자화상을 가진 사람은 흔히 "내가 할 수 있는 게 없어", "내 탓이 아니야", "벌써 해봤지만 안 되더라", "그럴싸한 말이기는 하지만…" 따위의 말을 입에 달고 산다. 반대로 역동적인 자화상을 가진 사람은 섣불리 포기하지 않는다. 이들은 힘들여 노력하면 얼마든지 헤쳐나갈 길이 있다고 굳게 믿는다. 이들은 주로 "천재는 하늘에서 떨어지는 게 아니야", "X가 통하지 않는다면 Y를 시도해보자"라는 말을 한다.

정체된 자화상을 가진 사람은 타고난 재능과 어쩔 수 없이 정해진 능력을 들먹이는 반면, 역동적 자화상을 가진 사람은 개인의 발달이 얼마든지 가능하다고 믿는다. 두 유형은 실패를 다루는 방식도 제각각이다. 수동적 성향이 짙은 사람에게 실패는 노력의 헛됨을 확인해주는 것인 반면, 역동적인 사람에게 실패는 목표를 향해 나아가기에 거쳐야만 하는 단계일 따름이다. 우리가

---

* 캐럴 드웩(Carol Dweck)은 1946년생의 미국 심리학자로 마인드세트 이론의 세계적인 석학이다.

어떤 자화상을 갖느냐의 문제는 모범, 교육, 사회적 역할 같은 온 갖 요소에 따라 그 답이 달라진다. 그리고 고정관념은 비판적으로 캐묻지 않는 한 우리를 평생 따라다닌다.[22]

밤베르크 대학교에서 심리학을 가르치는 아스트리트 슈츠*는 자화상과 건강 사이에 어떤 연관 관계가 성립하는지 알아보기 위해 설문조사를 벌였다. 바람직하게도 1,000여 명의 응답자 가운데 80퍼센트는 건강을 지키려면 스스로 노력해야 한다는 의견을 보였다. 물론 이런 비율은 노년층으로 갈수록 확연히 줄어들었다. "기본적인 건강 상태야 어쩔 수 없는 것 아닌가요." 40대 이하에서는 다섯 명 중 한 명꼴로 이렇게 답했지만 60대 이상에서는 세 명 중 한 명꼴로 그 비율이 늘어났다.[23]

나이가 들어가면서 자신의 건강을 스스로 다스릴 수 있다는 확신은 확실히 약해지는 추세를 보인다. 인생의 말년에 들어서며 많은 사람들의 자화상은 역동적인 것에서 정체된 것으로 바뀐다.[24] 관점의 이런 변화가 치명적인 이유는 20세나 30세에 건강은 거의 선물받다시피 하는 반면, 60세나 70세에는 건강을 지키려는 노력을 반드시 해야만 하기 때문이다. 스스로 운동하는 것이 가장 중요한 시점에서 자신이 너무 늙었다고 지레 체념하는 태도는 극복해야만 한다.

만약 다리가 골절되어 깁스를 하고 2주일간 병상에 누워 있었

• 아스트리트 슈츠(Astrid Schütz)는 1960년생의 독일 심리학자다.

다고 가정해보자. 그렇다. 이 비교적 짧은 시간 동안에도 근육은 상당 부분 손실되고 만다.

정신도 마찬가지다. 체념으로 숨어버릴 뒷문을 찾는 일은 언제나 쉽다. 도처에서 맞닥뜨리는 고정관념은 그 저의가 무엇인지 분명하지 않다 할지라도 체념에 이르는 길을 은근히 강제한다. "아이고, 그 나이에." "자네의 최고 시절은 이미 지나갔어." "어휴, 자네는 너무 굳어져서 느려!" 오늘날 60대 이상의 사람들이 이전 세대보다 훨씬 더 건강하고 활달할지라도 그런 고정관념은 여전히 무너지지 않는 힘을 자랑한다. "65세를 넘긴 사람은 대중의 관점, 특히 정치 토론과 미디어의 묘사에서 그 면모를 잃고 만다." 《프랑크푸르터 알게마이네 차이퉁》의 기자 레기나 묀흐*는 놀라움을 감추지 못했다. 수많은 사고 뉴스는 이 연령대를 무기력한 노인으로 취급한다. 노년이라는 주제를 다룬 뉴스는 늘 공원 벤치에 앉은 외로운 노인 영상을 보여준다.[25]

가슴에 손을 얹고 다음 물음에 답해보자. 당신은 50이 넘어 관절염 증상이 나타나면 '이제 정말 늙었구나!' 하고 불안한 마음이 생기지 않을까? 인생 후반부의 활달하고 자신감에 넘치는 생활은 그런 고정관념을 극복하지 않는 한 이뤄질 수 없다. 최악의 경우 고정관념은 우리의 자화상을 뒤흔든다. 사회의 통념은 반드시 비판적으로 바라볼 필요가 있다.

---

* 레기나 묀흐(Regina Mönch)는 1953년생의 독일 저널리스트나.

성탄절의 거짓말

　　2015년 성탄절을 앞둔 시점에서 독일의 한 식료품 유통회사가 감상적인 광고 한 편을 선보여 폭발적인 인기를 끌었다. 80대 중반의 남자(백발에 잘 관리된 외모를 자랑하는 온화한 할아버지)가 성탄절 전야에 홀로 잘 차려진 식탁 앞에 앉았다. 자녀들이 차례로 전화의 자동응답기에 메시지를 남겼다. "안타깝지만 올해는 찾아뵐 수 없어요." 1년이 흐른 뒤 전 세계 각지에서 활동하는 아들과 딸은 아버지가 사망했다는 통보를 받는다. 자녀는 서둘러 가족을 데리고 아버지 집을 찾는다. 그런데 집에 도착하니 슬픔에 찬 조문객 대신 성대하게 차려진 식탁이 자녀들을 맞이한다. 그리고 정정한 아버지가 주방에 모습을 드러내며 멋쩍은 듯 묻는다. "이렇게 안 하면 내가 어떻게 너희를 한자리에 불러 모으겠니?" 가족은 행복하고 따뜻한 성탄절을 맞이한다.[26] 참으로 형편없는 광고다. 제법 그럴싸한 분위기를 연출하기는 했지만 노년을 보는 다음과 같은 고정관념이 고스란히 담겼기 때문이다.

- 노년은 외롭다.
- 오로지 자녀만이 노인의 외로움을 달래줄 수 있다.
- 성인이 된 자녀에게 부모는 짐일 뿐이다.

- 노인은 보수적이다. 50년 전과 똑같은 성탄절 만찬을 고집한다. 크리스마스트리와 양초와 거위 요리가 있어야 한다.

자녀를 한자리에 모으려는 노인의 꾀가 도발적이고 가족과 함께 성탄절을 보내고 싶다는 소망이 잘못된 것은 아니지만 광고를 보고 난 뒤의 씁쓸함은 어쩔 수가 없다. 노인이라고 해서 매년 자녀의 관심과 돌봄을 기대하는 것 외에 달리 선택할 게 없을까? 반항과 투쟁 정신으로 정의를 세우려 노력한 68세대가 늙었다고 해서 부모 세대의 행동을 그대로 답습한다는 것은 앞뒤가 맞지 않는 이야기다(대안 생활 모델은 제4장 '사회적 나이'를 보라).

사회적 인습 외에도 가족이 담고 있는 모범이 노년의 자화상에 어떤 영향을 끼치는지 알아보기 위해 엘런 랭어는 두 그룹의 노인들을 비교했다. 한쪽은 어려서 조부모와 함께 살았고, 다른 한쪽은 10대가 되어서야 조부모와 함께 살았다. 랭어가 비교 대상을 이렇게 설정한 것은 어려서 젊은 할머니와 할아버지를 경험한 쪽이 더 긍정적으로 늙으리라는 가정을 했기 때문이다.

이런 가정은 사실로 확인되었다. 랭어의 가설과 그룹 분류를 알지 못한 학자들 역시 같은 연구 결과를 보여주었다. 더 젊은 조부모의 손주들은 늙어서도 '젊은 정신 태도'를 자랑했다. 이들은 비교 그룹에 비해 더 활발하고 독립적이며 명랑한 성격에 집중력도 좋았다.[27] 분명 우리는 읽고 쓰는 것과 수영만 배우는 것이 아니라 주변의 어른을 보며 어떻게 늙는지도 배우는 모양이다. 건강한 모범을 보여주는 스승이 있다는 것은 참으로 좋은 일이다.

역동적인 자화상은 이런 질문을 이끌어낸다. '내가 이루고 싶은 것은 무엇일까?' '어떻게 하면 꿈을 이룰 수 있을까?' 반면 정체된 자화상은 의심만 품게 한다. '내가 그걸 할 수 있을까?' 역동적인 자화상은 우리를 젊게 하는 반면 정체된 자화상은 늙게 한다. 수동적이고 부정적인 태도는 저항을 이겨내고 성공을 이룰 가능성을 앗아가기 때문이다. 물론 우리는 자신이 어느 쪽인지 확인해볼 수 있다. 무엇이든 과감하게 도전하는 한 우리는 자신이 젊다고 느낀다. 그러나 애초부터 체념하기 시작하면 우리는 실제로 폭삭 늙는다.

나이를 먹었다고 자립적으로 해결할 수 있는 일마저 막아버리고 일체의 도전을 하지 못하면 무기력감에 사로잡힌다. 노년의 우울증이라는 암울한 현상은 이렇게 해서 생겨난다. 그러나 방안의 화분을 돌보는 일만 해도 양로원 입주민의 객관적, 주관적인 건강 상태는 확 달라 보일 정도로 좋아졌다. 이들은 더 적극적인 모습을 보여주고 주의력도 향상되었으며 심지어 사망률도 이후 18개월 동안 절반으로 줄었다.[28]

젊음도 늙음도
'생각하는 대로'

흔히 우리는 우승한 축구 선수에게 "정신적으로 잘 대비했다"는 말을 하곤 한다. 독일 국가대표 축구 팀 감독 위르겐 클린스만˙은 2004년부터 월드컵을 준비하며 정신력 훈련을 위한 트레이너를 고용했다. 그만큼 운동선수들은 심리적으로 잘 준비된 상태여야 한다. 경기에서 좋은 성적을 올리려면 몸뿐만 아니라 정신 자세도 중요하다. 마찬가지로 우리의 일상생활에서도 몸과 정신의 이런 조화는 매우 중요하다. 정신 태도와 행동, 곧 정신과 몸의 상호작용은 아이든 노인이든 모두에게 놀라운 효과를 발휘한다.

자전거 타기를 배우던 때를 떠올려보자. 어려서 자전거를 처음 탈 때 대개는 어른이 뒤를 잡아준다. 아이는 한동안 신나게 앞만

˙ 위르겐 클린스만(Jürgen Klinsmann)은 1964년생의 독일 프로축구 선수 출신으로 국가대표 팀 감독을 역임한 인물이다.

보고 달리다가 돌연 뒤에서 아무도 잡아주지 않는 것을 깨닫는 다. "헉, 아빠가 없어졌네!" 뒤를 잡아주던 손길은 사라지고 없다. 돌연 두려움이 솟구치고 자전거는 넘어진다. 노년도 이와 다르지 않다. 부정적인 생각에 사로잡히는 순간 우리는 실제로 늙는다. 부정적인 생각이 우리를 불안에 빠뜨리기 때문이다. 어째서 그럴까? 이제부터 우리의 발목을 잡는 심리적 효과를 살펴보자.

심리학에서 말하는 자기충족적 예언은 이제 누구나 아는 일상 지식이 되었다. 그러나 이런 효과를 안다고 해서 암시에 사로잡히지 않는 것은 아니다. 자기충족적 예언의 경우 우리는 의식적이든 무의식적이든 예언과 맞는 현상만 찾으며, 이로써 예언이 실제로 실현된 것 같은 느낌에 사로잡힌다. 예를 들어 어떤 기업이 파산 직전이라는 짐작은 채권자들이 채권 상환을 요구하게 하고 은행은 대출을 거부하며 고객이 발길을 돌리게 만든다. 이 모든 정황은 실제로 파산을 부르며 예언이 맞았음을 확인해준다. 자기충족적 예언의 효과가 자주 나타나는 결정적 이유는 우리의 선택적 감각 능력 때문이다.

보고 싶은 것만 골라 보는 이런 현상을 설명하는 것으로 '로젠탈 효과Rosenthal Effect'가 있다. 미국의 심리학자 로버트 로젠탈*은 초등학교 교사들에게 학술 테스트라며 학생들의 20퍼센트가 지능이 획기적인 발달을 보일 단계를 앞두고 있다고 말해주었다. 실

• 로버트 로젠탈(Robert Rosenthal)은 미국 캘리포니아 대학교의 심리학 교수이며 로젠탈 효과는 피그말리온 효과라고도 한다.

제로 해당 그룹의 학생들은 무작위로 선정됐지만 그럼에도 이 학생들은 학년 말에 전부 또는 50퍼센트가 지능지수가 올랐다. 심지어 일부 학생은 20점이 향상했다. 추측건대 아마도 교사들이 지능이 높아질 학생들을 더 신경 써서 격려해주고 관심을 쏟았기 때문에 이런 효과가 나타난 것이다.[29] 인간의 지능지수는 100이 평균으로, 130부터 보기 드문 재능이라고 보기에 20점은 대단한 차이라 할 수 있다.

결론적으로 말해서 우리가 주목할수록 그 대상은 효과를 발휘한다. 노년을 긍정적으로 바라보는 사람이 부정적으로 보는 경우보다 평균 7.5년을 더 오래 사는 이유도 이런 효과에서 찾아야 한다. 이 연구 결과는 심리학자 베카 레비*의 장기간에 걸친 조사로 밝혀졌다. 레비는 40~50세 사람들에게 자신의 노년을 어떻게 생각하는지 묻고 20년 뒤에 이들의 사망률을 조사했다. 그 결과 노년을 바라보는 긍정적 시선이 콜레스테롤, 혈압 같은 객관적인 건강 데이터나 니코틴과 과체중을 피하는 것보다 훨씬 더 장수에 도움을 준다는 사실을 밝혀냈다.[30] 20년이라는 시간 간격과 건강 데이터로 미뤄 볼 때 긍정적인 관점이 주는 효과는 분명해 보인다. 긍정적으로 노년을 보는 사람은 정신적 대비가 잘된 축구 선수처럼 자신의 인생을 관리하는 데 힘쓴 덕에 더 오랜 수명을 누린다.

---

* 베카 레비(Becca Levy)는 미국 예일 대학교의 심리학 교수로 노인학 연구의 선구자다.

독일 노화문제 연구소의 클레멘스 테슈뢰머도 이런 견해에 동의한다.* 그는 자신의 강연과 출판물을 통해 노년에 갖는 자화상이 식생활이나 운동만큼 중요하다고 강조한다. 40세를 넘긴 국민을 대상으로 주기적으로 관찰하는 독일 노화 조사Deutscher Alterssurvey의 2014년 결과를 살펴보자. "부정적인 관점으로 노년을 보는 사람은 나이를 먹어갈수록 신체 활동이 줄었으며, 긍정적 관점을 가진 사람에 비해 더 자주 병을 앓았다." 인지 능력도 낙관주의자가 훨씬 더 높았다고 신경생물학자 마르틴 코르테는 평가했다.[31]

노년을 긍정적으로 보는 사람은 긍정적으로 늙는다. 정말이지 전형적인 자기충족적 예언이다. 이를 증명하는 사례는 많기만 하다. 한 예로 엘런 랭어가 이끄는 연구 팀은 일반적인 시력 검사표를 뒤집어 가장 작은 글씨가 맨 위에, 가장 큰 글씨가 아래에 있도록 만들었다. 이 표를 보는 사람들은 돌연 훨씬 더 잘 글씨를 봤으며 정상적인 표라면 알아보지 못했을 글자와 표시를 구별했다. 정상적인 표라면 어차피 알아보기 힘들 거라는 자기 암시가 시력을 약하게 만들었던 것이다.[32]

그리고 자기충족적 예언의 효과는 거꾸로도 나타났다. 신경과학자와 심리학자로 구성된 한 연구 팀에 따르면 낙상을 두려워

---

* 독일 노화문제 연구소(Deutsches Zentrum für Altersfragen)는 독일 연방정부 내무부 산하의 연구 기관으로 1974년에 설립된 것이며 클레멘스 테슈뢰머(Clemens Tesch-Römer)는 이 연구소의 책임자다.

하는 노인들이 그렇지 않은 노인들보다 실제로 더 자주 넘어지는 비율이 (의미 있을 정도로) 높았다.[33]

100세에 시작되는 새로운 인생

자신감을 가진 사람은 신체적으로나 정신적으로 더 건강하다. 그런 사람은 온갖 어려움에도 쉽게 굴복하지 않으며, 문제가 있을 때마다 자신의 긍정적인 세계관을 지켜주는 인생의 가치를 찾아낸다.

나는 특히 사진작가 안드레아스 라베스*가 자신의 책 『100년 인생100 Jahre Leben』에서 그 면면을 담아낸 100세 노인들에게 깊은 인상을 받았다. 그중에는 1905년 다하우에서 출생한 알로이스 클라인헨츠Alois Kleinhenz라는 노인이 있다. 그는 어린 시절 제1차 세계대전을 겪고 제2차 세계대전 때는 위생병이었으며 전후에는 적십자에서 일하면서 세계 도처를 누볐다. 은퇴 후 그는 자연 사진을 찍는 일에 열정을 불태웠는데 등산을 다니며 찍은 사진들로 강연을 하기도 했다. 금혼 기념일이 지나고 반년 뒤 그의 아내가 사고로 사망했다. 엄청난

• 안드레아스 라베스(Andreas Labes)는 1965년생의 사진작가로 베를린에서 활동한다.

운명의 시련이었지만 그는 삶의 용기를 잃지 않았다. 라베스는 클라인헨츠의 말을 그대로 인용했다. "하지만 나는 이렇게 다짐했어. 이제 인생의 새로운 단계가 시작되는구나 하고 말이야." 이 말을 했을 당시 클라인헨츠는 거의 90세였다![34]

노년의 문제와는 별개로 낙관적인 태도가 건강을 지키고 수명을 연장시킨다는 효과는 다각도로 강조돼왔다. 다음은 이런 효과를 확인해준 연구들이다.

• 마틴 셀리그먼*의 연구 팀이 장기적으로 진행한 연구에 따르면 25세에 낙관적 태도를 가졌던 사람은 그렇지 않았던 사람보다 45~60세에 훨씬 더 좋은 건강 상태를 보여주었다. 긍정심리학의 선구자인 셀리그먼은 1946년에 25세 청년들을 대상으로 설문조사를 했고 35년 뒤 이들의 건강 상태를 확인했다.[35]

• 긍정적 생활 태도를 지닌 여성은 폐경 이후 사망률이 확연히 낮았을 뿐만 아니라 심혈관계 질병에 걸릴 위험도 낮았다. 이 연구 결과는 미국의 생물학자 힐러리 틴들**이 9만

• 마틴 셀리그먼(Martin Seligman)은 미국의 심리학자로 긍정심리학을 다룬 여러 권의 베스트셀러를 썼다.

•• 힐러리 틴들(Hilary Tindle)은 피츠버그 의과대학 교수로 노화 문제를 집중적으로 연구한다.

7,000여 명의 여성들에게 인성 테스트를 실시하고 8년 뒤 건강 상태를 조사해서 얻은 것이다. 1만 명의 비관주의자 가운데 사망한 사람은 63명인 반면 낙관주의자는 46명에 그쳤다. 심혈관계 질병에는 1만 명 가운데 비관주의자가 60명, 낙관주의자는 43명이 각각 시달렸다. 숫자로만 비교하면 그 차이가 정확히 드러나지 않는다. 그러나 백분율로 보면 사망률은 무려 37퍼센트가, 심혈관계 질병의 경우는 40퍼센트가 늘어난 것이 된다. 이런 차이는 오로지 부정적인 태도가 만든 것이다.[36]

- 객관적인 건강 데이터, 이를테면 혈압이나 만성질환, 흡연 여부와 상관없이 '전반적으로 어떤 느낌을 가지는가?'라는 물음에 '매우 좋다'고 답한 남성의 사망률은 같은 물음에 '좋다' 혹은 부정적인 대답을 한 사람에 비해 세 배 더 적었다. 이는 취리히 대학교에서 8,200명의 생활을 30년 이상 추적한 연구 결과다. "흡연자라 할지라도 낙관적이면 더 오래 산다." 연구를 이끈 마티아스 보프*의 결론이다.[37]

- 셸던 코언**의 연구에 따르면 낙관적인 사람은 질병이나 독감에 잘 걸리지 않는다. 그는 실험 참가자들의 성격을 사전에 테스트한 뒤 바이러스에 노출시켰다.[38]

- 마티아스 보프(Matthias Bopp)는 취리히 대학교의 전염병학 교수다.
- 셸던 코언(Sheldon Cohen)은 미국의 심리학자로 카네기멜론 대학교와 피츠버그 대학교에서 교수로 있다. 스트레스와 면역성과 질병의 연관 관계를 전문적으로 다룬다.

- 낙관적 태도를 가진 사람은 관상동맥 우회로 수술을 한 뒤 비관적 태도를 가진 환자에 비해 회복 속도가 훨씬 빨랐다고 심리학자 마이클 샤이어와 찰스 카버*는 관찰했다.[39] 의학자 루디 베스텐도르프 역시 낙관적 태도를 가진 연로한 환자가 심장마비로 죽는 일이 드물며, 수술을 하고 나서도 회복 속도가 빠르고 재활한 뒤에 더 건강하다는 연구 결과를 인용했다.[40]

이따금 이런 연구들은 원인과 결과의 관계를 명백히 보여주지 않는다는 비판을 받곤 한다. 낙관적이어서 건강한 걸까, 아니면 건강을 누릴 수 있어 낙관적인 걸까? 그러나 취리히 대학교의 연구와 마찬가지로 많은 연구들이 낙관주의자의 다양하고 객관적인 건강 데이터를 고려한 덕에, 낙관적인 태도가 건강과 젊음을 오래 유지시킨다는 추정에 힘이 실린다. 또 우리가 일상에서 경험하는 일들도 이런 추정에 힘을 실어준다. 주변에서 흔히 보듯기가 죽지 않고 병에 걸려서도 낙담하지 않는 사람은 이내 툭툭 털고 일어난다. 저명한 정신분석학자 프리츠 리만** 역시 확신 어린 투로 이렇게 말했다. "체념보다 우리를 더 빨리 늙게 만드는 것은 없다."[41]

- 마이클 샤이어(Michael Scheier)와 찰스 카버(Charles Carver)는 미국 카네기멜론 대학교의 심리학 교수다.
- 프리츠 리만(Fritz Riemann)은 독일의 정신분석학자로 끝까지 프로이트의 입장에 충실했던 유일한 인물이다.

정신과 몸은 우리가 일상에서 의식하는 것 이상으로 (확실히) 밀접하게 맞물려 있다. 이런 결합을 증명해주는 방증은 많다. 그 예로 심신상관 질환, 이를테면 스트레스로 빚어지는 두통이나 요통 또는 인생의 어려움으로 생겨나는 복통을 들 수 있다. 의사가 생리적 원인을 찾아내지 못해도 환자는 실제로 고통을 겪는다. 만일 정신이 아픔을 만들어낸다면 거꾸로 정신이 아픔을 줄이거나 나타나지 않게 도울 수도 있지 않을까? 플라세보 효과, 대개는 설탕과 녹말로 만든 위약, 곧 가짜 약은 실제 그런 효과를 낸다.[42]

분명 플라세보는 많은 환자들에게 긍정적인 기대감을 촉발해서 몸의 상태를 직접적으로 호전시키는 것 같다. 나아가 환자가 위약의 가격을 아는 경우, 즉 비싼 가격의 위약은 값싼 것보다 훨씬 더 큰 효과를 보인다. 《메디컬 트리뷴》*이 2015년 5월에 보도한 사례도 주목해볼 만하다. 어떤 연구는 파킨슨병을 앓는 환자에게 생리식염수를 약물이라고 꾸며 네 시간 간격을 두고 두 번 주사했다. 분명 플라세보였음에도 환자의 신체 운동 기능은 확연히 좋아졌다. 가격이 1,500달러라고 말하고 주사했을 땐 100달러라고 말하고 주사한 약물보다 효과가 28퍼센트 더 높게 나타났다.[43]

----

* 《메디컬 트리뷴(Medical Tribune)》은 독일에서 발간되는 의학 주간지로 1966년에 창간됐다. 비스바덴에 본부를 두고 독일, 스위스, 오스트리아, 체코, 헝가리, 폴란드, 터키 등에 지부를 둔 의학 전문 출판사다.

정신이 몸과 능력에 얼마나 직접적인 영향을 미치는지 보여주는 예로는 점화 효과Priming Effect가 있다. 이 효과는 의식이 미리 제시된 자극으로 감각과 행동에 영향을 미치는 것이다. 예를 들어 단어 인지 실험에서 미리 '의사'라는 단어를 들은 사람은 '간호사'라는 단어를 더 빨리 알아본다. 심리학은 이를 두고 '맥락 효과'라고도 부른다. 신경세포(뉴런)는 기억할 내용을 일종의 맥락을 만들어 정리해둔다.

노년을 주제로 다룬 한 점화 효과 실험에서는 참가자들에게 철자 순서를 바꾼 단어를 주고 정확한 단어를 알아맞히게 했다(애너그램 테스트Anagram Test). 두 그룹으로 나뉘어 진행된 실험에서 한 그룹은 노년과 관련된 부정적 관점의 점화 단어, 이를테면 '건망증'이라는 제시어를 들었다. 다른 그룹은 부정적 관점이 없는 중립적인 단어를 제시어로 받았다. 실험 직후 참가자들에게 승강기까지 걸어가게 하고 시간을 측정했더니 부정적 관점의 점화 단어를 들은 그룹은 그렇지 않은 그룹에 비해 걷는 속도가 훨씬 더 느렸다.[44]

자주 인용된 이 실험뿐만 아니라 다른 실험들 역시 점화 효과를 뒷받침해준다. 예를 들어 어떤 대형 유통회사에서 나이 많은 직원들은 긍정적 단어('현명하다', '노련하다')를 사전에 제시받았을 때 주어진 업무, 배달의 종합적 관리를 훨씬 더 잘 수행했다.[45] 비슷한 효과는 여러 사례에서 확인되었다. 예를 들어 수학에 어려움을 느낀다는 사전 암시를 받은 여성들은 실제로 수학 문제를 잘 풀지 못했다. 점화 효과는 일상에서도 쉽게 찾아볼 수 있다. 위압적 전경, 높은 천장과 가슴 높이의 문손잡이가 있는 관청에 들어서면 우리는 유치원과 같은 작고 친근한 공간에 들어설 때와는 직감적으로 다른 행동을 취한다. 우리는 값비싼 정장을 입은 사람 앞에서는 티셔츠와 청바지를 입은 사람 앞에서와 다르게 행동한다.

점화 효과를 염두에 둔다면 일상에서 노년과 관련된 부정적 고정관념이 횡행하는 것은 정말 심각한 문제다. '빈곤한 노년', '사회의 고령화', '알츠하이머', '치매', '인구 구조의 변화', '고독', '병수발', '구멍 난 연금'처럼 언론 보도나 공개 토론에서 자주 등장하는 단어들은 지속적으로 부정적 암시를 주어 낙관적 태도를 가진 사람일지라도 흔들리게 만든다. 그러나 활력 있게 늙어가는 것은 대학을 졸업하고 취업을 준비할 때나 가정을 꾸릴 때와 마찬가지로 자신감을 갖고 계획을 세우며 강한 실천력을 보여야 할 인생의 과제다. 긍정적인 자세를 가질수록 긍정적으로 늙는다.

우리는 생각대로 살아가는 존재다. 젊게 늙는다는 것은 애초에 밝은 정서와 드높은 자기 책임감을 가질 때 유리하게 풀리는 문제다. 우리의 인성은 어떻게 사는가 하는 문제뿐만 아니라 어떻게 늙어가는가 하는 문제에도 커다란 영향을 미친다.

노인은 살아 있다

「우리 시체는 여전히 살아 있다Unsere Leichen leben noch」(1981년)는 영화감독 로자 폰 프라운하임*이 늙은 여인을 보는 사회의 고질적 통념을 신랄하게 풍자하는 작품이다. 내용은 이렇다. 60세를 넘긴 다섯 명의 여인이 술을 마시고 담배를 피우며 수다를 떨면서 사랑에 굶주린 한 명의 경찰관을 희롱한다. 이 연령대에 사람들이 갖는 일반적인 통념을 여지없이 깨뜨리는 행동이다. 체념에 빠진 노인이라는 고정관념을 거부하는 관점은 영화의 제목에도 고스란히 드러난다. 아마도 이런 제목을 붙인 이유는 10대 청소년들이 노인을 가리켜 '공동묘지 잡초'라거나 심하게는 '죽음과 부패 중간에 낀 존재'라며 비웃는 태도를 의식한 것이 분명하다.

이 영화는 무엇보다도 1980년대 당시 60대 이상의 사람들은 이러저러해야 한다는 사회적 통념을 신랄하게 꼬집는다. 실제 이 통념은 편협하기 이를 데 없었다. 그러나 지난 35년이 넘는 세월 동안 이런 통념에 무슨 변화가 일어났을까?

희소식이 없는 것은 아니다. 우리가 젊은 시절보다는 노년에

---

* 로자 폰 프라운하임(Rosa von Praunheim)은 독일의 영화감독이자 저술가다. 독일 포스트모더니즘 영화를 대표하는 인물로 동성애를 보는 사회적 편견에 맞서 싸웠다.

들어 더 긍정적인 태도를 자랑한다는 점을 보여주는 연구는 적지 않다. 스탠퍼드 대학교의 심리학자 로라 카스텐슨*은 1990년대 초에 사회감정선택 이론Socioemotional Selectivity Theory을 통해 이런 사실을 입증했다. 이 이론은 간단히 말해서 나이를 먹은 사람은 자신의 시간이 얼마 남지 않았다는 생각에 소중하고 긍정적인 관계에 집중하면서 감정적으로 평안을 누리고자 한다는 내용이다. 반대로 젊은 사람들은 아직 창창한 미래를 위해 지식과 자원을 모으는 일에 힘을 쏟는다. 나아가 나이가 들수록 주의력은 긍정적인 일에 쏠리며 동시에 과거의 긍정적 체험을 기억하려는 성향이 강해진다.[46]

인생의 시간이 제한되어 있다는 의식은 여생을 즐기며 기쁜 일에 집중하게 한다. 신경학은 이런 발달이 두뇌 노화의 과정에서 우뇌에서 좌뇌로 가볍게 능력이 쏠리는 현상과 맞아떨어진다고 본다. 좌뇌는 긍정적 감정을 처리하는 데 더 중요한 역할을 하기에 우리는 늙어가면서 조촐한 것에도 더 만족스러워할 가능성이 높다.[47]

• 로라 카스텐슨(Laura L. Carstensen)은 스탠퍼드 대학교의 심리학자로 2007년에 스탠퍼드 장수연구 센터를 설립했다.

노년의 섹스,
살아 있음의 증거

"엠마는 빌리스가 찾아오던 날을 정확히 기억한다. … 더는 할 일이 없는 이곳에서 그녀는 세상의 모든 시간을 가졌다. 두 사람은 서로 어루만지는 짜릿함을 새삼 즐겼다. '우리는 바깥에서 키스하는 게 가장 좋았죠.' 엠마는 웃었다. '들판으로 나가면 정말 자유롭다는 느낌을 가졌어요. 아세요, 그게 얼마나 아름다운지.'"
마치 10대의 첫사랑처럼 들리는 이 이야기는 아주 특별한 정황 탓에 거론해볼 만하다. 당시 엠마는 91세, 빌리스는 85세였다. 두 사람은 양로원에서 알게 된 사이다.[48]

현대 서구 사회는 금기라는 것을 거의 모르며 섹스라는 문제에서는 더더욱 그렇다. 우리는 거의 벗다시피 하거나 헐벗은 몸으로 다이어트 드링크에서 거실 소파에 이르기까지 모든 것을 선전해대는 광고에 익사당할 지경이다. 인터넷은 온통 포르노물로 가득하다. 심지어 공영방송에서 저녁 8시에 방영하는 드라마조차 노골적으로 섹스를 묘사한다. 그렇지만 노년의 섹스라는 주제는 자신의 부모가 같이 잠을 잔다는 것을 상상도 하기 싫어하는 10대만 메스꺼워하는 문제가 아니다. 섹스를 바라보는 대중의 시선 역시 젊음, 곧 아름답고 매끈하며 흠결 없는 몸만 떠올리기 때문이다. 그리고 나이 먹은 연예인, 이를테면 페터 마파이나 데미 무어처럼 몸이 아직 '그런대로 봐줄 만해야' 남성미를 강조한 사진, 비키니 차림으로 젊은 파트너와 염문을 뿌리는 사진이 잡지 표지를 장식할 수 있다. 여배우 데미 무어는 당시 50대 중반이었으며, 록 가수 페터 마파이는 60대 중반으로 요즘으로서는 상대적으로 젊은 편이다.[49]

그리고 남성과 여성은 여전히 각기 다른 척도로 측정된다. 남성의 희끗한 구레나룻은 섹시할 수 있지만 여성의 새치는 피할 수 없는 노년의 흠결이다. '66세, 이제 인생은 시작이라네'라는 제목의 콘서트는 우도 위르겐스 같은 남자 가수나 열 수 있으며, 아무리 인기가 좋아도 늙은 안드레아 베르크나 헬레네 피셔는 엄두도 내지 못할 것이다.* 그러나 섹스 문제에서 우리가 75세나 90세의 노년 또는 치매 환자에게 갖는 편견은 반드시 교정되어야만 한다.

---

* 우도 위르겐스(Udo Jürgens)는 독일의 국민 가수로 1억 장이 넘는 음반을 판매한 기록을 자랑한다. 위에서 언급한 콘서트 제목은 2000~2001년에 걸쳐 이뤄진 순회공연의 제목이다. 안드레아 베르크(Andrea Berg)와 헬레네 피셔(Helene Fischer)는 독일의 여자 가수다.

노년의 섹스는 자연스럽다

페트라 로트*는 유례를 찾아보기 힘든 감사의 말로 간호학 전공 논문을 시작했다. 그녀는 작고한 할머니를 기리며 "성생활의 즐거움을 솔직하게 표현한 할머니의 개방적 성격"에 감사한다고 썼다. 80세를 넘긴 할머니는 자신보다 "젊고 오랫동안 관계를 가져온 애인"을 애틋한 눈길로 바라봤으며, 성탄절 선물로 바이브레이터를 원했다고 했다. 로트는 자신은 물론 형제자매도 그런 할머니를 좀 기이하게 봤다고 실토한다. 물론 지금은 할머니가 만족스러운 성생활 덕분에 편안한 죽음을 맞았다고 인정한다.[50]

치매 환자가 갖는 성적 욕구 역시 금기시되기는 마찬가지다. 그러나 치매 환자의 성욕은 이성적인 자기 통제가 힘든 탓에 일반의 통념을 여지없이 무너뜨리기도 한다. 2010년 시사주간지 《슈피겔》은 '양로원의 섹스 봉사'라는 제목의 기사로 문제의 실상을 보도한 바 있다. 일종의 '섹스 비서'가 마사지와 애무를 제공한다는 것이다. 이 여성은 몇 주마다 고령의 고객과 새로운 관계를 갖는 것이 아무렇지도 않다고 말했다. 그녀는 폐쇄적인 태도로 우울함만 보이던 양로원 주민이 그녀의 애정 덕에 "확연히 달라진 모습으로" 다시 웃더라고 말했다.[51]

• 페트라 로트(Petra Loth)는 독일의 간호학자다.

90세를 넘긴 노인이 야외에서 키스를 하고 사랑을 나누는 것을 꿈꾼다고 해서 놀랄 일일까? 오히려 거꾸로 인간이 인생의 제4막에서 섹스와는 담을 쌓은 존재로 변신하는 것이 더 놀랍지 않은가? 노년의 섹스는 젊은 시절의 그것 못지않게 다채롭기만 하다. 사람이 자신의 성생활을 누리는 방식은 여러 가지 요소에 따라 달라진다. 거리낌이 없든, 부끄러워 숨기든 그 차이는 사회의 규범과 도덕관, 가정에서 받은 교육, 그동안의 섹스 체험과 관계 경험에 따라 달라진다.

오늘날 85세의 여성은 60세와는 완전히 다른 섹스 사회화를 거쳤다. 85세의 여성은 주로 엄격한 교회의 도덕적 훈육을 받으며 성장했고, 폭력이 배제되지 않는 가부장적인 결혼 생활을 했을 수 있으며, 최악의 경우 강간과 같은 트라우마 경험(이를테면 전쟁)에 시달렸을 수 있다. 물론 이 모든 경우와 달리 사랑이 가득한 가정에서 자라며 진보적인 환경에서 성장했을 수도 있다. 그렇다면 이런 여성이 섹스를 보는 관점은 아마도 손녀와 크게 다르지 않으리라. 이런 사정은 남성들도 크게 다르지 않다. 물론 오늘날까지도 여성보다는 더 많은 자유를 누리며 고집스러운 이중인격적 태도가 일부 남성에게서 여전히 나타나기는 한다.

불과 몇십 년 전만 해도 우리는 결혼하기 전에는 순결을 지키는 것을 당연히 여겼다. 부부의 의무를 중시했으며 원치 않는 임신을 두려워했다. 그러다 어느덧 섹스를 자유롭게 누리는 분위기가 형성되었고 학교의 성교육은 피임을 강조할 정도로 관계가 자유로워졌다. 이를 두고 섹스학자 군터 슈미트*는 '연속적 모노가미'라고 정의한다. 오늘날 사회가 당연시하는 이런 관계 모델을 슈미트는 1942년생, 1972년생, 1975년생의 성생활을 장기간 연구해서 확인했다.[52] 오늘날 어떤 사람이 스스로 성생활을 하기에 너무 늙었다고 여기거나, 늙어서도 새로운 모험을 마다하지 않는지 같은 차이를 결정하는 것은 개인적으로 큰 편차를 보이는 경험 지평이다.

그럼에도 우리는 섹스라는 주제를 공공연히 거론하기를 꺼린다. 60대 이하에서만 그런 것도 아니다. 다만 익명성이 보장되는 인터넷의 분위기는 다르다. 2015년 일리노이 대학교와 이스라엘 네게브의 벤구리온 대학교 연구자들은 1년 동안 50세 이상 성인의 온라인 커뮤니티 14개의 활동 성향을 분석하고 평가했다. 섹스 문제를 다룬 포스팅은 양으로만 보면 그리 대단한 것은 아니었다. 그러나 관심은 폭주해서 심지어 어떤 포스팅은 5,000번의 클릭 횟수를 자랑할 정도였다. 온라인 커뮤니티에서 다뤄지는 주제는 파트너 사이의 연령 차에서부터 동성애 부부, 섹스 장난감, 매춘 또는 포르노그래피로 다양했다. 또 하나 두드러지는 특징은 노년의 섹스를 보는 사회적 편견이 여전하다는 점이다. 이런 온라인 커뮤니티에 참가하는 사람들의 평균 연령을 학자들은 65세로 평가했다.

---

* 군터 슈미트(Gunter Schmidt)는 독일의 심리학자로 함부르크 대학교의 명예교수이며 주로 섹스 심리를 연구한다.

의견의 스펙트럼은 폭넓다. 노년의 섹스를 두고 해방감을 느끼며 이야기하는 사람이 있는가 하면, 정확히 이런 이야기를 혐오하며 비도덕적이라고 심판하는 사람도 적지 않다.[53] 다음과 같은 데이터는 노년의 섹스를 보는 관점을 좀 더 분명히 보여준다.

- 60~80세 여성과 남성의 절반 정도는 섹스 판타지를 가지고 있다.[54]
- 74세 남성 91퍼센트와 여성 81퍼센트는 애무를 관계의 중요한 요소로 여긴다고 로스토크 대학교 연구는 확인했다.[55]
- 1996년에 이뤄진 스웨덴의 어떤 연구는 50~80세 남성 71퍼센트가 여전히 규칙적으로 성교를 한다고 확인했다. 베를린의 심리학자 주자네 창크Susanne Zank가 1999년에 조사한 바에 따르면 60~90세 여성은 연령별로 편차가 있기는 하지만 70~90퍼센트 정도가 적극적인 성생활을 즐겼으며 70세가 넘는 남성의 경우 역시 연령별로 편차를 보였고 48~79퍼센트가 적극적이었다.[56]
- 미국의 연구는 평균 연령이 86세인 고령자 그룹을 대상으로 여성의 64퍼센트와 남성의 82퍼센트가 규칙적으로 섹스를 한다고 확인했다.[57]

이런 건조한 통계 자료는 많은 것을 숨기고 있다. 무엇보다도 섹스라는 개념이 그 실제만큼이나 다양한 의미를 갖기 때문이다. 섹스 판타지, 자위행위, 애무, 실제 성교 행위에 이르기까지 그 면면은 정말 다양하다. 오랫동안 관계를 이어온 커플은 성교에서 점차 서로 부드럽게 어루만지는 애무로 나아가는 경향을 보인다. 로스토크 대학교의 브리타 뮐러Britta Müller는 이런 경향을 "시니어는 섹스보다 애무를 더 중시한다"[58]고 표현했다.

이런 경향은 물론 나이와 무관하게 관계가 4~5년 정도 지나면 시작된다. 바로 그래서 파트너와 사귄 지 2년 된 60세 남성이 6년 동안 여자 친구와 관계해온 30세 남성보다 훨씬 더 섹스가 잦을 수 있다. 군터 슈미트에 따르면 이처럼 성관계는 관계의 신선함에 따라 달라진다.[59]

마찬가지로, '직접적인 성행위에서 애무로 바뀌는 경향'이 섹스에서 연령을 나누는 경계라는 진단을 일반적으로 적용할 순 없다고 취리히의 사회보건심리학자 라이너 호르눙Rainer Hornung은 지적한다. 그는 스위스의 45~91세 남녀 약 1,500명에게 섹스 관심도와 실제 성생활, 만족도를 묻는 설문조사를 벌였다. 섹스를 즐기는 모든 종류의 취향은 나이가 들수록 줄어드는 경향이 나타났다. 그러나 나이보다도 더 중요한 것은 개인의 인생 상황과 경험이었다. 여성은 섹스를 주로 배우자하고만 나누는 경향을 보였다. 그 밖에도 여성은 남성보다 더 오랜 수명을 누려 노년에 배우자를 잃고 홀로 남는 경우가 많아 남성보다 더 일찍 섹스를 포기하는 경향을 보였다. "인생의 후반부에 성적인 관심이 얼마나 큰지는 젊은 시절 겪은 섹스 경험에 따라, 또 여기에 부여하는 의미에 따라 달라진다. 젊은 시절 섹스를 중시한 사람은 인생 후반부에서도 더 큰 관심을 가진다."[60]

"노인이라고 해서 섹스에 무감각한 것은 아니다"라는 호르눙의 결론은 진부하게 들릴지 몰라도 결코 무시해서는 안 된다. 대다수의 양로원과 요양원이 노년의 성생활을 예측하지 못한 탓에 이 문제에 올바로 대처하지 못하기 때문이다. 오히려 노년의 성생활을 금기시하는 것이야말로 진부한 도덕관념이다. 그런 탓에 노인은 사적인 영역, 이를테면 문을 잠글 수 있는 더블베드 공간 같은 것을 누리지 못한다. 요양 인력을 양성하면서 양로원이나 요양원 주민이 갖는 성적 욕구에 올바로 대처하지 못하는 것은 정말이지 문제라고 사회의학자이자 심리치료사인 에리히 그론트Erich Grond는 강조한다.[61]

모든 통계와 연구에서 나타나는 분명한 사실은 늙었다는 이유만으로 사랑과 애무와 섹스를 포기하는 60대 이상이 갈수록 줄어들고 있다는 점이다. 인터넷을 찾아보면 더 많은 퍼즐 조각을 찾을 수 있다. 남녀의 만남을 중개하는 포털 홈페이지만 봐도 노령의 그룹을 겨냥한 성공 스토리는 차고도 넘친다. 시장을 선도하는 포털 중 하나인 파십Parship은 '앙겔리카와 슈테판'이라는 제목의 만남 성공 스토리를 걸어놓았다. 두 남녀는 모두 60세로 50대 이상에서 파트너 찾기의 성공 비결을 털어놓는다.[62] 경쟁 기업 엘리트 파트너Elite Partner는 노년층에 더욱 과감하게 접근하면서 "아니타(66세)와 디터(77세) 두 사람 모두 스포츠를 좋아하며 매우 활동적이고 … 넘쳐나는 삶의 기쁨을 자랑한다"며 둘 다 예전 배우자와 사별한 이후 맺어진 행복하고 활달한 커플이 라고 소개한다.[63]

이런 이야기는 지어낸 허구일 수도 있다. 그러나 확실한 사실 은 노년층을 타깃 그룹으로 삼는 것이 기업에 충분한 시장성을 확보해준다는 점이다. 50Plus.de라는 인터넷 포털은 50대 이상 의 고객이 전체의 22퍼센트를 차지한다.[64] 아직은 고무적인 성공 사례의 하한선이 80대 이하지만 인터넷에 친숙한 시니어가 늘어 나면서 머지않아 90대에 이를 전망이다. 오로지 50대 이상의 고 객층에만 주력하는 짝 찾기 포털도 갈수록 늘어나는 추세다. 몇 몇 사례를 꼽아보면 50plus.de('연애를 위한 멋진 팁을 제공합니 다'),[65] lebensfreude50.de(짝 찾기와 자유 만남 주선), feierabend. de, forum-fuer-senioren.de(늦은 사랑을 위한 종합적인 만남 주 선), oldiepartner.de('인생의 두 번째 봄을 맞으세요') 같은 서비스 업체들이 각각 20만 명에 가까운 회원을 자랑하는 것을 보면 수 요는 부족하지 않아 보인다.

인터넷을 잘 알지 못하는 사람은 일간지의 광고란을 보거나 전통적인 중매 업체를 찾아간다. 이런 경우도 활동적인 30대나 40대뿐만 아니라 아내와 사별한 회계사(69세)나 국제적 경험을 자랑하는 기업인(64세), 멋진 60대 여성, 아름다운 50대 등 50대 이상 시니어들의 적극적인 짝 찾기를 보여준다.[66] '숙녀'는 나이를 정확히 밝히지 않고 외모를 강조하는 반면, 남성은 21세기에도 여전히 직업 경력을 통해 자신을 과시한다.

다시금 새로운 사랑을 맛보고 싶은 소망은 노년에 들어섰다고 해서 끝나지 않는다. 70대를 넘겨서도 여전히 많은 사람들은 사랑에 빠지는 황홀한 기분을 누리고 싶어 한다. 또한 불만족스러운 결혼 생활을 더 참지 않으려는 분위기가 노년의 짝 찾기를 부추기기도 한다. 이혼하는 비율은 단순히 높아지는 게 아니라 은혼식 이후 폭발적으로 증가하고 있다. "25년 이상을 함께 살았던 부부가 이혼하는 비율이 20년 전보다 두 배 가까이 늘었다." 2014년 3월 프랑크푸르트에서 발간된 한 일간지의 보도다. 20년 이상 함께 살았던 부부 4분의 1 이상이 이혼하며 50대 또는 60대 이상에서 '도대체 왜 내가 이런 결혼 생활을 참아야 하지?' 라고 묻는 사람들은 예전보다 확실히 늘어났다.[67]

배우자의 죽음도 다시금 이성을 찾아나서는 계기가 된다. 서로 다른 기대수명과 남편이 더 나이가 많아야 한다는 인습 탓에 새로운 짝을 찾는 경우는 남성보다 여성이 훨씬 더 많다. 70~74세 여성의 30퍼센트는 남편과 사별하고 새 짝을 찾는다(남성의 경우 17퍼센트). 그리고 10년 뒤 이 비율은 60퍼센트로 늘어난다(남성은 23퍼센트).[68] 동시에 많은 여성은 여전히 사회적 통념 탓에 섹스 욕구를 마음껏 펼치지 못하며 자녀나 이웃이 비난할까 두려워한다.

열정은 식지 않는다

2008년 「구름 9Wolke 9」이라는 안드레아스 드레젠 감독이 발표한 영화가 대중의 주목을 끌었다.* 영화의 대략적인 줄거리는 이렇다. 70세의 잉에는 30년 동안 이렇다 할 문제가 없는 부부 생활을 한 끝에 우연히 알게 된 76세의 카를이라는 남자와 사랑에 빠진다. 두 사람은 상당히 빠르게 침대로 직행한다. 이 영화의 주제가 새로운 것은 아니다. 할리우드도 이미 같은 주제의 영화를 다뤘다. 잭 니콜슨과 다이앤 키튼이 주연한 「사랑할 때 버려야 할 아까운 것들」 역시 노년의 사랑을 그리고 있다. 그러나 이 두 미국 스타는 독일의 경우보다 족히 10년은 더 젊다. 또 할리우드의 카메라는 비교적 수수한 장면만 보여주는 반면, 드레젠은 성숙한 피부의 벗은 몸을 고스란히 보여준다.

70대 여인의 벗은 몸이 젊은 관객에게는 어떤 아마존 리뷰의 표현처럼 '적응이 필요한 것'일 수 있다. 그러나 이런 장면은 비현실적인 게 아니다. "사랑에 빠진다는 건 정말 아름다운 감정이지." 어떤 82세 여인의 촌평이다. "그 영화는 인생 그

---

* 「구름 9」은 국내에 '우리도 사랑한다'라는 제목으로 소개된 영화다. 안드레아스 드레젠(Andreas Dresen)은 독일의 영화감독으로 핸드카메라를 이용해 매우 사실적이고 다큐 성격이 짙은 영화를 주로 만들었다.

대로야. 사랑을 향한 갈망은 늙었다고 식지 않아. 나는 알아. 심지어 그런 감정 때문에 한밤중에도 잠에서 깨어나. 내가 지금도 어떤 남자를 행복하게 해줄 수만 있다면. 이런 게 인생이야. 결혼 생활을 하는 동안 그런 감정은 수그러들었다가 새로운 인물이 나타나면 그와 사랑에 빠지지. 그런 사랑은 피할 수 없어."[69]

그동안 영화는 노년의 섹스라는 문제에서 신중한 모색을 거듭했다. 「80대 초반Anfang 80」은 2012년 자비네 히블러와 게르하르트 에르틀, 두 감독이 공동 제작한 러브스토리다. 유부남 브루노는 병원에서 로자와 만나 첫눈에 구제할 수 없을 정도로 사랑에 빠지는데 연인이 몇 살인지는 제목에 나와 있다.

물론 심리적 요인 외에도 늙음에 따른 신체적 변화 역시 섹스에 영향을 주기는 한다. 여성의 경우 호르몬의 변화는 늦어도 폐경과 더불어 시작된다. 오늘날 폐경은 평균적으로 51세에 시작한다. 에스트로겐 호르몬의 분비가 줄어들면서 여성 성기의 점막이 얇아져 탄력을 잃는다. 이 시기의 여성은 대개 질이 메말라 성교할 때 통증을 호소한다.

남성 호르몬인 테스토스테론은 이미 40세부터 줄어들기 시작한다. 페니스 조직의 탄력성이 떨어지면서 발기가 예전처럼 빠르고 강하게 이뤄지지 않는다. 또 약물, 당뇨병 같은 질병, 전립선 수술이 발기 장애를 일으켜 발기부전을 초래할 수 있다. 여성 중 자궁 제거 수술을 받아야만 했던 경우는 성교할 때 통증이 있지 않을까 하는 두려움이 크다. 노년에 들어 남성과 여성에게 똑같이 나타나는 요실금이나 변실금 역시 함께 자는 것을 꺼리게 되는 요인이다.

특정 약물의 섭취는 성욕에 부정적인 영향을 미치며, 무릎이나 고관절에 인공뼈를 시술한 경우에는 운동 능력이 제한될 수밖에 없다. 고혈압과 심혈관계 질환은 섹스를 하다가 심장마비가 일어나는 것은 아닐까 하는 걱정을 낳는다. 물론 이런 일은 매우 드물게 일어나며 80퍼센트 가까이가 혼외 관계에서 죄책감과 스트레스로 빚어지기는 한다.[70] 그러나 노년의 섹스가 언제나 간단하고 신체적 제약이 없다는 주장은 맞지 않는 말이다.

오늘날까지도 많은 사람들은 이 문제를 의사와 상담하기를 어려워한다. 프로 파밀리아Pro Familia('가족을 위하여')는 이런 문제를 전문적으로 상담해주는 기관으로 인쇄된 자료를 제공한다.[71] 그렇지만 대개는 신체적 장애보다는 심리적 장벽이 더 크다. 관계가 오래된 탓에 대화를 나누는 일이 사라졌다거나, 섹스의 즐거움과 노년은 서로 맞지 않는다는 고정관념에 갇힌 교육을 받았거나 환경에 놓였던 경우 섹스를 어려워한다. 하지만 앞서도 강조했듯이 섹스가 곧 성교인 것만은 아니다. 시니어를 위한 섹스 상담을 전문으로 하는 헤디 푹스발트헤어Hedy Fuchs-Waldherr

는 이렇게 말한다. "서로 애정을 나누는 방법은 다양하다. 사랑은 인간이 베풀 수 있는 가장 아름다운 감정이다. 섹스는 그중 하나일 뿐이다. 나이의 한계, 그런 것은 없다."[72] 푹스발트헤어는 자신의 웹사이트에서 그녀가 1946년생이며 예전에 경영 컨설턴트로 활동했고 두 아이의 어머니라고 소개한다.

그래도 여전히 섹스와 백발이 서로 어울리는지 의심을 지우기 힘든 사람은 루스 웨스트하이머*의 말을 들어보기 바란다. 1928년생으로 독일 출신인 이 미국 여성은 세계에서 가장 유명한 섹스 치료사이자 많은 베스트셀러를 쓴 저자(특히 『실버 섹스 Silver Sex』)로 사랑과 즐거움이라는 주제에서 그동안 인터넷은 물론이고 자신의 유튜브 채널(www.youtube.com/user/drruth)을 통해 다양한 정보와 도움을 제공한다. 제2차 세계대전 이후에 일어난 첫 번째 섹스 혁명이 오스발트 콜레**라는 이름과 확실히 맞물렸다면 노년의 섹스라는 주제는 여성이 확실하게 장악한 듯하다.

요약하자면 80대에도 만족스러운 성생활을 누리는지 결정하는 것은 생물학적 조건이 아니라 마음가짐, 곧 느낌상의 나이다. 『그러기에는 너무 늙었다고 절대 말하지 마Sag nie, ich bin zu alt dafür』

• 루스 웨스트하이머(Ruth Westheimer)는 1928년생의 독일 사회학자로 미국에서 활동한다. 섹스 치료 상담을 하며 몇 권의 베스트셀러를 펴내기도 했다.
•• 오스발트 콜레(Oswalt Kolle)는 독일 출신의 저널리스트이자 저자이며 영화제작자로 특히 독일어권에서 섹스 계몽에 힘쓴 인물이다. 1969년부터 네덜란드로 귀화해 암스테르담에서 주로 활동했다.

라는 책은 50대 이상의 남녀 28쌍이 애정 생활을 놀라울 정도로 솔직하게 털어놓는다. 그중에는 10대처럼 자동차 안에서 섹스를 즐기는 69세의 남자가 있는가 하면, 한 75세 여성은 애인을 신이 나서 자랑한다.[73] 노년에 섹스를 포기하는 이유는 다양하다. 용기가 부족하거나 기회가 없어서, 섹스를 그리 중시하지 않아서, 나쁜 경험을 했다거나 디지털로 보정한 완벽한 나체를 보여주는 사진이 넘쳐나는 데 회의를 느낀 사람들은 점차 성생활의 활력을 잃는다. 또 인습에 따른 역할 분담 탓에 여성은 자신의 욕구를 건강하게 소화할 기회를 얻지 못하기도 한다.

미국의 퇴직 교사인 제인 저스카*는 67세에 《뉴욕 타임스》에 광고를 냈다. "늙은 모습이 확연한 것이야 피할 수 없지만 차려입으면 어떤 의상이든 상당히 그럴싸해 보입니다. 벗은 것은 다른 문제죠. 내 몸은 25세, 45세, 심지어 55세의 몸도 아니며 단한 차례도 성형수술을 받은 일이 없어 한때 탱탱했던 몸매가 축처지고 말았습니다." 그래도 저스카는 포기하지 않는다. "67세가되기 전에, 내년 3월 전에 마음에 드는 남자와 맘껏 섹스를 나누고 싶어요. 저와 이야기 나누기 전에 잠깐 소개하자면 제가 좋아하는 작가는 앤서니 트롤럽**입니다." 반응은 그야말로 폭발적이

• 제인 저스카(Jane Juska, 1933~2017년)는 미국의 저자로 『67세가 되기 전에…(Bevor ich 67 werde…)』를 썼다. 이 책의 원제는 '정상위를 좋아하는 여자: 섹스와 낭만의 내 늦은 인생 모험(A Round-Heeled Woman: My Late-Life Adventures in Sex and Romance)'이다.

•• 앤서니 트롤럽(Anthony Trollope, 1815~1882년)은 영국 빅토리아 시대의 작가로 대표작으로는 연작소설 『바셋주 이야기(The Barsetshire Chronicle)』가 있다.

었다. 저스카는 이 광고 덕분에 이뤄진 많은 만남을 책에 썼다.[74]

탄력을 유지하는 탱탱한 몸만이 성적 자극을 불러일으킬 수 있다는 생각은 분명 착각이다. 미디어가 연출한 아름다움의 이미지에 현혹되지 않거나 지혜롭게 무시하는 사람은 섹스의 즐거움이 젊음에만 국한된 게 아니라는 걸 안다. 자신이 진정으로 원하는 것이 무엇인지 상대방과 진솔한 대화를 나누며 상대방의 뜻을 존중하는 법을 익혀가는 사람은 자신의 어두운 그늘을 극복할 수 있다. 이것이야말로 인간이 추구할 수 있는 최선의 길이다.

만족스러운 성생활은 심지어 헬스 센터를 대체하는 효과를 낸다고 영국의 신경심리학자 데이비드 위크스David Weeks는 말한다. 위크스의 연구 팀은 10년의 장기적인 실험을 계획하고 나이에 비해 놀라울 정도로 젊음을 유지하는 사람들을 미국과 유럽에서 3,500명 선정해 설문조사를 벌였다. 실험 참가자의 대다수는 45~55세였지만 100세를 넘긴 사람도 발언권을 얻었다. 조사 결과 '활발한 성생활', 곧 만족스러운 애정은 젊음을 유지하는 데 운동 다음으로 중요한 요소임이 밝혀졌다. 이때 중요한 것은 서로 신뢰할 수 있는 관계다. 상대를 마음대로 바꾸는 난잡함이나 불륜은 젊음을 지키는 효과가 없었다. 과학자들은 이를 다음과 같이 해석한다. 믿음을 저버리는 행동은 관계 당사자들에게 스트레스를 불러일으키고 갈등을 조장한다. 이런 스트레스와 걱정은 성생활의 긍정적 효과를 없앤다.[75]

섹스가 엔도르핀의 분비를 활발하게 만들어 통증을 줄이며 지방 연소를 촉진하고 면역 체계를 강화한다는 것은 오늘날 모든 여성 잡지에서 찾아볼 수 있는 정보다. 아마도 더욱 중요한 점은 섹스가 살아있는 생동함의 표현이며 무기력함의 철저한 거부이자 친밀한 결속의 표현으로서 행복의 원천이라는 사실이리라!

인격적 성숙에
이르는 길

1970년대까지만 해도 심리학은 인간의 발달이 청소년기에 끝나는 것으로 봤다. 말하자면 청소년기 이후 인간은 완전히 발달된 상태로 살아간다는 것이다. 노년의 인간은 결함투성이 취급을 하기에 심리학 교과서에서는 아예 다루지도 않는다.[76] 심리학이라는 과학조차 19세기의 인생 계단이라는 낡은 모델을 답습해 인생의 첫 10년은 가파르게 상승했다가 노년에는 무자비하게 추락하는 그림에 사로잡혔기 때문이다. 인성의 발달은 고령에서도 얼마든지 이뤄질 수 있다는 생각이 자리를 잡기까지는 오랜 시간이 걸렸다.

독일에서 이런 생각은 '인생 [전반에 걸친] 발달심리학'을 요구한 파울 발테스의 주장과 밀접하게 맞물린다. 그는 평생에 걸친 발달이라는 논제를 원칙으로 천명했다. "연령 단계가 무엇이 발달인지 정하는 기준일 수는 없다. 전체 발달(인생의 모든 단계를 거치는 발달)은 연속적(누적적) 과정은 물론이고 불연속적(혁신적) 과정도 갖는다." 나아가 발달은 어떤 연령대에서 이뤄지든 '성취(성장)이자 상실(쇠퇴)'이라는 양면을 동시에 갖는다.[77] 몰락의 자리에는 변화가 들어선다. 이런 구조가 전체 인생의 특징이다. 17세는 7세처럼 놀이에 몰입하지 못한다. 37세는 17세처럼 무조건적으로 누군가에게 열광하지 않는다. 47세는 직업 세계를 27세보다 냉철하고 비판적으로 보며, 57세는 37세와는 다른 인생의 우선순위를 갖는다. 47세에는 잠 못 이루던 일을 77세는 평온한 마음으로 흘려보낼 수 있다.

인생은 끊임없이 이어지는 변화와 도전과 가능성의 연속으로 죽음과 더불어 비로소 끝난다. 그리고 각 단계에서 실패는 곧 성장과 변화의 기회이기도 하다. 우리는 인생을 살며 특정 상황 그리고 자신의 가능성과 작별하지만 이로써 새로운 기회와 능력을 얻는다. 이런 배경을 염두에 둘 때 멋진 인생을 살아갈 기술은 옛것을 내려놓고 새로운 것을 받아들일 줄 아는 능력이다. 이런 태도는 무엇보다도 체념을 막아준다. 가능하다고 생각되는 것을 되도록 충실하게 실천에 옮길 줄 아는 자세를 버리지 말아야 체념을 막을 수 있다.

이런 사실은 로베르트 보슈 재단이 위촉해 이뤄진 제2차 하이델베르크 100세 연구에서도 확인된다. 이 연구는 젊은 노인(65~79세)과 늙은 노인(80~95세) 그리고 100세 인구 사이에서 삶의 만족도가 거의 변화를 보이지 않음을 알아냈다. 심지어

100세 노인들은 늙은 노인보다 더 큰 만족도를 보여주었다. 앞서의 연구에서도 나타났듯 100세 노인들은 "모든 신체적 제약과 자원 상실에도 40세처럼 행복해했다."

학계를 놀라게 한 이런 '만족도 역설'이 빚어진 원인을 연구원들은 다양한 요소에서 찾았다. 무엇보다도 낙천적 태도와 자신감 같은 심리적 강점(이를테면 스스로 몸을 움직이고 자신의 인생을 관리할 수 있다는 확신), 삶의 의지와 의미 부여 및 자신의 죽음을 받아들일 줄 아는 마음가짐이 이런 만족도를 이끌어낸다고 연구원들은 확인했다.[78] 다시 말해 행복한 노년을 만드는 결정적 요인은 객관적 상황이 아니라 당사자의 주관적 태도, 자신의 삶을 있는 그대로 받아들이며 화해할 줄 아는 관점이다.

미국의 심리학자 에릭 에릭슨은 노년을 고유한 발달 단계로 파악하기는 했지만 65세 이상에서는 이 발달 단계가 별 차이를 보이지 않는 것으로 바라본 반면, 프랑크푸르트의 심리치료사 구드룬 가우다Gudrun Gauda는 현대 발달심리학에서 제시한 노년의 각 단계가 갖는 과제와 목표를 아주 간명하게 정리했다.[79] 그녀의 상론은 다음 페이지에 표로 정리했다(표 7).

이 모델에 따르면 지나간 젊은 시절에 집착하며 아쉬워하는 것이 불행을 만드는 원인이다. 반대로 행복의 원천은 인생을 바라보는 새로운 관점을 키우며 이렇게 해서 새롭게 맞는 인생 단계를 존중해주는 것이다. 아주 편하게 표현하자면 젊은 시절의 매끄러운 피부를 아쉬워하면서 자신이 늙었다고 느끼는 대신, 새롭

젊은 노년(60~74세)			
발달 과제	목표	유혹	실패의 결과
•자신의 내면에 집중하기 •자신의 참모습 발견하기 •역할과 지위를 내려놓기 •새로운 역할과 구조와 과제 찾기 •핵심에 전력하기	•과거의 극복 •자신의 심층적 정체성 찾기 •부정적 태도를 교정하는 사회적 자극 찾기 •정신적 차원을 발견하고 살아내기	•주의력이 흐려지는 것 •소비 •습관에 집착하는 것 •부정否定 •사회 유행과 흐름에 따라가는 것	•우울증과 체념 •자신이 중요한 인물로 쓰임을 받았으면 하는 욕구와 중독 증상 •부족한 진정성(솔직함)과 신뢰 •인물의 고착(=외부를 향해 가면을 쓴 것처럼 보여주기 위한 인격)

늙은 노년(75~85세)			
발달 과제	목표	유혹	실패의 결과
•생각과 반성 •인생의 과실을 수확하기 •자신의 과거와 화해하기 •한계를 인정하고 받아들이기	•자기 자신과 평화롭게 살기 •지혜를 키우고 전달하기	•도피 •자기 자신으로 숨기 •심신상관적 증상 만들기	•외로움 •환멸 •우울증 •투사 •'늙은 얼간이'로 살기

고령자(86세 이상)			
발달 과제	목표	유혹	실패의 결과
•내려놓기 •받아들이기 •선물하기 •현실에 충실하기 •하나 되기	•지혜의 전달 •생명의 표시 주기 •평화롭게 죽음 맞기	•집착 •다른 세계로의 도피	•환멸 •방향감각 상실(노인 치매) •근근이 연명하기 •죽음을 받아들이지 못하는 태도

표 7 노년의 발달 과제와 목표[80]

게 맞이하는 인생 단계가 주는 가능성과 자유를 소중히 여길 줄
아는 태도야말로 인격적 성숙에 이르는 길이다. 구체적인 예를
들자면 보톡스로 주름살과 무망한 싸움을 벌이는 대신 여유와
유머로 자신을 키우기 위한 새로운 과제를 찾는 태도가 필요하
다. 그러면 젊은 시절의 가치관에서 마침내 벗어나 '만족도 역설'
은 그 역설적 성격을 극복한다.

　표 7에 정리된 발달 과제를 살펴보면 모든 인생 단계에서 우리
에게 도움을 주는 것은 한 걸음 뒤로 물러서서 자신을 반성할 줄
아는 능력이다. 집착을 버리고 평온한 마음으로 노년의 새로운 인
생과 줄어드는 힘을 바라보는 태도는 만족을 얻어내는 열쇠다. 나
는 누구인가? 무엇이 나의 본질을 이룰까? 무엇이 내게 정말 중요
한가? 이 중요한 것을 나는 어떻게 해야 이룰 수 있을까? 이런 맥
락에서 제기되는 질문들을 통해 지나온 삶을 되돌아보자. 파울
발테스는 아내 마르그레트와 함께 긍정적 발달을 위한 핵심 전략
을 선택Selektion과 최적화Optimierung와 보상Kompensation이라는
이른바 SOK 모델로 정리했다.

- S(선택): 자신이 중요하다고 여기는 과제와 가능성에 집중하
  는 것이다. 요컨대 선택은 자신에게 맞는 목표 설정이다.
- O(최적화): 목표 달성을 위한 최적의 방법을 찾는 것이다. 예
  를 들어 특정 능력의 확보를 위한 연습, 시간과 노력의 투자
  가 최적화다.

- K(보상): 상실된 능력을 다른 접근 방식, 기술적 보조 수단 또는 타인의 지원으로 대체하는 것이다.[81]

SOK 모델의 모범적 사례를 보여주는 인물은 90세에도 콘서트를 여는 세계적인 피아니스트 아르투르 루빈스타인*이다. 어떻게 고령의 나이에도 순회 연주를 다닐 수 있느냐는 물음에 루빈스타인은 예전보다 작품을 적게 연주하며(선택), 선곡한 작품을 더 많이 연습하고(최적화) 연주 속도가 빨라지는 대목 앞에서는 속도를 늦춰 여전히 빠른 것처럼 들리는 효과를 내도록 했다(보상)고 답했다.

SOK 모델은 노년에만 적용되는 게 아니다. 자식을 키워본 사람이라면 누구나 정말 중요한 일에만 집중하며(선택), 아이를 다루면서 너그러움을 가지되 해서는 안 되는 경계를 분명히 하는 것(최적화)과 적절한 대안, 이를테면 베이비시터를 고용해 자신을 위한 시간을 확보하는 것(보상)이 삶의 만족도를 좌우한다는 사실을 안다. SOK 모델은 자기 자신을 책임지고 부족한 자원을 적절히 활용하며 늙으면서 겪는 어려움을 극복할 좋은 단초를 제공한다.

---

* 아르투르 루빈스타인(Artur Rubinstein, 1887~1982년)은 폴란드 출신으로 미국에서 주로 활동했다. 20세기 최고의 연주 해석을 선보였다는 평가를 받는다.

내게 맞는 집, 내게 맞는 생활

우리 부모와 친하게 지냈던 노부부가 있었다. 둘 다 70대 말로, 거의 50년에 가까운 결혼 생활을 했으며 세 자녀를 어엿한 성인으로 키워냈다는 점에서 여느 부부와 다르지 않았다. 부부는 옛 농장을 개조한 집에서 살았는데, 200제곱미터에 가까운 거주 공간은 이제 나이가 든 이들로서는 감당할 수 없을 정도로 큰 것이었다. 게다가 겨울이면 나오는 난방비용이 어마어마했을 뿐 아니라 연못이 딸린 800제곱미터의 정원을 관리하기란 쉽지 않았다. 이들은 새벽부터 일어나 종일 진땀을 흘려가며 모든 것을 깔끔하게 처리해놔야만 한시름 놓곤 했다.

이런 생활을 바꿔야겠다고 생각하게 된 건 남편이 밭일을 하다가 다쳐서 2주 동안 병원에 입원하게 되었을 때였다. 심지어 이때 아내도 지독한 독감을 앓았다. 결국 부부는 생활을 바꾸기로 마음을 굳혔다. 무거운 마음으로 부부는 집을 팔아 80제곱미터의 연립주택 두 채를 구입했다. 이제 정원은 30제곱미터 넓이로 작은 테라스를 꾸미며 좋아하는 꽃을 키울 정도가 되었다. 욕실은 노년에 알맞게 개축했으며, 매주 한 번 청소 도우미가 방문했다.

놀라운 변화가 일어났다. 돌연 충분히 잠을 자고 산책을 즐기며 옛 친구를 만나고 새 친구를 사귈 충분한 시간이 주어졌다. 1년 뒤 이들은 깨달았다. '이렇게 잘 지낸 적이 예전에는 없었어!' 고되기만 했던 이전 생활에 나가떨어지는 대신 이들은 SOK 모델을 골랐다. 이 부부의 느낌상 나이는 어떨까? 평생을 보낸 집을 포기한다고 해서 노화에 두 손 들고 항복하는 걸까? 완전히 그 반대다. 부부는 5년 전보다 훨씬 더 젊다고 느낀다. 모든 것을 더는 해낼 수 없을지 모른다는 두려움은 중압감과 함께 거품처럼 사라졌다. 부부는 이제 취미 생활과 모임을 마음껏 즐기며 건강을 지키는 운동을 할 충분한 시간을 누린다.

과중한 부담에 시달리다가 돌연 자신이 이렇게 늙었나 하고 충격에 사로잡히는 가장 확실한 방법은 더는 자신과 맞지 않는 생활 방식에 집착하는 것이다! 이제는 모든 것을 내려놓고 한 걸음 물러서서 자신에게 솔직하게 물어보자. 지금 나의 생활 방식은 나 자신과 얼마나 잘 맞는가? 장인이 신중하게 만든 맞춤 양복처럼 완벽하게 편안한가, 아니면 숨을 쉬기가 거북할 정도로 꼭 조이는가? 또는 너무 헐렁한 나머지 입고 다니는 게 불편하지는 않은가? 지금의 생활 방식은 맞춤 양복처럼 잘 맞고 편안한가, 아니면 자신의 희망이나 상상과는 전혀 맞지 않는, 그저 주변의 상황과 유행에 따른 기성 제품인가? 지금 자신에게 맞는 생활 방식은 어떤 것인가?

편견과 고립에서

자유로운 삶

"할머니라고 나무에 올라가지 말라는 법이 있나?"

아스트리드 린드그렌*이 했다는 말이다. 그런 법은 없다. 그러나 법조문만큼이나 강력한 족쇄는 얼마든지 있다. 사회적 규범, 성별에 따른 역할, 무엇은 되고 무엇은 안 되는지 하는 고정관념 따위가 그런 족쇄다. 할머니가 나무에 올라가면 이웃은 뭐라고 말할까? 일상에 더 가까운 사례를 들자면, 전 재산을 불우한 노인들을 위한 양로원 건립에 기부한다는 부모에게 자녀는 뭐라고 말할까? 나이 먹은 직원들이 조기 퇴직을 하는 대신 연봉은 조금 적더라도 더 오래 일할 수 있는 기회를 원한다면 고용주는 어떻게 반응할까?

어떻게 늙어가느냐 하는 것은 우리 자신에게만 달린 문제가 아니다. 주변의 영향, 주어지는 기회 역시 많은 영향을 미친다. 현재 우리는 일종의 과도기를 살고 있다. 60대 중반에 그만큼이면 충분히 일했으니 편히 쉬라는 은퇴 개념은 점점 사라지는 추세다. 변화를 감당하는 건 힘들기는 하지만 기회도 함께 온다. 갈수록 분명해지는 점은 다양하고 긍정적인 사회적 교류를 활발히 나누는 사람은 더 젊어 보일 뿐만 아니라 노년에도 인생을 스스로 책임지며 양로원의 외로운 처지를 벗어날 기회를 더 많이 얻는다는 사실이다.

이런 사실을 알고 있는가?

- 노년에 접어들수록 주변의 영향이 중요한 역할을 한다는 것을 알고 있는가?
- 몸과 마음의 건강을 유지하는 데는 운동 외에도 사회적 교류가 중요하다는 것을 알고 있는가?
- 더 오래 일하고 싶어 은퇴를 거부하는 사람이 많다는 사실을 알고 있는가?

---

* 스웨덴의 동화 작가 아스트리드 린드그렌(Astrid Lindgren, 1907~2002년)은 초등학교 교사로 일하다 병에 걸린 딸에게 들려준 동화 『말괄량이 삐삐』(1944년)로 세계적인 명성을 얻었다.

은둔하는 사람이
더 빨리 늙는 이유

"사람이 혼자 사는 것이 좋지 아니하니"라고 성경은 말한다.[1] 오늘날의 행복 연구도 '사회적이고 개인적이며 감정적인 지능'을 만족스러운 인생의 전제 조건으로 꼽는다. 사회적 교류를 나누는 능력은 타인의 입장을 헤아리며 건설적인 대화를 나누고 안정적인 인맥을 구축할 수 있게 해준다.[2] 이런 이야기야 직관적으로도 알 수 있는 분명한 사실이다. 자신의 30번째 혹은 40번째 생일을 가족과 친구, 친절한 이웃이나 동료의 축하를 받으며 즐기는 사람은 이런 날 누구와 함께 보내야 좋을지 몰라 상심하는 사람보다 훨씬 더 행복하다. 이런 사정은 70 이후에도 마찬가지가 아닐까?

예전에는 노년에 인지 능력과 신체가 쇠퇴할 뿐 아니라 감정과 사회성 또한 후퇴한다는 견해가 우세했다. 말하자면 다가오는 죽음을 준비하기 위해 노인은 사회 그리고 심지어 가족으로부터도 거리를 둔다는 것이 이런 관점이다. 그래서 노인은 깊은 감정적 교류를 나눌 수 없는 상황에 빠진다. 노인학, 곧 노화 연구는 이런 사정을 철수 또는 후퇴 이론이라 부른다. 그러나 그동안 우리는 신체의 쇠퇴가 개인적으로 매우 큰 편차를 보이는 현상이라는 점을 알게 되었다. 또 노인이 갈수록 사회와 거리를 둔다는 후퇴 이론 역시 학문적으로 반박되었다. '사회적 노년과 감정적 노년'이라는 제목의 연구 보고서에서 미국의 심리학자 수전 찰스 Susan Charles와 로라 카스텐슨은 해당 주제를 다룬 160편이 넘는 연구를 종합 평가하고 확실한 결론을 얻었다고 썼다.[3]

사회적 소속감을 누리고자 하는 욕구는 늙었다고 해서 줄어들지 않는다. 변하는 것은 다만 관점일 뿐이다. 노인은 밀접하고 의미 있는 관계에만 집중하는 반면, 젊은이는 더 큰 인맥과 일부 느슨한 관계까지 포함한 인맥을 관리한다. 이런 맥락에서 보면 노인의 가족은 젊은이의 가족에 비해 훨씬 더 긍정적이고 중요한 역할을 한다.

아마 당신도 비슷한 관찰을 한 경험이 있으리라. 우리는 나이를 먹어가며 누구와 함께 시간을 보내고 싶은지, 어떤 우정을 계속 이어나가기 원하는지, 정말 중요하다고 여겨지는 사람은 누구인지 갈수록 까다로워진다. 이런 행동 패턴은 다양한 문화, 이를테면 미국이나 독일 또는 홍콩에서 동일하게 나타났다.[4]

긍정적인 사회적 교류는 흔히 온화한 노년이라 부르는 현상으로 더욱 강화된다. 젊은 층이 갈등을 마다하지 않는 반면 노년층은 부정적인 감정을 더 잘 다스리며 조화로운 관계를 위해 불만이 있어도 침묵하거나 화를 누그러뜨린다는 것을 입증한 연구는 많다. 동시에 노년층은 스트레스를 불러일으킬 수 있는 상황을 피하거나 아예 봉쇄하기도 한다. 거칠게 말해서 나이가 어릴수록 성질이 급하고 충동적으로 반응하는 반면 노년층은 좀 더 길게 생각하고 신중하게 표현한다. 젊은이는 싸움을 마다하지 않으며 심지어 갈등을 찾아다니는 반면, 노년층은 그럴 가치가 있는지 자문한다.

물론 앞서도 언급했듯이 지금 말하고 있는 것은 일반적인 경향이다. 이런 묘사가 흔히 그렇듯 개인적 예외 역시 법칙을 드러낸다. 어렸을 때 안정적인 관계를 누리지 못한 탓에 감정의 진폭이 큰 사람은 어른이 되어서도 타인에게 긍정적으로 다가가기 어려워한다. 그래서 실제로든 짐작으로든 타인의 실수를 용납하지 못하는 태도가 생겨난다. 심리학은 이런 경우를 두고 신경증적 경향이 높다고 말한다. 그렇기에 노인이 되어서도 타인에게 너그럽지 못한 태도를 보이는 이런 예외적인 사람은 인격이 성숙하지 못한 것이지, 노년에 온화해진다는 법칙을 거스르는 것이 아니다.[5]

조화롭고 만족스러운 관계를 꾸리고자 하는 노력은 나이를 먹을수록 긍정적 경험에 집중하려는 성향으로 더 강해진다. 자신의 지나온 삶을 돌이켜 보면서도, 현재 상황을 마주하면서도 노년의 지혜는 조화를 추구한다. 우리가 과거를 실제보다 더 장밋빛으로 본다는 말이 괜스레 생겨나는 게 아니다. 이는 이른바

'긍정성 효과Positivity Effect'라는 기억 실험을 통해 입증된 것으로, 노년층은 긍정적인 일을 더 잘 기억하는 반면 청년층은 부정적인 일을 좀체 기억에서 떨치지 못하는 것을 말한다.

노년층은 지나온 삶을 돌이켜 보며 예전의 경험을 묘사할 때도 긍정성 효과를 나타낸다고 많은 연구가 보고한다. 젊은 시절에 겪은 많은 상심 또는 20년 전의 가족 갈등은 이렇게 해서 극적 긴장을 잃고 긍정적 관계를 원하는 소망에 자리를 내준다. 30세의 관점에서 보면 노년층의 이런 관점은 갈등을 꺼리거나 지레 위축되거나 분홍색 선글라스를 낀 것일 수도 있다. 그러나 70세의 노인은 그동안 겪은 인생 경험을 바탕으로 무엇이 진정 중요한 것인지 헤아리는 혜안에 눈뜬 것일 따름이다. 자신의 부족함을 인정하는 의식이 커지고('누가 완벽하겠어?') 더불어 인생에서 무엇이 중요한지 가려보려는 성찰이 따라붙는다. '형제자매 관계를 무너뜨리는 다툼이나 갈등 같은 것이 후손에게 물려줄 만한 가치가 있을까?'

우리가 노년에 들어 실제로 지혜의 눈을 뜬다면, 다시 말해 개인적 관점과 가치의 상대성을 통찰할 수 있게 되면(제2장 '생물학적 나이'를 보라) 사회적 관계를 중시하게 된다. 좋은 일이 아닐 수 없다. 사회생활이 만족스러울수록 그만큼 더 몸과 정신과 영혼은 좋은 영향을 받는다.

긍정적인 사회관계는 수명을 늘려준다고 심리학자들은 입을 모아 말한다. 몇 가지 연구 결과를 살펴보자.

- 안정적인 사회적 인맥을 가진 사람은 만족스러운 일상을 영위하며 스트레스 상황을 더 잘 이겨낸다.
- 친구와 가족의 지지를 받는다고 느끼는 사람은 자신의 인생을 의미가 충만한 것으로 여기는 덕에 우울증에 사로잡히는 일이 드물다.
- 적극적으로 다양한 만남을 꾸리는 사람은 인지 능력이 그렇지 않은 경우보다 더 느리게 쇠퇴한다. 예를 들어 장기간 이뤄진 한 연구는 홀로 사는 노인이 그렇지 않은 경우보다 두 배 더 인지 능력의 결함을 보인다고 확인했다.
- 뇌졸중을 앓은 뒤 사회적이고 감정적인 지원을 받는 사람은 더 빨리 회복한다. 심근경색을 겪었던 사람도 마찬가지다.
- 사회적 교류는 수명을 높인다. 안정적인 인맥은 낮은 콜레스테롤 수치와 금연처럼 건강을 지켜주는 효과를 낸다.[6]

생물학적 노화 과정이 어떻게 이뤄지는지 밝혀낸 지식에 비춰볼 때 이런 연구 결과는 전혀 놀랍지 않다. 다른 사람을 상대하는 일은 인지 능력을 요구한다. 이런 요구에 맞추느라 두뇌는 활발히 활동하기에 건강을 유지한다. 다양한 사회 활동은 자신을 다른 사람과 주제/내용에 맞추도록 요구할 뿐만 아니라, 사전 계획과 몸을 쓰는 운동도 필요로 한다. 월요일에 초등학교에서 독서 지도교사로 활동하고, 수요일에는 스포츠 강습을 받으러 인근 소도시로 가며, 금요일에는 친구들과 어울리고, 일요일에는 손님을 초대하기 위해 식단을 짜고 이에 필요한 장을 보는 사람은 신체적으로든 정신적으로든 홀로 칩거하는 외톨이보다 더 건강할 수밖에 없다. 더욱이 우정과 가족의 좋은 관계는 일상의 과제를 더는 처리하지 못하는 게 아닐까 하는 두려움, 병에 걸려 아무 도움도 받지 못하고 홀로 이겨내야만 하는 게 아닐까 하는 근심, 특히 배우자가 사망하면 완전히 홀로 남는 게 아닐까 하는 두려움을 줄여준다.

사회적 교류는 인지 능력의 쇠퇴를 가속화하는 부정적인 스트레스를 지속적으로 예방한다. 그리고 굳이 성경을 들먹이지 않더라도 곁을 지켜주는 누군가와 함께 인생을 살아가는 사람이 실제로 더 나은 삶을 누린다. 장기간에 걸친 연구가 확인해주듯 결혼 생활을 하는 사람이 평균적으로 더 오래 산다.[7] 물론 수명을 통계적으로 평가하는 것은 특정 변수에 따라 달라질 수밖에 없기 때문에 방법적으로 문제가 있다는 비판을 받기는 하지만(예를 들어 결혼을 했기 때문에 건강한 걸까, 아니면 안정적인 건강을 누리는 사람이 결혼을 할까?), 그래도 결혼 생활이 수명을 늘려준다는 연구 결과는 많다. 결혼 생활을 하는 사람이 더 오래 사는 이유는 낭만적인 것만 있지는 않다. "결혼 생활은 더 넓은 인맥과 금전적 여유와 같은 강점을 누려 미혼자보다 건강이 더 좋아 오래 산다." 바젤 대학교의 심리학자 유타 마타Jutta Mata가 한 말이다.[8]

일상의 경험도 같은 사실을 확인해준다. 안정적이며 어느 정도 행복을 유지하는 배우자 관계는 금전적 관점뿐만 아니라 관심의

폭도 넓어지고 사회적 교류도 활발하게 만들어주며 걱정거리를 나눌 강점을 선물한다. 특히 그릇된 길로 빠지고 싶은 충동에 사로잡힐 때 믿을 수 있는 배우자가 거울을 보여주듯 바로잡아주는 충고는 더없이 소중하다.

새로운 일, 새로운 사람

은퇴 생활을 주제로 다룬 어떤 신문 보도는 60대 중반에서 80대 후반의 사람들에게 그들의 경험을 물었다. 성격이 다양한 만큼이나 노년에도 건강을 지키려는 전략은 저마다 제각각이었다. 그렇지만 가장 중요한 역할을 하는 것은 사람들과의 만남이다. 다음은 그 몇 가지 사례.

• 83세의 로티 슈트레로프는 이렇게 말했다. "나를 젊게 지켜주는 것은 무엇보다도 사람들과 어울리는 일이야." 예전에 실험실 연구원으로 일했던 그녀는 함부르크 장크트파울리의 실버타운으로 이사한 뒤 직업중개소를 통해 가이드 일자리를 얻어 그 구역을 찾는 관광객들을 안내하는 일을 한다. 번화가를 관광객과 함께 걷는 일은 건강에도 좋다. 그 밖에도 그녀는 망명 신청을 하고 장크트파울리

교회에서 보호받는 난민을 위한 봉사 활동도 한다.

- 현재 76세인 크리스타 가스만은 농부인 남편이 72세의 나이로 사망하고 몇 년 뒤 캐나다의 매니토바로 가서 그래니 오페어Granny Au-pair*로 활동하며 세 자녀가 있는 한 가족을 도왔다. 그녀는 이 모험이 확실한 자부심을 갖게 해줬다고 말한다. "노년에도 새로운 일을 감행해보라고 나는 강력히 추천한다!"

- 90세의 에른스트울리히 폰 카메케는 교회음악 감독으로 은퇴한 뒤 1992년에 시니어를 위한 마스 뮤직 아카데미 MAS Musik-Akademie를 세웠다. 이곳에서 그는 70~90세 사람들을 위한 며칠에 걸친 세미나를 개최한다. 그의 말에 따르면 "세미나에서 활발한 토론을 벌일 때 늙었다는 두려움은 완전히 잊힌다."

- 79세의 저널리스트 귄터 마크는 3~30세에 이르는 손주 일곱 명이 있다. 그는 많은 시간을 들여 헌신적으로 손주들을 돌본다. "이미 50년 가까이 아이들을 키웠어요. 이런 일은 정신을 젊게 유지해주더군요." 그는 아내와 함께 손주들을 데리고 자주 여행을 다닌다. 아이들의 부모 없이

- '오페어'는 외국 가정에 입주해 아이 돌보기와 집안일을 도우며 언어를 배우는 젊은 여성을 지칭하는 단어다. 여기에 할머니를 뜻하는 '그래니'가 덧붙은 신조어다.

말이다. "우리는 신체적, 감정적, 지적으로 많은 도전을 받죠. 손주 녀석들은 노인이라고 봐주는 일이 없어요. 저는 그게 좋더군요."[9]

사냥 동호회 또는 댄스 클럽, 시니어 스포츠, 자선 활동, 교도소 수감자를 위한 봉사를 하든 손주와 시간을 보내든 다른 사람을 상대하는 일은 자신에게 큰 도움을 준다. 결국 좋은 노년을 보낼 최선의 방법은 자신의 성향과 관심에 충실하면서도 동시에 새로운 일을 시도해볼 용기를 갖는 것이다. 아마 당신도 이 최선의 길을 가고 있으리라 믿는다. 사회적 나이를 알아보는 다음 테스트를 해보자.

나의 사회적 나이는 몇 살인가

사회 활동으로 우리는 확실히 더 젊어질 수 있다. 우리는 타인과의 교류로 얼마나 많은 덕을 보고 있을까? 테스트는 간단하다. 자신에게 맞는다고 여겨지는 정도를 즉흥적으로 고르자. 테스트의 끝에 계산 방법이 소개되어 있다. 이것을 미리 보고 영향을 받지 않도록 가려두자.

1. 가족이든 지인이든 동료든 아주 가깝다고 생각하는 사람이 얼마나 많은가?

0	☐	0
1	☐	1
2	☐	2
3	☐	3
4	☐	4
5	☐	5
6	☐	6
7	☐	7
8	☐	8
9	☐	9
10	☐	10
11명 이상	☐	11

2. 이 사람들과 얼마나 자주 연락을 주고받는가?

전혀 연락하지 않는다.	☐	0
한 달에 한 번이 채 안 된다.	☐	1
한 달에 한 번 연락한다.	☐	2
한 달에 여러 차례 연락한다.	☐	3
일주일에 여러 차례 연락한다.	☐	4
매일 연락한다.	☐	5

3. 현재 이들이 부담스러운가, 아니면 당신의 인생에 도움을 준다고 느끼는가?

매우 부담스럽다.	☐	0	
부담스럽다.	☐	3	
어느 쪽도 아니다.	☐	6	
도움을 준다.	☐	9	
아주 큰 도움을 준다.	☐	12	

4. 배우자와 함께 살고 있는가?

이혼했다.	☐	0	
미혼이다.	☐	1	
배우자와 사별했다.	☐	1	
결혼은 하지 않았지만 만나는 사람이 있다.	☐	2	
결혼 생활을 한다.	☐	3	

5. 자신이 맺고 있는 관계가 부담스러운가, 만족스러운가?

매우 부담이 된다.	☐	0	
부담스럽다.	☐	3	
어느 쪽도 아니다.	☐	6	
만족스럽다.	☐	9	
매우 만족한다.	☐	12	

6. 현재 어떤 단체나 동호회 소속인가?

아니다.	☐	0	
한 단체의 회원이다.	☐	1	
두 단체의 회원이다.	☐	4	
셋 이상의 단체에 가입했다.	☐	6	

7. 어려운 상황에 처할 때 배우자/친척/친구에게 얼마나 믿고 의지할 수 있는가?

전혀 믿을 수 없다.	☐	0	
약간 믿을 수 있다.	☐	2	
어느 정도 믿을 수 있다.	☐	4	
상당히 믿는다.	☐	6	
아주 잘 믿는다.	☐	8	

8. 배우자/친척/친구에게 얼마나 자신을 솔직히 드러낼 수 있는가?

전혀 못 한다.	☐	0	
약간 드러낼 수 있다.	☐	1	
어느 정도 드러낼 수 있다.	☐	2	
상당히 드러낼 수 있다.	☐	3	
아주 잘 드러낼 수 있다.	☐	4	

종합 평가

먼저 당신의 실제 나이에 15년을 더한다. 그런 다음 당신이 표시한 항목의 값을 합산해 나온 점수에 여성은 0.33을, 남성은 0.48을 곱한다. 이렇게 얻어진 점수를 실제 나이에 15년 더한 값에서 뺀다. 그 결과가 당신의 사회적 나이다.

A. 점수 총합	
B. A×0.33(여성) 또는 0.48(남성)	
C. 초기 연령(실제 나이+15년)	
사회적 나이=C−B	

노년의 외로움에 대한
잘못된 선입견

노년을 보는 굳은 선입견 가운데 하나는 외로움이다. 예를 들어 스웨덴의 어떤 설문조사에서 응답자의 85퍼센트가 노년의 가장 큰 문제는 '외로움'이라고 대답했다.[10] 이런 고정관념의 근거가 되는 사실을 끌어오기는 쉽다. 이를테면 지난 10년 동안 우리 사회의 가족 관계가 느슨해졌다는 식이다. 대개 노인은 형제자매나 자녀와 멀리 떨어져 살며 서로 얼굴을 본다 하더라도 명절이나 피치 못할 일이 있을 때뿐이다. 직업에 따라 이사를 다니다 보니 오래 사귄 친구 한 명 없다. 노년에 들어서면 친구나 친척 중 사망하는 경우가 늘어나서 만나거나 연락할 기회는 자연스레 줄어든다. 또 배우자가 먼저 세상을 뜨기도 한다. 누구도 찾아보지 않아 사망한 채로 몇 달 동안이나 방치된 노인이 발견되었다는 뉴스는 이런 노년의 외로움을 입증해주는 것처럼 보인다. 이런 선입견들은 좀체 지워지지 않는데, 진짜 현실은 어떨까?

독일 노년 문제 연구 센터Deutsches Zentrum für Altersfragen, DZA
는 '독일 고령화 조사Deutscher Alterssurvey, DEAS'라는 프로그램의
일환으로 40~85세 사람들을 대상으로 정기적으로 설문조사를
벌여 놀라운 결과를 확인했다. 이 설문조사는 외로움의 정도도 질
문했는데, '같이 있으면 좋은 느낌을 가졌던 사람이 그리운지, 또
그립다면 그리운 정도는 얼마나 되는지' 같은 질문도 있었다. 조사
결과 결론은 이렇다. "독일에서 인생 후반기의 대다수 사람은 외롭
다고 느끼지 않는다."

구체적으로 살펴보면 '지독한 외로움에 시달린다'고 답한 사람
의 비율은 연령 그룹(40~54세/55~69세/70~85세)에 따라 약간씩
편차를 보여 3~7퍼센트 정도에 불과했다. 거의 외롭지 않다고 답
한 비율이 가장 높은 그룹은 55~69세였지만 70세 이상의 대다
수도 외로움이라는 주제는 자신에게 '전혀 해당하지 않는다' 또
는 '해당하지 않는 편이다'라고 답했다. 이따금 외로움을 느낄 때
가 있다고 답한 사람은 3분의 1 정도였다.

느슨해지는 가족 관계와 홀로 남는 노인이라는 문제도 통계에
는 나타나지 않았다. 오히려 그 반대다. 1996~2008년 동안 외로
움의 정도는 의미 있는 감소세를 보여주었다. 이 경우 가장 긍정
적인 추세를 보여준 그룹은 70~85세였다.[11] 노년의 외로움은 현
실과 맞지 않는 진부한 고정관념인 게 확실하다. 비록 노년에 들
어 직업 활동을 하지 않아 사람들과 접촉할 기회를 잃었음에도
이 연령대의 사람들은 인맥을 잘 관리했다. 구체적으로 사회적

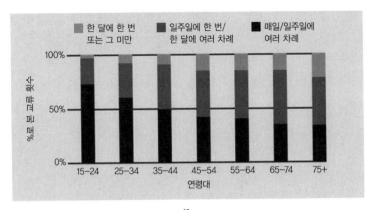

그림 7 인생 단계에 따른 사회적 교류의 횟수[12]

접촉의 횟수를 물어본 연구[13]는 DEAS의 조사 결과가 약간 편차를 보이는 것으로 확인했다(그림 7).

설문조사에 응한 사람들이 진실을 약간 꾸며냈을 가능성을 배제할 수 없다는 것이 이런 편차를 설명하는 근거다. 하긴 누가 자신이 외롭다고 기꺼이 인정할까? 응답자들은 대개의 질문에 솔직한 대답보다는 멋들어진 쪽을 선호하는 경향을 분명히 보여주기는 한다. 그렇지만 통계 결과가 멋들어지다고 해서 그것이 우리에게 무슨 소용일까? 배우자가 사망하거나 자녀가 출가해 외롭다고 느낄 가능성은 분명 존재한다. 그런 근심은 누구도 대신해줄 수 없다. 그러나 우리는 외로움에 얼마든지 적극적으로 대처할 수 있다!

사회적 교류는 관리를 해줘야만 하는 것이기에 시간과 수고를 들여야만 한다. 사교에 뛰어난 사람은 드물지 않다. 2010년에 이려진 베를린 노년 연구에 따르면 젊은 시절 사회 활동을 활발히 한 사람은 노년에 들어서도 좋은 인맥을 자랑한다.[14]

오랜 세월에 걸친 우정이나 손주, 친척과의 밀접한 관계는 먼저 관심을 가져주는 자세, 이야기를 들어줄 줄 아는 너그러움, 갈등을 중재하고 타협을 도출하는 시간을 요구한다. 사람 사이의 정은 이처럼 손이 많이 가야 지켜진다. 진부하게 들리겠지만 정확히 이런 간단한 진리가 지켜지지 않아 갈등이 불거진다. 다른 사람의 '다름'을 받아들이지 못할수록, 받기 전에 베푸는 자세가 부족할수록 관계는 그만큼 더 깨지기 쉽다. "친구가 필요하다고 생각하기 전에 친구를 만들어라." 이런 맥락에서 정말이지 새겨들어야 할 충고다.[15]

물론 양보다는 질이 더 중요하다. 수백 명의 페이스북 친구는 우리가 위기를 맞아 대화 상대를 필요로 할 때 도움이 되지 않는다. 축구나 취미 동호회 회원은 여가 시간을 즐겁게 해주고 인생을 다채롭게 만들어주겠지만 외로움을 막아줄 절대적인 보장은 아니다. 많은 사람들의 한복판에서도 외로움은 피할 수 없기 마련이다.

한밤중에 갑자기 몸이 이상할 때 전화를 걸어 도움을 부탁할 사람은 몇 명이나 되는가? 비상 상황에서 누가 뻔한 변명을 늘어놓지 않고 도우려 달려올까? 차분한 가운데 관계 점검을 해보고 알맞은 때 대책을 세워두어야 노년의 외로움을 막을 수 있다. 그런 맥락에서 많지는 않더라도 확실하게 믿을 수 있는 사람과의 관계에 집중하는 것이 노년의 지혜로운 전략이다.

또 다른 주목할 만한 접근 방식은 세대를 아우르는 교류를 통해 친분을 키워가는 일이다. 최근 들어 세대 사이의 교류에도 변화가 나타나고 있다. 알렌스바흐 여론조사 연구소의 '사회가 보는 늙음' 설문조사에 따르면 75세 이상의 85퍼센트, 60~74세의 80퍼센트는 자신보다 '확연하게 젊은 친구와 지인'을 최소한 몇명은 가지고 있었다. 16~29세 청년층 3분의 2와 30~44세 장년층의 80퍼센트는 자신보다 '확연하게 나이가 많은 사람'과 친교를 맺으며 알고 지낸다.[16] 물론 상대방의 나이를 어떻게 보는가 하는 것은 순전히 설문조사에 응한 사람의 주관적인 문제다. 그리고 냉정한 주장으로 들릴 위험을 무릅쓰고 말하자면 다양한 연령대의 친구들을 사귀는 사람은 가까운 친구가 '죽어서 없어지는' 안타까움을 덜 겪는다.

그 밖에도 젊은이와 만나면 동년배와는 다른 방식으로 자극을 받고 일상이 더 풍부해지는 경험을 할 수 있다. 서로 생활과 세계가 다르기 때문에 보완하며 새로운 것을 배울 기회도 생겨난다. 젊은이는 스마트폰과 같은 최신 기술을 익힐 수 있게 도와주고 노인은 풍부한 인생 경험으로 직업이나 가족의 어려운 상황에 조력을 베풀 수 있다. 이처럼 다양한 연령대와 만나면 문학과 예술, 등산이나 요가 같은 스포츠는 물론 요리, 어학, 댄스 강좌 등으로 인생이 풍부해진다. 사회 활동이나 정치 참여도 활발해질 수 있다.

뜻밖의 파리 여행

50대 말의 마를레네는 직업상 정기적으로 산업박람회를 찾아다닌 남편과 함께 자주 여행을 한 덕에 파리를 잘 알고 있었다. 양녀가 아비투어에 합격하고 주말여행의 희망지로 파리를 고르자 마를레네는 별로 내키지 않았다. 그렇지만 딸의 생각을 존중해 그러자고 동의했고 그녀는 전혀 새로운 파리를 알게 되었다. 박물관 방문과 레스토랑 순례 같은 여행 계획은 이번에는 금물이었는데, 이제 막 성인이 된 딸에게 그런 여행은 '지루하기 짝이 없는 것'이었기 때문이다. 두 사람은 야간에 에펠탑에 오르고 젊은이들이 즐겨 찾는 명소를 누비며 클럽 콘서트에 갔다. 이는 마를레네가 한 번도 겪어보지 못한 즐거움을 선사했다. 게다가 여행을 함께 계획하는 과정에서부터 이런 즐거움을 누릴 수 있었다.

심리학은 우리가 만남의 상대를 고르는 기준이 유사성, 곧 비슷함이라고 한다. 교육 수준, 직업 활동, 출신 지역, 종교, 성별, 물론 나이도 서로 엇비슷해야 우리는 마음의 문을 연다. 닮은 점을 선호하는 이런 심리를 영어로는 'Similarity Attraction(유사성 매력도)'라고 한다. 유사성은 서로 쉽게 이해할 수 있게 해준다는 점에서 얼마든지 수긍이 간다. 예나 대학교의 심리학 연구소

소장 프란츠 나이어Franz Neyer는 "비슷한 것은 항상 신뢰받는다"고 강조한다.[17] 게다가 서로 공통점이 많은 사람들은 비슷한 환경에서 활동하기 때문에 서로 알게 될 확률이 높다.

그러나 유사성 매력은 동시에 우리의 시야를 좁혀 '유유상종'이라는 말처럼 늘 같은 사람과 같은 문제로 씨름하게 만들기도 한다. '절뚝발이에게는 절뚝거리는 것을, 주정뱅이에게는 술 마시는 것을 배울 따름이다'라는 속담은 이런 경우를 노골적으로 표현한다. 노인들끼리는 최악의 경우 연금 문제, 당장 시큰거리는 관절과 같은 건강 문제를 놓고 불평을 털어놓는 반면, 젊은이들을 만나면 다른 주제로 대화해서 무릎 문제는 깨끗이 잊는 효과가 나타난다. 그런 점에서 알렌스바흐 연구소의 조사가 보여준, 세대를 아우르는 이해는 좋은 신호라 하겠다.

당신은 어떤가? 상대하는 사람이 늘 한결같은가, 아니면 다양한가? 습관처럼 굳어진 만남을 깨고 싶다면 다채로운 관심사를 나눌 기회는 얼마든지 찾을 수 있다. 이를테면 시니어 스포츠보다는 합창단이나 자원봉사, 동호회는 다양한 연령대와 자연스럽게 접촉할 기회를 제공한다.

외로움을 느끼지 않으려면 얼마나 많은 만남이 필요할까? 외로움이란 것이 주관적인 탓에 이 질문의 답은 하나로 국한되지 않는다. 중요한 것은 개인적 체험이다. 외향적인 사람은 분명 내성적인 사람보다 더 많은 만남을 가져야 좋은 기분을 누린다. 그리고 아는 사람이 많고 같이 벌이는 일이 다양할지라도 내면 깊숙한 고민을 주고받으며 제대로 이해받는다는 느낌을 가질 상대가 없다면 외로움은 해소되지 않는다.

중요한 것은 자신이 가진 열망과 욕구가 무엇인지 명확히 헤아려서 이에 맞는 사회생활을 꾸려가는 일이다. 배우자를 잃는 것은 많은 사람들에게 외로움에 처할 위기다. 서로 다른 기대수명으로 볼 때 노년에는 남성보다 여성이 훨씬 더 많이 홀로 산다. 2014년 통계에 따르면 75~79세 여성의 46퍼센트가 남편과 사별했다(같은 연령대의 남성이 아내와 사별하는 경우는 18퍼센트다). 80~84세의 경우는 60퍼센트(남성의 경우는 23퍼센트), 85세 이상은 74퍼센트다(남성은 34퍼센트).[18] 그러나 여성은 일반적으로 남성보다 더 사교적이어서 배우자 상실에 따른 외로움을 더 잘 이겨내는 경향을 보인다.[19]

주변의 지인을 둘러보자. 얼마나 많은 부부가 여전히 전통적인 역할 분담, 이를테면 여성은 살림, 친인척 관리, 가족의 분위기를 책임지고 남성은 경제, 수리, 자동차를 책임지는 형태의 결혼 생활을 하는가? 이런 전통적인 역할 분담은 놀랍게도 젊고 맞벌이를 하는 부부에게도 여전히 이어지고 있다. 그러나 이처럼 서로의 역할을 나누는 태도는 갈라설 때뿐만 아니라 노년에 갑자기 홀로 남게 될 때도 적지 않은 위험 부담을 안긴다.

에너지와 시간을 인간관계에 투자해 안정적인 우정을 가꾸는 것은 현명한 노후 대비 방법이다. 다른 사람에게 아낌을 받는다고 느끼는 사람은 더 건강하고 만족스러운 인생을 살며 무엇보다도 장수를 누린다. 이 문제에서도 핵심은 노년의 외로움이 정신 태도의 문제라는 점이다! 특히 긍정적인 관계를 만들고 가꿔나가는 일은 개인적인 태도와 신념에 좌우되는 일이기에 더욱 정신 태도가 중요하다.

외로움이라는 것은 대개 우리의 머릿속에서부터 시작된다. 심리학자이자 고독 문제 전문가인 존 카시오포*는 이런 맥락에서 악순환을 이야기한다. 그는 외로움에 시달리는 사람은 좀체 믿음을 갖지 못하며 별것 아닌 말에도 민감하게 반응하고 부정적인 평가를 두려워한다고 지적한다. 이로써 거부하거나 유보하는 태도가 생겨나며 관계의 장벽을 만들어 외로움을 더욱 키운다.** 이런 사람은 자신의 태도로 다른 사람의 거부 반응을 불러일으키며, 이 반응을 보면서 불신을 키운다. 전형적인 자기충족적 예언이 꼬리에 꼬리를 물며 외로움의 악순환이 형성된다.[20]

이런 깨달음은 '주는 대로 받는다'라는 속담이 보여주듯 새로운 것이 전혀 아니다. 외로운 사람이 흔히 듣는 "사람들과 어울리라"는 충고는 별 도움이 되지 않는다. 새로운 사람과 만나 교류를 나눌 기회가 많아진들 먼저 자신의 정신 태도를 바꾸지 않는 한 아무 소용이 없기 때문이다. 외로움으로부터 탈출하려면 먼저 자신의 태도를 바꾸고 낯설고 어색함을 이겨내고 다른 사

---

* 존 카시오포(John Cacioppo, 1951~2018년)는 미국 시카고 대학교의 심리학 교수로 인지 및 사회신경과학 시카고 센터의 설립자이자 소장을 지냈다.
** 이런 태도는 앞서 언급했던 신경증/감정적 불안이 심한 정도와 맞아떨어진다. (서사 주)

람에게 기회를 주어야만 한다. 이를 학술 전문 용어로 '부정적 사회성 인지의 변화'라고 한다.[21] 물론 말이 행동보다 쉬운 것은 사실이다. 태도와 신념의 교정은 어떤 연령에게든 어려운 것이기 때문이다. 마크 트웨인의 재치 있는 충고를 머릿속에 새겨보자. "인간은 세상을 바꿀 수도, 자기 자신을 바꿀 수도 있다. 두 번째 가 더 어렵다."

태도 변화는 자기 자신을 조감하고 비판적으로 다룰 줄 아는 자세를 요구한다. 물론 불편한 진실을 기꺼이 말해줄 수 있는 가까운 친구에게 도움을 받는 것도 한 가지 방법이다. 또는 전문가의 코치나 심리 치료를 받는 것도 좋은 대안이다. 오늘날 흔히 듣는 '치료는 노인을 위한 것이 아니다' 또는 '노인에게 그런 것이 무슨 소용이냐'라는 말들은 정말이지 무례한 노년 차별이다. 노년의 인간이 외로움으로 받는 아픔과 변화의 잠재력을 전혀 알지 못해 그런 무식한 망발이 빚어진다.

어떤 나이든 위기를 겪을 때 도움을 찾는 것이 지혜로운 선택이다. 목사나 이해심 많은 주치의에게 조언을 듣는 것도 좋은 방법이다. 아무튼 홀로 있는 외로움을 불평하기보다 생각의 방향을 바꿔 사람들과의 교류를 나눌 기회를 찾아보는 것이 현명한 선택이다. 이웃을 위해 봉사 활동을 하거나 지역의 자선 사업에 참여하는 사람은 자신의 존재를 드러내 얼마든지 사람들과 정을 나눌 수 있다.

타인에 대한 믿음

주변과 접촉을 끊고 갈수록 더 고독의 수렁으로 빠져드는 괴팍한 노인이라는 캐릭터는 영화에서도 흔히 볼 수 있는 모티브다. 인간 혐오자라는 누명을 벗기 위해 이들은 좀체 물러설 줄 모르는 끈덕진 조력자의 안내를 받아 다시 사회와 접촉할 방법을 찾는다. 한 예로 엘마 베퍼가 60대 중반의 퉁명한 택시 기사로 분해 아내에게마저 버림받은 채 홀로 살아가는 모습을 연기한 희비극 「소녀와 할아버지」가 있다.* 어느 날 주인공이 모는 택시에 여섯 살 터키 소녀가 타게 되는데, 주인공은 소녀를 돕느라 좌충우돌하는 과정에서 지독했던 외로움으로부터 풀려난다. 또 다른 예는 클린트 이스트우드가 아내를 잃고 홀로된 참전 용사로 주변과 적대적인 거리를 두고 살아가다가 이주민이 많은 디트로이트의 환경 탓에 갈등의 한복판에 서게 되는 이야기를 그린 「그랜 토리노」가 있다. 주인공은 갱단의 테러에 시달리는 아시아 출신 이웃을 돕는 과정에서 적대감에서 차츰 벗어난다.

이런 구원의 동화는 '타인을 믿으려 하지 않는 태도'가 실제로는 자신을 소외시키며 부정적인 생각을 고스란히 현실로

---

* 독일 영화감독 크리스티안 취베르트(Christian Zübert)가 2011년에 빌표한 작품이나.

나타나게 한다는 점을 보여준다는 점에서 외로움의 핵심을 건드리기는 한다. 그러나 실제 인생에서 좋은 관계를 이룰 열쇠는 자신의 태도가 올바른지 고민해보고 상대방에게 먼저 손길을 내미는 것, 요컨대 긍정적인 의미에서 다른 사람들을 놀라게 해주는 행동이다.

주변에 믿을 만한 친구를 얼마나 가졌는지, 그들과 어떤 교류를 나누는지는 우리 자신이 누구인지 아주 많은 것을 말해준다. 이웃과의 관계가 안정적이었고 전통적인 가족 결속이 끈끈했으며 직업이 비교적 바뀌지 않았던 전후 시절과 달리 오늘날 우리는 관계를 맺고 꾸려가기 위해 훨씬 더 많은 노력을 기울여야만 한다.

이제 우리는 평생 고향에서만 사는 게 아니다. 고향에서 살던 시절에는 서로 잘 알았고, 성가대에서 함께 노래를 불렀으며 사냥 축제에는 무조건 참가했다. 물론 지금의 우리는 주변에만 국한되지 않고 자신과 맞는 사람을 선택할 더 많은 가능성을 누리기는 한다. 동호회나 각종 단체가 제공하는 여가 활동과 행사로 우리가 직접 사회생활을 꾸밀 수 있다. 스마트폰, 스카이프, 이메일로 사람들과 소통을 나누는 일은 예전보다 훨씬 더 간편해졌다. 가능성은 충분하다. 이런 가능성을 잘 이용할 줄 안다면 우리는 오랫동안 젊음을 유지할 수 있다!

은퇴 생활자에서
생산적 노년으로

인간은 섬이 아니다. 우리는 피할 수 없이 주변의 영향을 받으며 현실을 의식하지 않을 수 없다. 어떤 것이 노년의 적절한 역할이며 젊음의 역할은 무엇일까? 우리의 자화상과 행동은 일상에서 늘 만나는 타인의 관점과 기대로부터 자유로울 수 없다. 사회 규범과 기대 행동의 묶음인 역할이 중시되어야만 하기 때문이다.

 인생을 살며 우리는 여러 역할들을 거친다. 학생이라는 역할, 직장인, 전문가, 상사, 부모라는 역할을 거치며 개인은 사회와 맞물린다. 역할은 우리가 모든 상황마다 어떻게 행동해야 마땅한지 새롭게 고민하지 않고 인습으로 정해진 것을 따를 수 있게 해준다는 점에서 부담을 덜어주기는 한다. 그러나 동시에 우리에게 족쇄를 채운다. 역할은 우리에게 무엇을 해야 하며 어떤 것은 안 되는지 정해준다. 이런 족쇄를 깨고자 하는 사람은 용기를 가져야 한다. 결국 우리는 오늘날 전형적인 노년의 역할이 무엇이며,

이런 역할은 어떤 가능성을 제공하느냐는 물음과 맞닥뜨린다. 안락의자에 앉은 노인이나 뜨개질하는 할머니는 분명 오늘의 사회가 그리는 역할은 아니다. 그렇다면 이런 역할은 무엇이 대체했을까? 약 10년 전 하이델베르크 대학교 노인학 연구소의 슈테파니 벡커Stefanie Becker는 전형적인 노년의 모습을 다음과 같이 정리했다. 이런 특성은 남성과 여성 모두에게 똑같이 들어맞는다.

- 완벽한 조부모: 가족 중심적이며 배려 깊은 지원을 해주는 믿음의 대상이다.
- 황금 노년: 미래 지향적이며 정보력이 좋고, 독립적이며 생산적이고 건강과 성공을 중시한다.
- 보수적인 존 웨인: 엄격하며 애국심을 자랑하고, 종교적이며 자부심이 있고 옛날을 향수한다.

이 밖에도 벡커는 노년을 바라보는 전통적인 고정관념을 다음과 같이 정리했다.[22]

- 대단히 편협하다.
- 잔소리가 심하다.
- 소심하다.
- 외로움에 시달린다.

벡커는 긍정적 노년과 부정적 노년을 대비시켰는데 한쪽에는 활동적이며 건강한 노년이, 다른 한쪽에는 과거에 집착하며 숙환에 시달리는 후반부 인생이 각각 대비를 이룬다(제1장의 '부모보다 20년을 더 사는 세대'를 보라). 이런 대비는 특히 고령, 이른바 '인생 4막'에 해당된다.

우리는 나이를 먹어갈수록 타인의 시선을 더 강하게 의식한다. 긍정적인 자부심을 심어주는 테스트 과제, 이를테면 노년의 놀라울 정도로 뛰어난 능력을 조사한다는 명분으로 조사를 실시하면 실험 참가자들은 중립적인 과제를 받은 경우보다 훨씬 더 뛰어난 성과를 보여준다. 노년에 접어든 사람은 사회의 고정관념에 민감하게 반응한다.[23] 제3장에서 우리는 많은 노인들이 고정관념 탓에 성급히 체념하고 몸져눕는 것을 운명으로 받아들이는 태도를 봤다. 얼마든지 두 발로 서서 싸울 능력이 충분했음에도 지레 포기하는 건 사회의 통념에 쉽사리 굴복하는 태도 때문이다(제3장의 '젊다고 느끼면 정말로 젊어진다'를 보라).

노년이 예나 지금이나 이미지 문제가 있다는 점은 의문의 여지가 없는 사실이다. 노년에 접어들었으면서도 자신은 아직 젊고 건강하다고 여기며, 예의 바른 젊은이가 버스에서 일어나 좌석을 양보하면 화들짝 놀라는 반응을 보인다. 70세가 넘은 사람이 자신은 '[다른] 노인'과 같지 않다고 강력하게 주장하는 일은 흔히 볼 수 있다. 일례로 내 지인인 70대 후반의 한 당찬 여성은 매일 아들이 하는 정원 용품 가게의 일을 돕는다. 같은 연배의 여성

고객이 그녀에게 모레 교회에서 열리는 노인 모임에 올 것이냐고 묻자 그녀는 이렇게 말했다. "노인 모임? 내가 거기를 왜 가? 거기는 온통 노인들뿐이잖아?"

노년에 이르렀음에도 자신의 늙음을 일종의 낙인처럼 느낀다면 사회가 그만큼 노년을 과소평가하고 있다는 증거다. 이런 고정관념은 의심의 여지가 없이 과학 또는 의학 지식보다는 주변의 의견에 영향을 받아 생겨난다. 자신의 부모와 조부모는 어떻게 늙어갔는가? 친척들 중 노인은? 이웃은?

오늘날 50대들은 제2차 세계대전으로 몸과 마음에 상처를 입어 후유증에 시달리는 조부모를 두고 있다. 이런 정신적 트라우마는 강하게 억제되었고 거의 거론되지 않았다. 그리고 이는 드물지 않게 노년에 악몽이나 우울증 또는 흔히 노망이라고 하는 공포 판타지로 되살아났다. 이들은 60대 초반이나 중반이었을 때 오늘날 그 나이에 해당하는 현대인보다 족히 몇십 년은 더 늙어 보였다. 손주 세대가 경험한 이들 조부모는 폭삭 늙고 전쟁의 상처와 아픔을 속으로 삭였으며, 최악의 경우 나치가 주입한 사상을 죽을 때까지 지켰다. 이 세대에게 노년의 낙관주의란 아주 낯선 것이다.

한편 오늘날 50대의 부모 세대는 경제 기적의 시절을 거치는 동안 고되게 일했으며 60대 초반이나 중반에 마침내 손을 내려놓고 쉴 수 있었다. 아직 피트니스 센터나 두뇌 조깅 같은 프로그램은 유행하지 않았으며 그동안 힘들여 일한 공로로 은퇴를 선물받았다고 여긴 이들은 말 그대로 '쉬었다.' 물론 비활동적 생활이 가져오는 모든 부정적인 결과도 함께 선물받았다. 은퇴 생활은 마침내 대출금을 다 갚은 조촐한 집에서 보냈으며, 자녀가 모두 출가한 바람에 작은 집마저 너무 넓고 부담이 되는 경우가 많았다. 그저 가끔 커피 마시러 외출을 하고 명절이면 가족과 만나는 것이 이 세대가 원했던 삶이다. 집과 정원을 돌보는 것은 자녀에게 물려주겠다는 희망에서 기울이는 노력일 뿐이다. 이 세대는 취미와 여행, 인생의 꿈 또는 자아실현 같은 것은 엄두도 낼수 없었다. 경제적 여유는 물론이고 그런 것을 바랄 정신적 여유도 턱없이 부족했다. 이들은 자신의 부모 세대, 곧 전쟁을 겪은 세대에게 오로지 의무를 다하는 규율과 노력만 배웠을 뿐 자신의 진정한 욕구가 무엇인지 알아내고 실행에 옮기는 일은 꿈도 꾸지 못했다.[24]

이런 식으로 굳어진 노년의 관점이 자신의 노년을 낙관적으로 바라보게 할 리 만무하다. 하지만 오늘날 50대나 60대는 부모 세대를 봉양하는 의무를 불편하게 여기기 때문에 부모 세대는 자신이 부모를 섬겼던 그대로 자식이 봉양해주었으면 하는 기대가 좌절돼 아쉬워하거나 분노한다. "양로원만큼은 아니야! 되도록 오래 내 집에서 살았으면 좋겠어!" 하는 것 이상으로 이 '전쟁을 겪은 아이들'은 노년을 대비하지 못했다. 물론 햇살이 따스한 남쪽에서 노년을 보내며 마요르카섬이나 토스카나로 연금을 이체받는 부모가 전혀 없는 것은 아니지만.

가족 관계 외에도 사회의 흐름 역시 노년의 역할에 영향을 미친다. 높은 실업률 탓에 1990년대 초부터 수많은 중년층 근로자는 명예퇴직을 당해야만 했다. '청년층을 위한 일자리를 내놓자'는 것이 당시의 구호였다. 이런 조기 퇴직이 정점을 찍은 때는 1995년이다. 거의 29만 5,000명에 가까운 피고용자가 60세 또는 그전에 아무런 보상도 받지 못하고 퇴직했다.[25] 조기 퇴직과 그 후속 모델로 1996년에 입법된 노령 근로 단축제Altersteilzeit*는 직장에서 50대 중반이나 후반이 되면 이미 퇴물이 되어 젊은 층에게 자리를 넘겨줘야 한다는 통념을 더욱 굳히고 말았다. "그럼 자네는 이제 얼마 남은 거야?" 당시 사람들이 자조 섞인 목소리로 흔히 하던 질문이다. 62세나 63세에도 직장을 다니는 사람은 주변에서 이미 아무 일도 하지 않는 친구나 지인에게 민망함을 느낄 정도였다.

일을 하지 않고 더 많은 자유 시간을 누리는 것이 마치 특권처럼 보이고 사회의 발달로 주어진 혜택 같지만 다시 보면 개인에게도, 국가에도 큰 손실이 아닐 수 없다. 새롭게 얻은 자유 시간으로 무얼 해야 좋을지 몰라 정원의 의자와 텔레비전 앞의 소파만 오가는 인생은 신체적으로나 인지적으로 빠른 노화를 부른다. 무엇보다도 자발적으로 일자리를 내놓고 싶지 않았음에도 마지못해 조기 퇴직을 한 사람은 더 오래 일하는 또래에 비해 일찍

---

* 근로자가 55세가 되면 노동 시간을 절반으로 줄이고 임금은 70퍼센트를 수령하는 제도.

사망한다고 여러 연구가 밝힌 바 있다.[26]

사회의 역할 모델을 볼 때도 조기 퇴직은 부정적인 부작용을 일으킨다. 조기 퇴직은 50대 중반부터 이미 늙어 젊은 직원의 업무 추진력을 감당할 수 없다는 편견을 조장한다. 그러나 실제로는 젊은 층을 위한 일자리 마련보다는 오히려 양질의 일자리를 줄이는 데 악용된다는 사실은 거의 주목받지 못한다. 몇십년 동안 성실하게 일했지만 자신이 없어도 회사가 여전히 잘, 혹은 더 잘 굴러가는 것을 지켜보는 사람은 자존감이 무너진다. 게다가 실력 중심의 사회는 은퇴자에게 무능하다는 낙인을 찍는다. 처음 만나 인사를 나눌 때 흔히 묻는 "그래서, 무슨 일을 하세요?"에 사람들은 거의 반사적으로 직업을 말한다. 직업은 개인의 위상을 정하며 인간들을 줄 세운다. 은퇴한 사람은 뒷전으로 내몰리며 사회에 참여할 방법을 어떻게든 스스로 찾아내야만 한다.

조기 퇴직은 노화 과정에서 나타나는 개인적 차이를 무시한다. 기업의 고위임원이나 정부 각료의 평균 연령을 보면 조기 퇴직은 정말이지 말이 되지 않는 코미디다. '젊은 세대를 위한 일자리'라는 구호대로 임원과 정치가를 40세 이하로 교체해야 조기 퇴직이 설득력을 갖지 않을까!

노년을 보는 사회의 해묵은 부정적 관점은 경제 영역에서도 드러난다. 이를테면 '광고의 중요 타깃 그룹은 14~49세다'라는 불문율이 그것이다. 마치 50대 이상의 사람들은 압박 스타킹이나 틀니 세척제 따위만 구입하거나, 죽을 때까지 입던 옷만 착용한다는 식이다. 너무나 무지하고 편협한 발상이 아닐 수 없다. 그 안에 담긴 오만한 속뜻은 이렇다. '늙은 사람은 더는 중요하지 않다.' 그러나 50대 이상의 실제 구매력을 감안한 시장 연구는 점차 이런 생각들과 거리를 두기 시작했다.[27] 결국 독일은 2011년 처음으로 50대 이하보다 그 이상 인구가 더 많아지는 변화를 겪었다. 50대 이상 인구의 총자산은 2조 2,000억 유로로 모든 가계의 총자산 중 60퍼센트 이상을 차지한다고 《비르츠샤프트보케 Wirtschaftswoche》는 계산했다.[28]

팝 문화, 특히 노래 가사나 영화, 방송이 그려낸 노년의 변화를 2000년이 되기까지 조사해보고 현재의 그것과 비교해보는 일도 흥미로우리라. 비틀즈가 1967년 근심을 담아 "Will you still need me/will you still feed me/when I'm 64?(나를 여전히 필요로 할까/여전히 나를 먹여 살려줄까/내가 64살이 되어도?)"라고 물었을 때 이 가사 안에는 족히 40년 뒤 페터 폭스*가 「호숫가의 집Haus am See」에서 노년을 바라보는 낙천적 기쁨과는 전혀 다른 노년의 관점이 담겼음을 알 수 있다("잔디밭에서는 내 손주들 100명이 크리켓을 하겠지/생각만 해도 설레 기다릴 수가 없네").

점차 무게 추가 반등을 일으키며 대중이 보는 노년은 변화하고

---

* 독일 가수로 미국인 부모를 둔 페터 폭스(Peter Fox)는 1971년 베를린에서 태어나고 성장했다. 본명은 피에르 바이고리(Pierre Baigorry)이며 에누프(Enuff)라는 예명도 가지고 있다. 광고 음악으로 국내에도 잘 알려져 있다.

있다. 독일 연방정부의 차별반대위원회는 2012년을 '젊음과 늙음을 동등하게 대우하는 해'로 선포했다. 이에 발맞춰 유럽연합은 '활달한 노년의 유럽 해'로 화답했다. 독일 연방정부의 가족·시니어·여성·청소년부는 '이미 늙었다는 게 무슨 뜻이야?'라는 제목으로 사진과 동영상을 공모해 음악을 하고 축구장에 가거나 운동을 하는 밝고 활달한 시니어의 사진집을 만들어 PDF로 다운로드할 수 있게 제공한다.

이처럼 대중이 보는 노년은 긍정적인 것으로 바뀌고 있다. 사진집의 서문에서 마누엘라 슈베지히 장관*은 노년을 달라진 관점으로 봐줄 것을 호소하면서 오늘날 시니어의 건강함을 칭송한다.[29] 그리고 지난 세기의 조기 퇴직과 노령 근로 단축 운운하는 주장과는 반대로 기업도 인구 변화의 추세를 감안해 나이 많은 직원들의 잠재력을 강조하면서 다양성 프로그램을 운용하기 시작했다(다양성 주제는 '달라지는 은퇴 연령, 변화하는 연금제도'에서 더 자세히 다룰 것이다).

노년을 과소평가하거나 무시하는 대신 노년의 가능성과 능력에 중점을 두는 구상들이 속속 등장하고 있다. 이처럼 노년을 보는 관점은 시대와 함께 흐른다. 한편으로 이런 변화는 우리가 다른 사람의 관점에 피할 수 없이 영향을 받는다는 점에서 환영할

---

* 마누엘라 슈베지히(Manuela Schwesig)는 독일의 여성 정치가로 2013년부터 2017년까지 메르켈 정부의 장관을 지냈으며 2017년부터 메클렌부르크포어포메른 주지사로 활동하고 있다.

만하다. 그러나 다른 한편으로 새로운 낙관적인 노년이라는 그림 뒤에 경제적 이해관계가 숨어 있다는 점은 씁쓸하기만 하다. 이런 이해관계는 높아진 기대수명에 따른 경제적 수익에만 반응한다. 체감할 수 있는 시점에서 60대 이상의 인구가 갈수록 늘어나는 반면 30대 인구는 줄어든다는 점을 감안하면 이제 경제는 노년층을 활용할 방안을 찾아야만 한다.

독일 정부가 배포한 '제6차 노년 보고서' 역시 노년의 인력을 더 적극적으로 활용해야 한다고 강조한다. "전반적으로 오늘날의 노년층은 예전 세대와 비교해 더 건강하며 높은 교육 수준과 경제 능력을 자랑한다. 위원회는 이런 사실로부터 기존의 자원을 더욱 적극적으로 활용할 의무가 있다는 결론을 내렸다."[30] 사회학자 마인하르트 미겔*은 2008년 더욱 단호하게 이런 표현을 썼다. "65세에 더할 수 없이 건강한 몸으로 공원 벤치에 앉아 있는 사람은 사회적 반발을 불러일으킨다."[31]

흥미로운 물음은 적극적 노년이라는 이런 새로운 표준이 현실 인생의 노년, 곧 부모, 조부모, 다른 지인의 노년과 얼마나 맞아떨어질 수 있는가 하는 것이다. 오늘날 50대 이상과 60대 이상의 노년은 예전의 은퇴 생활과 현재 합의가 진행되고 있는 활동적인 생활 가운데 과연 어떤 쪽을 택하려 할까?

---

* 마인하르트 미겔(Meinhard Miegel)은 1939년생으로 오스트리아 출신의 독일 사회학자다.

노인은 도움을 필요로 한다는 착각

2009년 독일 국영방송은 노년을 바라보는 우리의 고정관념을 솜씨 좋게 꼬집는 로또 광고 한 편을 선보였다. 성탄절을 며칠 앞둔 시점에서 어떤 노년의 여인이 보도의 가장자리에 서서 도로를 살핀다. 이때 젊은 남자가 서둘러 달려와 단호하게 "제가 도와드리죠!"라고 외치고는 여인의 손을 잡아끌며 도로를 횡단한다. 여인은 이게 아니라고 손사래를 쳤지만 아무 소용이 없다. 남자는 "이제 조금만 더 가면 됩니다!"라고 호기롭게 외친다. 드디어 건너편에 도착했을 때 맞은편의 정류장에 여인이 기다렸던 버스가 도착한다. 남자의 엉뚱한 오해 탓에 여인은 버스를 놓치고 만다. "정말 도움을 필요로 하는 곳에 베푸세요!" 광고는 이런 카피로 끝을 맺는다.

이 광고를 보며 슬며시 미소가 지어진다면 무엇보다도 노년이 도움을 필요로 한다는 고정관념을 광고가 멋들어지게 조롱하는 것에 동감하기 때문이다. 노년의 여인은 겁이 많고 무기력하다는 고정관념을 광고는 재치 있게 꼬집었다.[32] 현실에 충실한 노년의 모습을 알고 싶은 사람은 50대 이상을 타깃 그룹으로 잡은 광고를 보기 바란다. 이런 광고는 풍채가 당당한 은발의 신사가 놀라울 정도로 주름살이 없는 얼굴에 환한 미소를 지으며 활달하고 멋진 노년의 여성과 해변을 산책한다.

그러나 이런 '활동적인 노년'이라는 새로운 발상이 현실에 얼마나 강한 영향을 미칠까? 이미 현실에서 활동적 노년이 지배적인 생활 모델이라면 이처럼 떠들썩한 사회적 논란이 이어지거나 우리가 이렇게 늙어가야 마땅하다는 식의 출판물이 나오지는 않으리라. 앞으로 확인하겠지만, 연금 모델과 노년의 생활과 주거를 뒷받침하는 제도적 장치는 여전히 현실을 올바르게 반영하지 못한다. 정치가들은 이런 문제에서 도덕적 호소만 거듭할 따름이다. 우리는 분명 사회 전체는 물론이고 개인도 새로운 탈출구를 모색하는 과도기를 살고 있다.

이런 맥락에서 예나 대학교의 사회학자 질케 판 디크와 슈테판 레센니히가* 이끄는 연구 팀은 2008년에서 2012년까지 '활동적 노년을 받아들이기 위해 이뤄지는 사회의 새로운 협상'을 추적했다. 이 연구 프로젝트는 독일의 각종 일간지가 관련 주제로 조사한 결과는 물론 법안과 선거 프로그램, 연방정부의 노년 보고서, '노년과 은퇴 생활'이라는 주제로 은퇴 생활을 하는 60~72세의 젊은 노년들을 대상으로 한 인터뷰 등을 철저하게 분석했다.[33]

연구를 주도한 학자들의 핵심 논제는 20세기의 노년이 그동안 새로운 표준, 곧 사회 전체의 안녕을 위한 활동적이고 생산적인 노년으로 대체되었다는 것이다. 극단적으로 정리하자면 새로운

---

* 질케 판 디크(Silke van Dyk)는 1972년생의 사회학자로 예나 대학교의 사회학 교수이며, 슈테판 레센니히(Stephan Lessenich)는 1965년생의 사회학자로 독일 사회학회 회장을 지냈으며 현재 뮌헨 대학교 교수다.

노년은 사회에 부담을 주지 말아야 하며, 자신의 건강을 유념하고 사회에 유용하게 쓰임을 받아야 한다! 이로써 사회학자가 보기에는 이런 활동성 독재에 굴복하지 않으려는 사람들이 새로운 압력을 받는다. 표 8은 최근 몇십 년 동안 노년이라는 주제를 다뤄온 사회의 복잡한 해결책, 이른바 결정적 자료가 어떻게 변화해왔는지 정리한 것이다.

시기	해결책	내용	일상 세계
1980년대 중반까지	은퇴 생활	•생업 활동의 끝 •충분한 연금 •활동을 줄이고 쉼 •신체적 쇠퇴	•집과 정원 •소파와 텔레비전 •틀니 세정제와 양로원
1980년대 중반부터	활동적 은퇴기	•자발적이고 독립적으로 생활하기 •피트니스 트레이닝과 두뇌 조깅 •노년에도 젊게 남기	•자전거 타기와 홈 트레이닝 •노르딕워킹 스틱과 컴퓨터 •여행과 노년 학습
1990년대 말부터	생산적 노년	•사회에 유용한 활동 지속하기 •사회적 책임감을 가진 행동 •자기 책임으로 사회 활동하기	•더 길어진 생업 활동(67세에 은퇴) •자기 자원을 책임감 있게 투자 •자원봉사, 시니어 트레이너 •'주름이 아니라 행동이 중요하다'(2009년 독일 연방정부 가족부의 홍보 캠페인)

표 8 노년을 다루는 사회적 해결책의 변화[34]

인터뷰에 응한 은퇴자 가운데 '생산적 노년'이라는 대안을 받아들인 사람은 극히 일부에 지나지 않는다. 60대 이상의 몇몇 은퇴자는 계속해서 자율적인 은퇴 생활이라는 이상을 한가롭게 누렸으며, 활동적인 은퇴자는 경제적 유용성이라는 요구에 확연히 선을 그었다. 대다수는 혼합된 형태, 곧 '90퍼센트는 누려 마땅한 은퇴 생활을 하고 10퍼센트 정도는 사회에 봉사하는 형태'의 삶을 살았다. 그러나 그저 쉬기만 하는 은퇴 생활을 못마땅하게 여기는 사람이라 할지라도 경제에 보탬을 주기 위해 활동해야한다는 주장에는 거리를 두려 했다. 그리고 활동적인 노년의 대다수는 생업 활동을 할 때보다 더 많은 자율권과 휴식을 희망했다.[35] 연구자들은 이런 결과를 요약해 생업 활동 이후의 노년층 유형을 다음과 같이 정리했다.

- '만족하는 은퇴 생활자'는 누려 마땅한 휴식을 즐겼다. 주로 남성이며 교육 수준이 높고 여전히 많은 경제적 수입을 자랑했다.
- '일하는 은퇴 생활자'는 이것저것 벌이는 일은 많지만 근본적으로 전형적인 은퇴 생활을 한다. 주로 남성이고 교육 수준은 높지 않으며 수입은 평균보다 약간 밑돈다.
- '휴식을 누리지 못하는 은퇴 생활자'는 주로 여성으로 주변에 많은 도움을 베푼다. 대개 가족을 돌보는 일로 엄청난 부담을 받으면서도 기꺼이 봉사한다. 교육 수준은 그리 높지 않

으며 주로 서독 지역에 거주한다.

- '활동하는 은퇴 여성'은 자신만의 인생을 즐기며 자율을 중시하고 스포츠와 문화 활동에 열심이다. 전형적인 교육을 받은 여성은 가족을 돌보고 생업 활동을 한 끝에 자신만의 시간을 누리고 싶어 한다.
- '생산적인 은퇴 생활자'는 여가를 중시하거나 자기만족적인 은퇴 생활과 거리를 둔다. 사회 참여를 의무로 여기며 교육이나 수입의 문제에서 별다른 특성을 보이지 않는다.
- '제약을 받는 여성'은 기꺼이 사회 활동이나 봉사를 하는 삶을 살고 싶어 하지만 돈이 없거나 남편의 방해를 받아 매우 불만족스러운 인생을 산다. 여성적이며 평균을 한참 밑도는 수입으로 궁핍한 생활을 한다.[36]

이런 분류가 다분히 도식적이기는 하지만 여섯 가지 유형은 개인의 인생에서 성별과 생업 활동 이력, 노년 생활의 옛 모델과 최신 모델, 경제 형편, 개인적 욕구가 얼마나 복잡하게 맞물리는지 아주 잘 보여준다. 도움을 베풀기를 좋아하는 유형은 여성적인 반면, 만족스러운 은퇴 생활을 하는 사람은 주로 남성이며 높은 교육 수준과 함께 안정적 수입을 누린다는 대비는 우연한 것이 아니다. 60세에 은퇴한 사람들이 살아온 인생 역정을 이런 대비가 고스란히 담아냈기 때문이다. 물론 이 경우 응답자가 거의 은퇴를 했으며, 자영업이나 프리랜서같이 자립적인 활동을 하며 오랜 직업 생활을 한 사람은 거의 참여하지 않았다는 점은 아쉽다 ('달라지는 은퇴 연령, 변화하는 연금제도'를 보라). 결론적으로 '생산적 노년'이라는 은퇴 생활의 해결책이 모든 그룹에서 반향을 불러일으킨다는 점, 그래서 실제로 미래의 노년 생활 해결책으로 자리 잡을 수 있다는 점은 흥미롭게 읽히는 대목이다.

사회학의 이런 연구 결과를 보며 우리는 어떤 결론을 이끌어내야 할까? 우리가 노년이라는 주제를 다루며 무슨 생각을 하고 어떤 결정을 내리는지는 가정에서 본 모범과 사회적 흐름에 영향을 받는다. 바로 이 점을 분명히 의식해야 한다. 우리는 어떤 편견, 어떤 두려움이나 요구를 우리 자신도 모르는 사이에 가지게 되었을까? 자신의 희망과 가능성이 어떤 것인지 명확히 의식해야 한다. 이는 어느 일요일 차분한 오후에 해결할 수 있는 게 아니라 오랜 시간을 두고 풀어야 할 과제다('자율적으로 꾸리는 삶과 행복'을 보라).

동시에 사회적 흐름이 자기 책임을 강조하며 건강과 (재정적) 독립을 추구하는 쪽으로 나아가고 있음을 염두에 두어야 한다. 물론 안정적 연금으로 대다수 국민에게 평온한 은퇴 생활을 약속했던 1950년대 말을 생각하면 이런 흐름에 불평은 얼마든지 나올 수 있다. 그러나 베이비붐 세대가 더 나은 교육과 높은 수입으로 부모나 조부모 세대보다 스스로 인생을 꾸려갈 더 좋은 기회를 가진 것은 사실이다. '성실히 일하고 너무 늦지 않게 은퇴하면 나머지는 국가가 해결해준다'는 모델은 오늘날 더는 통하지 않는다.

우리는 스스로 해결책을 찾아야만 한다. 안정적 연금이라는 예전의 해결책을 아쉬워하는 사람에게 이런 요구는 무리한 것으로 들릴 수 있지만 충격으로 굳어져 있다고 해서 길이 저절로 열리지는 않는다. 스스로 건강을 책임지고 되도록 오래 활동하는 노년 생활도 무리하게 들릴 수 있다. 질케 판 디크를 비롯한 학자들 역시 국가와 사회가 인구 변화와 국가 재정의 틀에 맞춰 노년을 정의하고 그에 맞는 규범을 강제한다는 비난을 연구 보고서 행간 곳곳에 심어두었다. 그러나 이러저러하게 행동하라는 규범과 요구는 모든 사회에 존재할 수밖에 없다.

바로 그래서 우리가 물어야 하는 의문은 이렇다. 현재 사회의 생산성 규범이 개인에게 예전의 노년 생활 모델에 비해 더 나은 삶, 곧 더 건강하고 질적으로 향상된 삶을 제공하는가? 사회에 참여할 더 큰 기회가 보장되는가? 나는 확실히 그렇다고 믿는다! 노년을 쇠퇴의 단계가 아니라 가능성의 지평으로 볼 수 있다면 무엇이 나쁠까? 그 어디에도 60세가 넘어 젊은 시절 생업 활동을 할 때와 똑같이 일을 해야 한다고 쓰인 규정은 없다. 최선은 더 많은 자율성을 갖고 적절한 시간에 즐거운 일에 집중하는 것이다.

물론 난점은 있다. 자신의 책임으로 인생을 꾸려가는 이런 이상적인 노년 생활 모델은 교육, 돈, 기회의 결여로 신음하는 노년을 포용하기 힘들다. 그래서 우리는 노년의 경제 상황이라는 문제로 넘어가야만 한다.

달라지는 은퇴 연령,
변화하는 연금제도

위키피디아는 연금(경제)이라는 개념을 간단하게 '현재의 그 어떤 성과도 없이 얻는 수입'이라고 정의한다. 정말이지 불쾌한 정의가 아닐 수 없다. 안정적 노년 생활을 누리기 위해 오랫동안 꼬박꼬박 보험료를 납입하고 받는 것이 연금이지 않은가. 젊은 시절에 노후를 대비하자는 것이 연금보험의 기본 발상이었다. 오토 폰 비스마르크 시절 비상시를 위한 저축에서 시작해 노동자 보험과 상해보험(1889년)으로 최악의 빈곤을 조금이라도 덜어주려 했던 것이 약 70년 뒤 '경제 기적' 시절의 연금 개혁(정확히 하자면 1957년)으로 처음 일반적인 임금 체계와 맞물리면서 본격적인 노후 보장 체계로 정비되었다. 이 개혁으로 수령 연금의 액수는 노동자의 경우 60퍼센트가, 사무직은 66퍼센트가 일거에 늘어났다.

이제 연금은 제국 시절처럼 단순히 빈곤을 막으려는 것이 아니라 생활수준을 보장하는 개념으로 변모했다. 오랫동안 연금보험금을 납입한 사람은 노후에 경제적으로 아무 근심이 없는 생활을 누릴 수 있다. 동시에 국가가 보장하는 연금은 그 일부를 대출해주던 시스템에서 순전한 적립 체계로 바뀌었다. 이는 곧 국민연금 가입자가 매달 납입하는 돈으로 수령자의 연금을 지불해주는 것을 뜻한다. 그렇다 보니 오늘날 연금보험의 적립금은 두 달도 버티지 못할 정도다. 고용주와 피고용자가 불입하는 돈, 연방정부의 보조금, 곧 국민 세금으로 연금이 운용된다.[37]

1957년 이후의 모든 연금 개혁과 수정을 지금 이 자리에서 살펴보는 것은 가능하지도, 필요하지도 않다. 일간지가 보도하는 이 주제를 추적해온 사람은 연금보험의 역사를 대충이나마 꿰리라. 경제 기적이 끝나고 동시에 출산율이 떨어지기 시작하면서, 다시 말해 보험료를 납입할 국민의 수가 줄어들기 시작하면서 적립 체계는 뿌리부터 흔들렸다. 새롭게 균형을 잡으려는 노력은 일반적으로 무엇이 사회 정의인가 하는 논란과 맞물렸다. 보험료를 올려야 할까? 아니면 연금을 줄여야 좋을까? 자녀를 키우는 시간은 어떻게 평가해야 할까? 언제부터 누가 납입금을 면제받고 연금을 수령할 수 있을까? 조기 퇴직과 노령 근로 단축 제도는 이런 물음의 답으로 제시된 대안이다. 정치적 이해관계, 선거 구호, 사회적 통념, 연정 구성, 그때그때의 실업률 등이 오늘날까지 연금 개혁을 둘러싸고 끝없는 논란을 부르는 요소다.

연금과 관련해 가장 유명한 발언은 의심할 바 없이 노르베르트 블룀*이 1986년에 한 "연금은 안전하다!"이다. 오랜 동안 독일 노동부 장관을 지낸 블룀의 이런 주장에 사람들은 다음과 같이 비아냥댔다. "연금은 안전하다. 다만 수령액은 아니다!" 많은 사람들은 여전히 1957년 모델에 따른 본격적인 노후 보장을 원한다. 아무래도 조만간 비스마르크의 비상 저축 모델로 돌아가야 할지, 아니면 모든 국민이 훨씬 더 오래 일해야만 하는 것은 아닌지 근심은 나날이 커져간다('소유보다 경험에 가치를 둔 은퇴 생활'을 보라). 흔히 염려하듯 훨씬 더 오래 일해야만 하는 것이 그처럼 최악일까? 노년의 건강은 갈수록 더 좋아지지 않는가?

분명한 사실은 연금이 본래 보험금을 납입하지 않고도 생애의 말년에 생활수준을 지킬 수 있게 해주는 임금 대체 체계가 아니라, 노동자가 혹독한 빈곤에 시달리지 않도록 재정적 안전판 구실을 하도록 고안되었다는 점이다. 연금을 수령할 자격을 얻는 나이는 70세였으며 1900년을 전후해 이 연령에 도달한 사람은 극히 소수였다. 연금 액수도 조촐했다. 최소 30년 동안 보험료를 납입하고 본래 받았던 임금의 20~30퍼센트 정도를 되돌려 받는 수준이 당시의 연금이다.[38] 아주 많은 사람들이 인생의 마지막 해까지 제조업, 농업, 임업, 건축업에 종사하며 오늘날보다 훨씬 더 어려운 조건 아래서 일했다.

오랫동안 또는 평생 일하는 것을 공포 시나리오로 받아들이는

• 노르베르트 블룀(Norbert Blüm)은 독일의 정치가로 헬무트 콜 수상의 전체 집권 기간 (1982~1998년) 동안 장관을 지낸 유일한 인물이다.

지, 아니면 충분히 가능한 것으로 여기는지 하는 선택의 문제는 무엇보다도 얼마나 건강한지, 자신의 일을 좋아하는지 싫어하는 지에 따라 답이 달라진다. 또 앞으로 하는 일이 정확히 지금껏 해왔던 것과 똑같아야 한다는 전제도 충족되어야 한다. 그동안 냉엄한 현실을 어느 정도 가려준 사회복지 정책의 눈가리개를 벗고 보다 더 유연한 노동 모델을 과감하게 시도해보는 것이 좋다. 물론 이런 요구는 개인에게만 해당하지 않는다. 기업도 보조를 맞춰야 하며 특히 젊음이라는 망상에만 사로잡힌 업계들, 이를테면 광고나 마케팅 업계 역시 유연해질 필요가 있다.

은퇴 연령의 아이러니

2004년 브레멘 야콥스 대학교의 평생학습과 제도개발 센터와 업무 계약을 맺었을 때, 계약서에 은퇴 연령에 도달하면 계약이 자동 소멸된다는 조항이 들어 있었다. 아마도 이런 조건은 거의 모든 피고용자가 의무적으로 받아들여야만 했으리라. 즉 나는 65세 또는 현재의 규정에 따라 67세에 은퇴를 해야만 한다. 계약서 초안의 이 조항을 지워버리고 싶었던 나는 대학교의 인사 담당자에게 평생 계약을 맺을 수 있냐고 물었다. 그러나 이 조항은 법 규정에 따른 것이라 변경할 수 없다는 답이 돌아왔다! 그때도 그렇고 지금도 나는 이런 조항이 말이 되지 않는다고 생각한다. 특정 연령에 도달했을 때 얼마나 건강할지 누가 아는가? 60대 중반이나 70에 일할 생각을 접는 사람이 있는 반면, 15년이나 20년 더 젊게 생각하고 행동하는 사람도 얼마든지 있다. 더 일하고 싶은데도 하지 못하는 이유가 뭘까?

사회복지 정책의 신성불가침 영역이라면 아마도 개인 차이를 고려하지 않고 통일적으로 적용되는 '법적인 은퇴 연령'일 것이다. 비스마르크 개혁이 책정했던 70세는 1916년 65세로 낮아졌다. 65세만 해도 당시 독일 국민의 30퍼센트 정도만 이 연령대에 도달했다.[39] 이후 오랫동안 법적 은퇴 연령은 남성의 경우 65세, 여성의 경우 63세로 유지되었다. 그러나 실제 은퇴 연령은 평균적으로 이보다 몇 년 더 낮았다. 예를 들어 2011년 유럽연합 통계국European Statistical Office, Eurostat은 독일 국민의 평균 은퇴 연령이 61.7세라고 발표했다.[40] 인구 변화 탓에 은퇴 연령은 65세에서 단계적으로 67세로 연장하기로 하는 결정이 2012년에 내려졌다. 2014년에는 장기간에 걸쳐 연금보험료를 납부한 사람에게 '63세 은퇴'를 허용해주던 것이 일부 조건을 붙여 철회되었다. 독일 연금보험은 1960년 독일 국민들이 평균 10년 동안 연금을 수

령한 반면 2014년에 이 기간은 19년으로 거의 두 배 늘어났다고 밝혔다.[41]

우리가 이 책에서 몇 차례나 거듭 확인했듯, 인간은 저마다 매우 다르게 늙어감에도 연금법은 이런 차이를 깨끗이 무시한다. 노년에도 건강을 자랑하는 사람이 갈수록 늘어남에도 제국 시절의 연령 제한은 마치 자연법칙인 양 여겨지고 있다. 이런 접근 방식은 노년의 몸과 정신의 건강이 보여주는 실제 차이를 무시할 뿐만 아니라 고용 절벽을 만든다. 이는 많은 사람들이 하룻밤 사이에 일자리를 잃는 것을 의미한다. 마라톤이나 철인3종 선수가 어느 날 돌연 운동을 멈추는 일은 없다. 나이를 먹더라도 건강을 생각해 이들은 운동의 강도를 차츰 낮출 뿐이다. 그런데 정해진 나이를 넘겼다고 갑자기 일을 하지 말라는 것이 말이 되는 소리인가.

미국의 심리학자 토머스 홈스와 리처드 라헤*의 유명한 스트레스 측정도에서 '일에서 물러남', 곧 은퇴는 최상위 스트레스 유발 요인 중 하나로 '해고당함'보다 약간 낮을 뿐이다.[42] 두뇌 연구 역시 고용 절벽의 파괴성을 경고한다. "인간이 두뇌에 저지르는 최악의 행위는 충분히 이용하지 않는 것이다. 바로 그래서 조기 퇴직은 인지적으로나 감정적으로 심각한 재난이다." 브레멘 대학교의 게르하르트 로트 교수는 이런 촌평으로 조기 퇴직 때문에

• 토머스 홈스(Thomas Holmes)와 리처드 라헤(Richard Rahe)는 미국의 심리학자로 1967년에 질병과 스트레스의 상관관계를 조사해 43가지 스트레스 요인을 목록으로 만들어 발표했다.

'일찌감치 폭삭 늙어버릴 위험'을 경고했다.[43]

분자생물학자이자 노화 연구가인 콘라트 바이로이터Konrad Beyreuther는 직업 정년은 어떤 나이에서든 일종의 범죄라고 말했다.[44] 그리고 네덜란드의 의학자 루디 베스텐도르프도 의견을 같이한다. "65세라는 은퇴 연령에 무슨 생물학적 근거라도 있는 양 냉정하게 고집하는 것은 어리석은 일이다."[45]

물론 이들의 주장에는 확실한 증거가 있다. 이를테면 로버트 로저스를 중심으로 한 연구 팀은 직업 활동을 하는 사람과 신체 활동이 활발한 은퇴 생활자와 그렇지 않은 은퇴 생활자의 두뇌 회백질에서 일어나는 혈류를 측정했다. 그 결과 활동을 거의 하지 않는 은퇴 생활자의 두뇌 활동은 해가 갈수록 줄어든 반면, 직업 활동을 하는 사람과 적극적인 은퇴 생활자의 정신력은 활달했다(그림 8 참고).

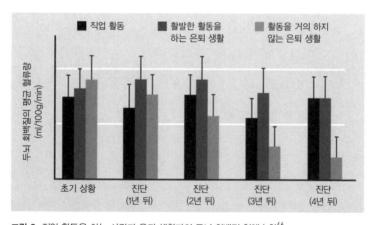

그림 8 직업 활동을 하는 사람과 은퇴 생활자의 두뇌 회백질 혈액순환[46]

연금 세계기록 보유자의 은퇴 계획

> 연금의 절대적인 세계기록 보유자는 미국의 아서 윈스턴*으로 2006년 100세의 나이로 퇴직했다. 그는 1916년 목화 따는 일용직으로 처음 생업 활동을 시작했다가 이후 72년 동안 로스앤젤리스 시영 버스회사에서 근무했다. 72년 동안 그는 단 하루만 결근했는데, 바로 아내의 장례를 치른 날이었다. 1996년 그는 빌 클린턴에게 '세기의 노동자'라는 칭송을 받았다. 은퇴 생활의 계획을 묻는 질문에 이 노신사는 이렇게 답했다. "바쁘게 지내고 싶다네!"[47]

직원의 연령대가 고루 섞이면 직원들뿐 아니라 기업도 이득을 본다는 사실은 몇 년 전부터 '다양성'이라는 화두로 활발히 토론되는 주제다. 이렇듯 여러 유형의 인물이 뒤섞이는 조합은 연령뿐만 아니라 종교, 성별, 인종, 성적 취향, 신체적 능력(일상 언어로는 장애 탓에 받는 제약)도 고려해야 한다. 다양성을 주장하는 이들의 핵심 논거는 여러 성향의 인물로 구성된 팀을 가진 기업은 경쟁력에서 우위를 점한다는 것이다. 젊은 세대와 나이 먹은 세대가 함께 일하면 정말 경쟁력이 좋아지는가 하는 질문은 그

• 아서 윈스턴(Arthur Winston)은 안타깝게도 은퇴하고 한 달 뒤 심장마비로 사망했다. 로스앤젤레스시 당국은 그의 이름을 공원에 붙여 기념했다.

동안 폭넓게 연구되어 상당히 구체적인 답을 얻었다. 실제로 구성원이 다양한 팀은 비슷한 성향으로만 꾸려진 그룹에 비해 혁신, 창의성, 업무 처리 능력에서 우위를 보였다. 물론 다음과 같은 전제 조건이 필요하다.

- 연령대가 비교적 고루 분포돼야 한다. 아주 젊은 직원들과 나이가 많은 직원들이 한 팀을 이루면 편 가르기, 이른바 '자기그룹 선호'라는 현상이 빚어질 위험이 커진다.[48]
- 기업의 경영진은 선입견으로부터 자유로우며 가치를 소중히 여기는 지도력을 보여야 한다. 다시 말해 젊음과 늙음을 보는 고정관념을 피해야 한다.
- 팀은 화목한 분위기를 유지하며 연령 다양성을 소중히 여겨야 한다.[49] 바로 그래서 서로 다른 연령대의 그룹들이 협력을 당연시하게 만드는 것이 지혜로운 선택이다. 이를 위해 각 연령대에 장려 대책을 세워 시행하는 것이 좋은 방법이다.
- 작업 과제는 복잡한 결정 능력을 요구하는 까다로운 것이어야 한다. 그래야 다양한 연령대의 각기 다른 경험과 관점이 어우러지는 효과가 나타난다. 반복 횟수가 잦은 단순한 과제, 이를테면 단조로운 컨베이어벨트 작업은 다양성이 별 도움을 주지 않는다. 이 경우 다양성이 오히려 갈등을 조장해 작업에 부정적인 영향을 미친다.[50]

이 연구 결과는 유동적 지능과 결정적 지능을 연령에 맞춰본 통찰과 정확히 맞아떨어진다. 다시 말해 다양성을 추구한 팀은 젊은이의 빠른 반응 속도와 노년층의 풍부한 경험 및 전략 지식이 조화를 이루는 효과를 누린다(제2장의 '회색 뇌세포와 노년의 지혜'를 보라). 이런 연구 결과를 고려하면 이제는 정말 나이 많은 직원을 겨냥한 선입견을 버려야 한다. 이를테면 생산성이 떨어진다, 단순한 과제만 맡으려 한다, 변화를 받아들이려 하지 않는다, 신뢰도가 낮다 같은 통념은 연구를 통해 명확하게 반박되었다.

그 예로 메르세데스 벤츠의 화물차 생산 부서를 조사해본 결과 중년층은 젊은 동료에 비해 생산성이 더 좋았을 뿐만 아니라 실수도 적었다.[51] 여러 기업의 직원들 약 3,000명을 대상으로 벌인 설문조사를 보면 젊은 층이 나이 많은 직원에 비해 변화 과정을 더 회의적으로 봤으며, 특히 생산 부서의 직원이 행정과 경영 부서의 직원보다 더 개방적이었다.[52] 또 'Y 세대'의 젊은 직장인들을 겨냥해 널리 퍼진 통념도 선입견으로 밝혀졌다. 이들이 부단히 직장을 바꿔대며 무조건 권위를 공격한다는 통설은 언론에서나 등장하는 것일 뿐 현실에서는 확인하기 힘들었다.

노년에 관한 한 고정관념에 매달리기보다 개인의 특성에 맞춰 생각하는 쪽이 훨씬 더 큰 도움을 준다. 어떤 연령대든 활달한 사람과 덜 활달한 사람, 충직한 사람과 덜 충직한 사람, 열심히 노력하는 사람과 게으름을 일삼는 사람, 혁신을 좋아하는 사람과 싫어하는 사람이 있기 마련이다. 기업에서 동료들을 충분히 잘 알 정도로 오래 근무해본 사람은 내 말에 고개를 끄덕일 것이다.

늙은 직원 또는 젊은 직원의 전형적인 행동이 선입견 탓에 그렇게 보이는 것은 아닌지 우리는 자문해야만 한다. 앞서 살펴본 바 있는 점화 효과의 프레임이 나이 먹은 직원은 으레 저렇게 행동한다는 선입견을 갖게 한다. 이런 선입견은 군이 나이를 들먹일 필요도 없지만 문제는 이 때문에 나이 든 직원은 과제 할당이나 교육 연수에서 체계적으로 차별을 당한다는 점이다. 흥미로운 프로젝트는 자동적으로 젊은 직원에게만 주어지고 50대를 넘긴 직원은 더는 교육을 받지 못한다면, 나이 먹은 직원이 퇴보한 듯 보이는 건 전혀 놀랍지도 않다.

브레멘 야콥스 대학교에서 우리가 수행한 연구에 따르면 나이 먹은 직원이 수행한 업무 성과의 양과 질은 주변에서 그 사람의 나이를 긍정적으로 보는지 여부에 따라 큰 영향을 받았다. 이렇게 볼 때 경영진의 태도가 직원, 특히 나이 먹은 직원의 생산성에 큰 영향을 준다는 가설은 강한 설득력을 얻는다.[53] 나이가 들어 출세나 승진에 덜 관심을 갖는 직원은 자신과 회사를 동일시하며 헌신한다는 사실을 경영진은 유념해야 한다. 그래야 나이 먹은 직원을 바라보는 관점의 긍정적 변화가 일어난다. 이런 행동을 심리학은 '조직을 위한 시민 행동Organisational Citizen Behavior, OCB'이라고 부른다.

나아가 50대 이상 직원은 성숙한 인격으로 어려운 상황에 적절히 대처할 줄 아는 경험을 자랑한다. 회사의 분위기는 이런 경험 덕에 긍정적이 되며, 다시금 직원의 동기부여에 강한 영향을 미친다. 나이 먹은 직원을 장려하는 걸 무슨 사회적 선행으로 여길 이유는 전혀 없다. 노련한 전문 인력의 유지라는 차원을 넘어서는 이익을 보기 때문이다. 경영진은 나이를 차별하는 '50 플러스 프로젝트'를 피하고 그 대신 다양성을 추구하는 공동 프로젝트를 강조하는 것이 최선이다.

지금까지의 연령 제한을 넘어, 심지어 평생 일해도 좋은가 하는 질문에 정작 당사자들은 어떻게 답할까? 브레멘 야콥스 대학교의 연구에 따르면 50대를 넘긴 거의 모든 사람이 퇴직을 원하지만 이미 퇴직한 사람들은 다시 일하고 싶어 하며 주당 40시간 이상의 정규직을 원하지는 않는다.

경영 컨설팅 전문 업체 에이지콘AgeCon이 '63세 은퇴'를 주제로 벌인 조사도 위의 연구와 일치하는 결론을 보여준다. 이 조사는 대다수 근로자가 될 수 있으면 일찍, 평균적으로는 59.8세에 퇴직했으면 하는 희망을 가지고 있다고 보고했다. 이들 중 4분의 3이 자신의 건강 상태를 '좋다'거나 '매우 좋다'라고 했음에도 이런 결과가 나왔다. 더욱 의아한 것은 응답자의 80퍼센트가 퇴직을 하고서도 일을 했으면 좋겠다는 의견을 피력한 점이다. 이 응답자의 70퍼센트 이상은 새로운 직업 환경을 희망했다. 흥미로운 점은 일자리에서 최소한 이따금이라도 자신의 가치를 인정받는다고 여긴 사람은 고작 세 명 가운데 한 명이었던 반면, 나머지는 전혀 인정을 받아본 경험이 없다고 털어놓았다는 것이다.[54]

이런 모든 정황으로 미루어 나올 수 있는 결론은 단 하나다. 은퇴할 날을 손꼽아 기다리는 사람은 허리나 무릎이 더는 받쳐 주지 못해서 그런 게 아니라 현재의 업무 상황에 만족하지 못하기 때문이다. 이미 오래전부터 잘 알려진 사실이지만, 직원은 회사를 보고 입사했다가 상사 때문에 퇴사한다. 그러므로 직원이 더 오래 일하기를 바라는 기업이라면 만족스럽게 일할 환경과 조건을 만들어야만 한다. 바로 그래서 임원의 역할이 중요하다. 부서마다 직원이 충분한 존중과 인정을 받는다고 느낄 수 있도록 경영진의 지도력이 반드시 발휘되어야만 한다.

개인의 태도 역시 중요하다. 60을 전후해서가 아니라 더욱 오래 일하고 싶다면 은퇴하기까지 남은 시간만 셀 게 아니라 직업 환경을 스스로 개선하려는 노력을 아끼지 말아야 한다. 환경이 마음에 들지 않지만 경제적 사정으로 2년이나 3년 억지로 버틸 수는 있다. 그러나 마음이 이미 떠난 자리를 5년, 심지어 10년씩 지키는 것은 소중한 인생을 낭비하는 일이다! 새로운 과제나 교육을 찾거나, 각오를 새롭게 다지거나 상사와 솔직한 대화를 나누다 보면 해결책은 찾아진다. 물론 50대 말이면 더는 소용이 없다는 고정관념과도 작별해야만 한다.

한편에서는 많은 직장인들이 일찌감치 퇴직할 수 있었으면 하고 바라며, 다른 한편에서는 역시 많은 사람들이 법적 정년 연령을 넘겨서도 일한다. 독일 경제연구소 쾰른Institut der Deutschen Wirtschaft Köln, IW Köln의 연구에 따르면 2013년 65~74세 생업 활동 종사자 비율은 8.7퍼센트로 2000년 3.7퍼센트에 비해 두 배 이상 늘어났다. 55~64세의 비율은 26퍼센트가 더 늘어난 64퍼센트였다. 사람들이 경제적 어려움 때문에 은퇴 생활을 포기하는 것은 아니다. 오히려 그 반대가 현실이다. 더 오래 일하는 사람은 주로 전문적 능력이 뛰어나 수입이 좋은 쪽이었다. 65세를 넘겨 한 달에 세후 순수입 4,500유로 이상으로 생활하는 사람은 거의 25퍼센트였으며 같은 연령대에 1,100유로가 채 안 되는 수입으로 생활하는 사람은 5퍼센트 이하였다. 특히 오래 일하는 사람은 자립적인 활동을 했다. 이들 중 65세를 넘겨 일하는 사람은 35퍼센트다. 비교를 위해 보자면 직장인은 5퍼센트, 공무원은 1.3퍼센트다.[55]

그러나 국가에 봉직하는 사람의 경우도 예외가 늘어나고 있다. 최근 신문의 1면을 연속해서 장식한 기사는 교사나 법관이 강제 퇴직을 취소해달라는 청원을 냈다는 것이다. 예를 들어 헤센의 교육자 아브라함 토이터는 자신의 희망, 제자들의 희망과 반대로 67세에 강제퇴직을 당하자 헌법소원을 냈다. 이런 사례는 법관 볼프강 크리스트(포츠담), 니콜라우스 슈미트(코트부스), 검사 게르트 슈니트허(노이루핀), 음악 교수 레프 나토헤니(프랑크푸르트 암 마인)로 끝없이 이어지고 있다.

관련 기사에 달린 인터넷 촌평을 살펴보면 이런 청원에 지지하는 사람이 많기는 하지만 1990년대의 조기 퇴직 논리가 그대로 되살아나기도 한다. 나이 먹은 사람은 젊은이에게 자리를 양보하라! 자녀가 없는 사람은 더 절박한 가장에게 일자리를 양보해야 하며, 결혼한 사람은 모든 것을 홀로 처리해야만 하는 편부모에게, 유산을 많이 물려받은 상속자는 재산이 없는 사람에게 일자리를 양보해야만 한다고 말이다. 누가 일자리를 요구할 권리를 갖는지 어떻게 결정할 것인가? 이런 권리의 경계는 어디서 찾아야 하는가? 이런 식의 논리가 오로지 노년을 겨냥한다면 이는 단적으로 노년 차별이다.

은퇴는 의무가 아니다

괴테가 65세에 펜을 내려놓고 쉬었다면 세계문학의 위대한 걸작들, 이를테면 『시와 진실』, 『서동 시집』, 『파우스트: 비극 제2부』는 세상의 빛을 보지 못했으리라. 피카소는 생애의 원숙한 시기에 「알제의 여인들」과 「젊은 화가Le jeune peintre」 같은 걸작을 자신의 작품 목록에 추가했으며 91세로 유명을 달리하기까지 작품 활동을 멈추지 않았다. 죽음을 앞둔 10개월 동안에만 무려 200여 점의 작품이 탄생했다. 작가, 화가, 조각가, 배우를 법으로 강제해 은퇴시킨다는 것은 말이 되지 않는 이야기다.

정치가 역시 고령에 이르기까지 영향력을 행사한다. 2015년

9월 독일국회 의원 가운데 65세를 넘긴 사람은 45명, 70대 이상은 열두 명, 80대를 넘긴 경우는 한 명이다.[56] 공무원이나 경제계와 다르게 국회의원의 경우에는 의무적인 퇴임 연령을 다루는 논의가 일어나지 않는다. 아마도 정치는 예술적 창작과 비슷하게 직업보다는 소명에 따른 것이라고 여겨지는 모양이다. 50대 중반부터 은퇴할 날을 손꼽아 기다리는 것은 아무래도 우리의 직업 선택에 무슨 문제가 있는 게 아닐까? 아니면 한때 적절했던 직업이 30년 뒤에는 맞지 않는 걸까? 그렇다면 우리는 이런 상황을 바꾸기 위해 적극적으로 노력해야 한다!

좀 더 면밀하게 관찰해보면 노년의 경계가 무엇인지 다루는 공개적인 담론이 그리는 것과는 다른 그림이 나온다. 자신의 직업을 소명으로 이해하는 사람은 건강이 따라주는 한 기꺼이 더 오래 종사한다. 반대로 자신의 직업을 짐으로 여기는 사람은 될 수 있으면 빨리 은퇴하길 바란다. 2006년 독일 연방정부는 '연방공화국 독일의 노년 세대가 처한 상황의 제5차 보고서'에서 이렇게 강조했다. "생업 활동이 끝나갈 즈음이면 서로 다른 두 가지 문화가 형성된다. 일을 통해 자아실현을 이루는 데 필요한 능력과 에너지와 건강을 가진 사람은 은퇴 연령을 넘겨서까지 더 오래 일하려 한다. 할 수 있는 게 많지 않으며 건강 문제가 있는 사람은 생업 활동을 일찌감치 끝내고 남은 에너지를 새로운 자유에 투자하고 싶어 한다." 정치 역시 '자아실현 문화'는 뛰어난 전문 능력으로 고소득을 올리는 계층이, '은퇴 문화'는 전문 능력이 떨어지는 쪽이 만들어낸다고 진단한 것이다.

그리고 개인의 기대수명은 근무를 책상에서 하느냐 기계에서 하느냐에 따라 달라지기 때문에 정치가들은 이미 10년 전에 경직된 은퇴 연령은 불합리하다는 결론을 내릴 수밖에 없었다. "평등하지 못한 노동 조건에서 도식적인 은퇴 연령은 상당히 심각한 사회적 불평등을 야기한다. 전문 능력이 떨어져 노동 부담을 많이 받는 저소득층은 짧아진 기대수명 탓에 결국 전문 능력을 갖추고 고소득을 올리는 계층의 연금을 보조하는 모양새가 연출되기 때문이다."[57] 분명하게 말하자면 은퇴 연령의 유연한 운용은 개인의 인지 능력 건강의 문제에 그치는 것이 아니라 사회정의의 문제이기도 하다.

동시에 토론해야 할 문제는 전문직이 아닌 육체노동을 하는 직업, 이를테면 생산직이나 건축업 종사자에게 적시에 교육이나 판매 또는 행정 분야의 업무를 맡을 수 있게 기회를 제공하는 방안이다. 경험이 많은 타일공은 왜 건축자재 시장의 판매원이 될 수 없을까? 노련한 간병인은 노년의 건강관리 교육을 맡을 수도 있지 않을까? 중요한 것은 모든 측면에서 유연하게 접근하는 사고방식이다!

독일의 연금 시스템은 2017년부터 연동연금Flexi-Rente을 도입하기로 결정하면서 차츰 이런 유연한 노동 모델을, 물론 잰걸음으로 모색하고 있다. 연동연금의 핵심은 연금 수령의 조건으로 붙는 추가 수입의 한도를 예전에는 한 달에 450유로로 정했던 것을 이제는 6,300유로를 12개월로 나누어 적용한다는 것이다. 동시에 경우에 따라 늘어날 수 있는 추가 수입은 연금 수령액에 지금까지보다 덜 반영한다.*

그러나 이 연동연금은 진짜 유연한 해결책, 예를 들어 스웨덴에서 실행되는 연금제도와는 한참 거리가 멀다. 스웨덴은 법적 정년 연령을 폐지했다. 스웨덴은 61세를 최초 연금 수령 가능 연령으로 정했을 뿐이다. 언제 은퇴할지 결정하는 것은 전적으로 개인의 자유다. 이런 유연성을 이용해 스웨덴 국민은 일찍 은퇴하는 사람은 물론이고 더 오래 생업 활동을 하는 사람도 늘어났다. 개인이 수령하는 연금의 액수는 은퇴 첫해를 기준으로 당시 평균 기대수명에 비추어 계산된다. 기대수명이 갈수록 높아지기 때문에 더 오래 일하고자 하는 자극이 크다. 65세 이전에 은퇴하는 사람은 정해진 연금 액수에서 매년 7퍼센트를 삭감당하며 더 오래 일할수록 연금이 가산된다. 이렇게 해서 70세에 은퇴하는 사

---

* 독일의 연금 계산법은 워낙 복잡해서 간단히 설명하기 힘들다. 연금 생활자가 연금 외에 추가 수입이 있는지에 따라 개인적으로 대단히 복잡한 계산법이 적용된다. 예전에는 한 달 추가 수입의 기준을 450유로로 잡아 이를 초과하는 정도를 세 단계로 구분해 첫 단계에서는 정상 수령 연금의 3분의 2를, 두 번째 단계에서는 2분의 1을, 세 번째 단계에서는 3분의 1을 지급했다.

람은 정상 연금의 145퍼센트에 해당하는 액수를 수령한다.[58] 독일에서도 법적 정년 연령의 폐지로 올바른 정년 연령을 둘러싼 논란은 정치적 성격을 벗었다. 이로써 피고용자는 물론이고 고용주도 훨씬 더 유연한 선택을 할 수 있는 길이 열렸다.

유연한 연금 모델의 과제

모니카 W는 30년 이상 함부르크 공증사무소에서 전문 보조직으로 일했다. 65세에 은퇴하면서 그녀는 더 많은 여가를 즐길 수 있어 좋아했지만 더 일할 수 없는 것을 아쉬워했으며 동료들이 그리웠다. 생각 끝에 그녀는 사무실이 인력 부족으로 바쁠 때마다 지원했고 일주일에 이틀에서 사흘 정도 정규직처럼 사무를 봤다.

사무소 대표는 그녀를 계속 고용하고 싶어 했다. 그녀처럼 경험이 많은 인력은 복잡한 부동산 구매계약을 상당 부분 알아서 처리할 수 있기 때문이다. 그러나 연금 당국은 이렇게 해서 그녀가 얻는 부수입이 많다며 연금을 삭감하려 했다. 결국 은퇴 후 활발한 활동은 그녀에게 별 도움을 주지 못했다. 남은 방법은 일주일에 하루만 보조 요원으로 조력을 베푸는 것이었을 뿐이다.

유연한 연금 조정은 유연하다는 명분에 충실할 수 있으려면 다음 조건들을 고려해 실제로 유연성을 확보해야만 한다.

- 몇 살에 연금 수령을 개시할지 선택할 자유
- 근무시간의 조정, 연령에 맞게 근무시간을 단계적으로 줄여 가는 과정
- 업무 내용과 강도를 나이 든 노동자의 능력에 맞추기

유연한 연금 모델이 현실로 자리 잡기 위해서는 그동안 신성불가침으로 여겨졌던 몇몇 규정도 손봐야만 한다. 이를테면 '한번 사장은 영원한 사장이다' 같은 불문율이나 연령에 맞게 자동으로 연봉이 늘어나는 것 역시 바뀌어야 한다. 사장을 하다가 해당 분야의 전문가나 자문 역할을 맡는 것이 반드시 체면을 구기는 일일까? 노년에 다른 업무를 맡거나 아예 직장을 바꾸면서 30대나 40대가 받는 연봉을 수용하는 것은 얼마든지 생각할 수 있지 않을까? 50대가 넘어 일자리를 찾는 사람은 자신의 나이보다는 그동안 받아온 연봉 수준이 구직의 장애가 되는 경험을 자주 하기 마련이다.

노년의 새로운 과제는 무엇보다도 책상 업무를 보던 사람에게 적잖은 부담을 안긴다. 물론 생산직에 종사하는 노동자보다 육체적 피로는 덜하지만 과다한 업무량, 프로세스의 가속화 및 모바일의 업무 활용으로 상시 대기 상태에 있어야 하는 상황은 스트

레스성 질환을 유발한다. 번아웃 현상이 괜스레 생겨나는 게 아니다.

50대 중반이나 말에도 지금까지 해오던 그대로 일하는 데 회의적인 사람은 자신이 어떤 것을 금기시하는지 자문해보는 것이 좋다. 함부르크의 직장 생활 상담가인 스베냐 호페르트*는 이른바 '풀가동 상태'를 지속적으로 감당할 수 있는 사람은 아무도 없다고 강조하면서 '젊은 나의 직업이 늙은 나의 직업과 같아야 하는지'라는 문제를 진지하게 고민해야 한다고 지적한다.[59] 그러나 유감스럽게도 자신의 현재 직업에 만족하지 못하는 사람들은 이런 변화가 밖에서 볼 때 퇴보로 해석되는 것은 아닐까 두려워한다.

지금까지의 논의를 정리해보자. 70세나 75세에도 전력을 다해 뛰고 싶어 하는 사람은 거의 없다. 그러나 63세나 65세, 67세에 돌연 완전히 다른 극단을 원하는 사람은 점점 줄어든다. 이 두 극단 사이에는 다양한 가능성의 스펙트럼이 펼쳐진다. 이를 충분히 활용할 수 있도록 정치와 기업들은 변화해야 한다. 물론 이런 과제는 복잡하며 빠르게 실행될 수도 없다. 그러나 분명 이상적인 것도 아니다. 이미 인생을 보다 더 유연하게 꾸려보려는 노력은 활발하게 이뤄지고 있다. 예를 들어 Y 세대는 직장 생활은 물론이고 가정에서도 충분한 시간을 가지려는 다양한 시도를 한

• 스베냐 호페르트(Svenja Hofert)는 독일의 경영 컨설턴트로 여러 권의 자기계발서를 썼다.

다. 자녀를 돌볼 시간을 얻기 위해 중역 자리를 다른 사람과 나눈다거나 아예 일자리를 나눠 갖는 형태Job-Sharing가 그 대표적 사례다. 100년이 넘도록 이어져온 경직된 노동 모델, 교육을 받고 풀타임으로 60대 초반까지 일하고 급격한 내리막길을 걷는 모델은 이제야말로 근본적으로 뒤집어 생각해야 할 문제다!

소유보다 경험에
가치를 둔 은퇴 생활

은퇴 연령을 어떻게 정할 것인가 하는 문제는 사회적 참여보다는 연금만으로 생활이 가능한가 하는 경제적 관점에서 논의되었다. 연금으로 생활할 수 있으려면 우리는 얼마나 오래 일해야 할까? 지난 25년 동안 연금법이 개정되어온 과정은 이 물음의 답을 제시한다. 지금껏 법안은 1957년의 연금 개혁이 목표로 설정한 아무 걱정 없는 생활 패키지와 작별하는 수순을 밟아왔기 때문이다.

1990년에 개정된 법안은 연금 지급을 인구 구조의 변화에 맞추도록 결정했다. 이 개혁안이 1992년에 효력을 발휘하기 시작한 이래, 직장 생활을 할 당시의 세후 순수입을 기초로 표준 연금을 계산하는 백분율(연금 소득대체율)은 꾸준히 낮아졌다. 이 표준 연금은 통계학이 계산의 편의를 위해 지어낸 허구다. 말하자면 가상의 평균 수입을 설정해두고 이 수입으로 45년° 동안 보험료를 납부했을 때 수령하는 금액인 것이다. 1990년의 표준 연금은 마지막 순수입의 55퍼센트, 2009년에는 52퍼센트, 2015년에는 47.5퍼센트다. 전문가들은 2030년에 이르면 이 비율이 43퍼센트까지 내려갈 것으로 전망한다.**

그와 동시에 연금은 세금을 면제받는 기본 액수를 제외하고 2005년부터 갈수록 더 높아지는 비율로 세금 계산의 대상이 되었다. 원래 수령액의 50퍼센트에만 세금을 부과하는 이 비율은 2016년 72퍼센트로 상향 조정되었으며, 2040년에 연금 수령 개시를 하는 사람들에게는 100퍼센트가 적용될 예정이다.[60] 이런 추세에 대비해 민간 보험사를 통해 개인적으로 노후를 대비하려는 사람들이 늘어나고 있다. 그러나 이런 경우도 2025년이면 100퍼센트 세금 부과 대상이 된다. 입법 기관은 노후 대비의 취약성을 보완하자는 뜻에서 국가가 지원하는 노후 대비의 개인적 모델인 리스터 연금Riester-Rente과 뤼루프 연금Rürup-Rente을 가동하기로 의결했다.*** 어쨌거나 연금 개혁의 이런 모든 노력은

• 우리나라의 국민연금은 40년을 납부했을 때를 기준으로 한다.

•• 뒤스부르크 에센 대학교의 노동과 품격 연구소 자료를 참고하라. 자료는 다음 사이트에서 볼 수 있다. www.sozialpolitik-aktuell.de(2016년 5월 12일에 열어봄). 이때 고려의 대상이 된 것은 의료, 요양, 연금, 실업 보험료를 뺀 세전 수입과 의료, 요양 보험료를 뺀 나중의 연금이다. 이 계산에서 세금은 고려되지 않았다. (저자 주)

••• 리스터 연금은 독일 노동부 장관을 지낸 발터 리스터(Walter Riester)의 제안으로 2002년에 도입되었다. 개인이 사적으로 노후 대비를 위해 적립하는 금액에 국가가 보조금을 주는 모델이다. 뤼루프 연금은 경제학자 베르트 뤼루프(Bert Rürup)의 이름을 딴 것으로, 사적으로 적립하는 기초연금이다. 세금 부담이 높은 수입을 가진 사람과 리스터 연금에 해당되지 않는 사람이 가입한다.

완전한 노후 대비라는 국민들의 기대를 조금씩 흔들어 중장기적으로 발상의 전환을 꾀하려는 것이다.

이미 몇 안 되는 표준 자료만으로도 노후 대비라는 주제가 얼마나 복잡한지, 왜 많은 사람들이 이 문제에서 사실을 직시하기보다 모래 속에 머리부터 박는지 짐작할 수 있다. 알렌스바흐 시장과 광고주 분석Allensbacher Markt- und Werbeträgeranalyse, AWA•은 설문조사를 벌여 2015년 독일 국민 3,900만 명은 자신의 노후 대비 노력이 '충분하지 않다' 또는 '불안하다'고 밝힌 반면 3,000만 명은 '안전하다'고 생각한다는 결과를 발표했다.[61]

긍정적 관점과 노후 대비

"내 노후 대비는 부끄러울 정도로 총체적 난국이었다." 저널리스트 헨리 뮐러Henri Müller가 경제 매거진《브란트 아인스Brand Eins》에서 밝힌 소회다. 돈 이야기라면 아주 가까운 친구 사이에서도 하지 않는 나라에서 쉽게 볼 수 없는 솔직함이다. 그는 자신이 어떻게 잘못된 결정, 순진한 믿음, 착각에 휘둘렸는지 이런 솔직함으로 묘사했다. 난국이 빚어진 원

• AWA는 알렌스바흐 여론조사 연구소가 90여 미디어 업체(출판사와 방송국)의 위탁을 받아 소비 성향과 미디어 이용 정도를 분석하는 것으로 1959년부터 매년 발표된다.

인으로 그는 노년을 보는 자신의 태도를 꼽았다. 노년을 보는 부정적 관점이 노후 대비를 소홀하게 만들었다는 것이다. "늙었다는 것은 내게 요양원을 뜻했다. 요양원에서 나의 두 할머니는 인생의 말년을 보냈다. 그곳에서는 언제나 죽음의 냄새가 났다."[62] 아마도 긍정적 관점이라면 적시에 이 인생 시기의 경제적 발판을 만들 각오가 키워지지 않았을까?

허구적인 계산 값에 기초한 표준 연금은 2016년 독일 연금보험의 발표에 따르면 의료와 요양 보험료를 공제하고 구서독 지역에서 매월 1,198유로이며 구동독 지역은 이보다 약간 더 낮다. 그렇지만 누가 45년 동안 단 한 차례도 빠지지 않고 평균 수입을 기초로 연금보험료를 꼬박꼬박 납부할까? 오랜 교육 기간, 조금 받거나 전혀 보수가 없는 실습, 실직 상태로 보내는 시간, 외국 체류, 기한이 정해진 일자리, 이후 이어지는 구직, 파트타임, 육아 등 이 모든 것이 대다수 사람의 현실이다. 인생을 살며 아무런 우여곡절이 없이 모범적으로 보험료를 내는 표준 연금과는 한참 거리가 멀다.

연금보험이 매년 통보해주는 예상 연금액의 세 자릿수 액수를 보며 한숨이 나오는 것은 놀라운 일이 아니다. 그러나 진한 글씨체로 인쇄된 이 금액 역시 약 10퍼센트 정도에 해당하는 의료와 요양 보험료를 제하고, 인플레이션에 따른 구매력 저하까지 함께 고려한다면 현실을 멋지게 꾸민 것일 따름이다. 이 통보서가 담은 핵심 메시지는 그럼에도 명확하며 오해의 여지를 남기지 않는다. 예측할 수 없는 모든 요소를 제외하고라도 통보서는 경고의 의미를 담고 있다.

장래의 연금 수령자들은 이 보잘것없는 액수로 살아가는 것에 충분히 대비하고 있을까? 입법을 책임지는 정치가들은 매년 노년을 위협하는 심각한 경제 문제의 경종을 울리면서도 우리를 노후 대비의 해결을 찾아야 하는 미로 속에 버려둘 따름이다. 해결책을 알 수 없는 이런 난국이야말로 노년을 기쁜 마음으로 받아들이지 못하게 하는 결정적 원인이리라.

개인이 노년의 경제 사정을 개선하기 위해 무엇을 어찌해야 좋을지 하는 물음에는 안타깝지만 간단한 답이 없다. 금융위기와 그에 따른 저금리 정책의 결과 노후 대비의 수단으로 인기를 모았던 생명보험의 수익률은 떨어지고 말았다. 투자 대상이든 직접 살기 위한 것이든 부동산의 구매는 위치, 유동인구 또는 다른 투자 대상의 수익률 추세 등 너무 많은 요소를 고려해야만 한다. 오늘날 최고 요지의 부동산이 20년 뒤에도 여전히 인기를 끌까? 앞으로 유럽이라는 공간은 어떻게 변할까? 전쟁 지역에서 유럽으로 피신을 오는 난민은 중장기적으로 인구와 복지 체계에 어떤 영향을 미칠까? 금괴를 쌓아놓든, 주식을 사 모으든 확실한 사실은 확실한 것이란 전혀 없다는 점이다.

적지 않은 사람들이 이런 딜레마에 그저 어찌할 바를 모르겠다며 어깨만 으쓱한다. "내가 늙으면 어차피 모든 국민에게 단일하게 적용되는 연금이 있을 거야!" "왜 내가 가뜩이나 부족한 봉급에서 꼬박꼬박 보험료를 내가며 오늘날 연금 생활자의 크루즈 여행 자금을 대줘야 하지? 그들은 일할 만큼 건강하잖아?!" 이런 반응은 25~30세 직장인들이 주로 보이는 것이다.

미래를 알 수 없다는 것은 맞는 말이다. 그러나 적은 수입과 불안한 고용 환경으로 고통을 받는 사람들, 생업 활동을 하면서 중간에 단절을 겪은 사람들이 노년에 국가의 충분한 지원을 기대할 수 없다는 점도 의문의 여지가 없는 사실이다. 이미 오늘날에도 하루 벌어 하루 먹고사는 사람, 편부모, 특히 여성은 심각할 정도의 노년 빈곤에 시달린다. 노인이 항상 가난했다는 고정관념은 오랫동안 현실을 왜곡해왔다. 실제로 노년의 연금 생활자는 평균적으로 일반 국민의 평균보다 더 부유한 삶을 누렸다. 세월이 흐르면서 이런 상황은 차츰 뒤바뀌기 시작해 2014년 빈곤 위협에 시달리는 연금 생활자의 비율은 16.3퍼센트로 일반 국민 평균(16.7퍼센트)과 거의 같은 수준을 보인다고 연방통계청은 발표했다.[63]

빈곤 위협을 받는다는 것은 평균 수입의 60퍼센트보다 떨어지는 수입으로 생활해야 하는 경우를 뜻한다. 법적 연금 외에도 직능별 연금을 수령하거나, 조촐하나마 부모로부터 재산을 물려받은 사람이야 별 걱정을 하지 않아도 될 것처럼 보인다. 그러나 현실은 다르다. 독일은 예나 지금이나 부유한 국가라는 이야기를 듣지만, 독일 연방통계청은 유산이나 증여 형태로 2014년에만 1,088억 유로를 집계했다고 하면서 이는 전체 국민의 10퍼센트에 해당한다고 밝혔다. 국가 1년 예산의 3분의 1에 해당하는 금액, 0이 11개나 이어지는 이런 엄청난 재산이 고작 10퍼센트에게만 집중된 것이다. 그리고 이 가운데 약 절반(44.5퍼센트)은 기업의 재산이며 나머지는 순전한 사유재산이다. 10퍼센트에게만 집중된 이런 자산은 전체 자산의 63~74퍼센트 정도에 해당한다.[64] 좋은 위치의 작은 집 한 채 또는 몇십만 유로를 유산으로 받는 사람은 노년에 경제적 걱정을 하지 않을 것이다. 어쨌거나 냉철한 수치는 앞서 살펴본 그대로다. 이 모든 것이 우리 개인에게는 무엇을 뜻할까?

현실은 분명하다. 전후 세대인 부모와 달리 우리는 더는 아무 생각 없이 국가에 의존할 수 없다. 그리고 우리는 이전 세대와 달리 '인생 4막'을 누린다. 합리적인 생활을 하고 운이 약간 따라준다면 족히 20년을 더 살 수 있다. 이 20년을 대비하려면 새로운 전략과 사고방식이 필요하며 이는 경제적 관점에서 특히 그렇다. 다행히도 선택지는 한눈에 알아볼 수 있다.

적시에 자산 점검을 하고 우선순위를 명확히 정한다

나중에 국가가 연금으로 해결해주겠지 하고 자신의 경제 상황을 고민하지 않는 태도는 어두운 숲속에서 휘파람을 부는 것과 같다. 그저 두려움을 잊기 위해 안간힘을 쓰는 것일 뿐이다. 돈 그리고 이와 결부된 안정감, 예를 들면 신분 상징, 여행, 소비 등이 자신에게 얼마나 중요한지 명확히 해두는 태도가 필요하다. 나는 소비를 즐기는 쾌락주의자인가, 아니면 대학생 시절의 조촐한 삶에도 만족하는가? 돈과 인생(자유 시간이라는 형태의 인생) 가운데 어느 것이 더 중요한가? 자녀가 독립하고 나면 더 작은 집으로 옮길 각오가 되어 있는가, 아니면 이런 것이 무리한 요구인가? 어떤 것을 아무 아쉬움 없이 포기할 수 있는가? 자동차? 여행? 유행하는 옷? 혹시 지금까지의 생활수준에서 버릴 것이 전혀 없는가?

노후를 대비해 장기적으로 저축한다

소비를 즐기는 사람에게 이런 충고는 분명 쓰라린 알약이리라. 그러나 단순히 계산해봐도 지금까지의 생활수준을 노년에도 유지하려면 예전 수입의 80퍼센트는 수중에 있어야 한다. 물론 이제 출퇴근은 하지 않아도 되며, 자녀는 독립했고, 주택 대출금은 다 갚았다. 그러나 아무래도 집은 대대적으로 수리를 해야 할 모양이다. 이에 필요한 자금은 어떻게 조달할까? 직장을 다닐 때 세전 수입의 6~8퍼센트는 꾸준히 저축하고 투자해야 한다고, 다시 말해서 개인적인 노후 대비에 투자해야 한다고 프라이부르크 대학교의 세대계약 연구소 소장이자 재정학 교수인 베른트 라펠휘센Bernd Raffelhüschen은 강조한다.[65] 한 달 세전 수입이 2,500유로라면 매달 150~200유로는 저축해야 한다. 젊은 시절부터 확실한 금융 상품을 골라 시작해야 노년이 안전하다.

은퇴 연령에 관계없이 더 오래 일한다

우리는 직업 생활을 처음부터 의식적으로 계획하고 꾸리는 데 익숙해져 있다. 가능한 직업과 활동에 무엇이 있는지 정보를 수집하고, 교육과 재교육에 투자하며, 새로운 영역을 탐사하면서 '수업료'를 지불하고, 정말 이게 맞는 길인지 의혹을 품으며 방황하다가 결국 어떤 식으로든 우리는 직업에 적응한다.

은퇴 후에도 우리는 그와 비슷하게 길을 모색해야 한다. 이미 몇 차례나 강조했듯, 은퇴했다고 돌연 아무 일도 하지 않는 것은 몸과 마음의 건강에 심각한 위협이다. 사회적 교류가 제한되면서 일상의 구조가 무너지고 만다. 이제는 공식적인 은퇴 연령을 넘어 계속 일하는 것이 이런 파국을 막는 미덕으로 받아들여져야 한다. 또 계속 일을 해야 경제 상황이 안정된다.

그러나 사회는 60대 말이나 70대 중반에 일하는 것을 여전히 부정적으로 바라본다. 중요한 것은 시니어 자신의 태도다. 노년에 일하는 것은 어쩔 수 없는 필요악이 아니라 생활을 다채롭게 만들어주는 기분 전환일 수도 있지 않을까? 왜 은퇴했다고 그동안 쌓은 경험과 지식을 사장시켜야 하는가? 살아오면서 내내 관심을 가져왔던 것을 왜 새로운 활동 분야로 삼아서는 안 되는가? 물론 그렇다고 주당 30시간, 40시간씩 일하자는 것은 아니다. 조금만 유연하게 접근하면 파트타임으로 일하며 한가롭게 쉬고 취미도 즐길 수 있다.

왜 '시니어 전문가'는 꼭 자원봉사만 해야 하는가? 어째서 노년을 위한 일자리 중개는 없는가? 왜 70대를 위한 실습이나 청강의 기회는 없는가? 이런 기회들을 통해 새로운 과제는 얼마든지 찾을 수 있다. 숙련된 장인이 늙었다는 이유만으로 후진을 교육하지 못하게 하는 것은 한마디로 낭비다. 은퇴한 요양사는 서점에서 얼마든지 보조 근무를 할 수 있다. 회계에 밝은 경리는 은퇴 후 파트타임으로 자영업자의 회계와 세무 처리를 도울 수 있다.

인생 4막을 어떻게 보낼 것인가

불과 몇 주 만에 벌써 두 번째 이른 새벽에 택시를 타고 출근해야만 했다. 타고 보니 택시 기사가 나이가 꽤 지긋한 분이다. "여전히 일하세요?" 나의 의례적인 물음에 기사는 미소부터 짓는다. "나는 70세요. 벌써 45년째 결혼 생활을 하죠. 매일 마누라 얼굴을 보며 무슨 이야기를 해주겠소? 택시 운전은 거의 40년째군요. 예전에는 개인택시를 운전했어요. 몇 년 전부터 개인택시를 다른 사람에게 넘기고 전 아침에만 몇 시간 근무하죠. 이런 식으로 저는 계속 사람들과 만난답니다! 그러면 아침에 마누라를 성가시게 하지 않고, 얘깃거리를 가져오니 마누라도 좋아합니다." 그 택시 기사는 자신의 생활에 온전히 만족하는 것처럼 보였다.

현실은 정치나 노동조합이 그려 보이는 것처럼 흑백이 아니다. 흑과 백 사이에는 수많은 음영들이 있다. 시니어가 일자리를 원한다고 해서 정치나 노조가 믿는 것처럼 곤란하고 한심한 상황은 아니다. 다만 노년층의 관심과 성향, 이들이 어디까지 부담을 견딜 수 있는지 그 한계를 고려한 일자리 환경이 필요하다.

대서양 건너편을 살펴보면 이런 관점에서 흥미로운 사례들을 찾을 수 있다. 미국에서 강력한 영향력을 자랑하는 로비 단체 미국 은퇴자협회American Association of Retired Persons, AARP는 50대 이상의 사회적, 경제적 문제의 해결을 위해 노력하며 당연히 일자리를 중개해주는 서비스도 제공한다. 이 단체의 웹사이트는 노년층을 고용하고자 하는 기업의 활동 분야, 구직을 위한 실용적인 안내, 경제 문제 등을 낙관적인 분위기로 소개한다. AARP의 이런 낙관적인 분위기는 이 단체의 구호인 '인생에 진정한 가능성을 불어넣자'에 고스란히 반영되어 있다.[66]

물론 이런 구호를 유럽 사람들은 전형적인 미국 스타일이라고 비판하리라. 어쨌거나 관광객으로 미국을 여행하다 보면 은퇴 연령대의 많은 사람들이 국립공원, 관광안내소 또는 슈퍼마켓에서 일하는 것을 보고 놀라곤 한다. 이들과 대화를 나눠봤다면 아직 일할 수 있음을 이들이 즐기고 있다는 점을 알아차린다. 미국 사회가 경쟁이 심한 곳이자 65세 이상으로 기꺼이 일하지 않는 사람이 있다는 것은 의문의 여지가 없다. 그렇지만 대다수가 자발적으로 일한다는 것을 확인해주는 연구는 많다. 독일이 이런 흐름을 받아들일 수 있으려면 정신적 태도 변화가 꼭 필요하다. 독일은 이런 문제를 두고 새로운 가능성보다는 기득권 유지에 더 관심을 가질 뿐이다.

독일에서는 아주 높은 수입을 자랑한다거나 유산을 받은 게 아니라면 경제적 관점에서 자신의 노년을 새롭게 정비해야 한다. 현실적으로 볼 때 최소한의 것에 만족하는 조촐한 생활, 곧 생활수준을 얄팍한 법적 연금에 맞추는 것에 찬성할 사람은 극소수다. 오늘날 여행과 취미를 즐기며 대학교와 평생교육원을 찾고 레스토랑, 카페, 박물관, 극장에서 여가를 만끽하는 시니어를 볼 때 '노년의 자족하는 생활'이라는 그림은 별다른 울림을 주지 못하는 것이 사실이다. 70을 넘겼다고 해서 왜 30대보다 삶을 즐겨서는 안 되는가?

돈이 우리를 행복하게 만들어준다는 것, 더 정확히 말해서 돈이 적을수록 불행하다는 사실을 확인해주는 연구도 많다. 예를 들어 노벨상 수상자인 대니얼 카너먼과 앵거스 디턴은 미국 갤럽 건강 웰빙 지수를 조사하는 설문에 응한 45만여 명의 응답을 분석했다.[•] 그 결과 일상의 행복 수준(감정적 행복emotional well-being)은 연수입이 7만 5,000미국달러(현재 환율로 대략 6만 8,000유로)에 이르기까지 수직적으로 상승한다는 결론을 얻었다.

• 대니얼 카너먼(Daniel Kahneman)은 미국의 심리학자로 2002년 노벨 경제학상을 받았다. 앵거스 디턴(Angus Deaton)은 영국의 경제학자로 2015년에 노벨 경제학상을 받았다. 갤럽 건강 웰빙 지수(Gallup-Healthways Well-Being Index)는 여론조사 기관 갤럽이 발표하는 행복 지수다.

생활비 지출을 걱정하지 않는 수준을 넘어 몇 가지 편안함을 누릴 수 있다는 것은 개인적인 만족을 이룰 좋은 전제 조건이다. 물론 이런 안정성의 문턱을 넘어서는 더 많은 돈이 일상에 더 많은 만족을 가져다주는 것은 아니지만 인생 전반의 생활에 더 많은 만족을 보장한다. 인생 전반을 놓고 볼 때 돈이 많으면 많을수록 행복 수준은 그만큼 더 높아진다.[67]

독일 사회경제학 패널Sozio-Oekonomisches Panel, SOEP의 조사 결과도 비슷하게 나타났다.[68] 도이체 포스트Deutsche Post가 매년 발표하는 '행복 아틀라스Glücksatlas'의 편집 책임을 맡은 경제학자 베른트 라펠휘센은 돈Geld 외에도 건강Gesundheit, 공동체 Gemeinschaft, 유전적 성향Genetische Disposition, 곧 개인의 선천적 성향을 개인의 행복을 만드는 요소로 꼽으며 '네 개의 G'라고 강조했다. 물론 한계효용은 갈수록 줄어든다. 매달 1,000유로의 수입을 벌어들이는 사람은 100유로만 수입이 늘어도 5,000유로를 받는 사람보다 더 행복해한다.

그 밖에 주변과의 비교도 만족도를 좌우하는 요소다. 다시 말해 경제 형편이 비슷한 주변 사람들에 비해 덜 가졌다고 생각하는 사람은 자신의 삶에 만족하지 못한다.[69] 구체적으로 표현하자면 우리는 폭스바겐 골프를 타면서 이웃이 비슷한 소형차를 탄다면 만족해한다. 그런데 어느 날 돌연 이웃이 아우디나 BMW 또는 메르세데스 벤츠의 대형차를 타면 즉각 신세 한탄을 한다. 이런 현상을 영국 사람들은 '존스네 따라 하기Keeping up with the

Joneses'라고 부른다. 이웃과 생활 만족도를 비교하며 상대적 박탈감에 빠지는 것이다.

사회의 어떤 집단에 속하는가라는 소속감에서도 돈은 우리가 실토하는 것보다 더 중요한 역할을 한다. 간단한 테스트를 해보자. 당신의 수입은 친구들과 비교해 얼마나 차이가 나는가? 비록 연봉을 얼마나 받는지 서로 정보를 교환하지는 않는다 하더라도 우리는 친구가 어떤 연봉을 받는지 대충 짐작한다. 보통은 비슷한 수준의 연봉을 받는 사람끼리 서로 어울린다. 실직을 해서 정부 보조금을 받는 사람이 높은 연봉을 받는 사람과 맞물리는 일은 거의 없다. 자주 만나는 지인과 경제 수준을 맞출 수 없는 사람, 이를테면 레스토랑 초대를 받고 같은 수준의 대접을 해줄 수 없거나 선물을 받고 적절하게 화답하기 힘든 사람은 언제부턴가 인간관계가 소홀해진 것에 안타까워할 뿐이다.

돈은 기본 생활뿐만 아니라 그 이상의 만족을 누리게 해준다. 돈은 자유를 뜻하며 많은 활동을 할 수 있게 해주는 입장권과 다르지 않다. 돈이 적은 사람은 열차의 일등칸 대신 입석권을 구입해야 하며 오페라 무대를 멀리서 까치발을 하고 관람해야 하고 장거리 여행 대신 근교만 다녀야 한다. 돈이 거의 없는 사람은 여행이나 문화생활을 완전히 포기해야만 한다. 그리고 정확히 이 지점에서 행복의 문은 닫힌다.

행복 연구가 내린 결론은 이렇다. 장기적으로 볼 때 행복은 소유보다 체험에 좌우된다.[70] 아주 멋진 자동차라 할지라도 언젠가는 심드렁해지기 마련이며 더 큰 집도 언젠가는 평범하게 보인다. 로또에 당첨된 사람의 만족도는 4주만 지나면 처음으로 되돌아간다고 심리학자 요하네스 울리히Johannes Ullrich는 말했다.[71] 반대로 아름다운 경험, 새롭게 배운 것, 다른 사람과 함께 했던 일은 지워지지 않는 추억을 남긴다. 물론 체험도 그 대가를 요구한다. 해변에서 보는 일몰은 공짜지만 거기까지 가려면 돈이 든다.

노년의 경제도 마찬가지다. 계속해서 활발한 사회 활동을 하며 뜻을 같이하는 사람과 눈높이를 맞춰 살고 싶은 사람은 돈이 있어야 한다. 계속해서 낮아지는 연금과 더불어 중장기적으로 볼 때 새로운 검소함이 대두되어 몇몇 노인들은 비용이 덜 드는 공동생활 모델을 선택할 수도 있다. 물물교환을 시도하고 공동 주거를 시험해보며, 비영리 식당을 세워 서로 요리를 해주고, 교회 공동체나 시니어 클럽에 들어가 저렴하게 여행을 다니며 전 세계에 숙박 시스템을 조직하는 일은 지금도 일어나고 있다. 앞으로 시니어 계층에 진입할 Y 세대는 이런 경험을 하며 성장했기에 공동생활 모델이 낯설지 않고 신분보다는 삶의 의미를 더욱 중시할 것이다.

지나치게 큰 집의 난방비와 고급 차량의 관리비를 줄여 사회 활동과 자선 사업에 투자하거나 자원봉사를 하는 사람들, 곧 늙은 노인을 위해 봉사하는 젊은 노인은 지금도 늘고 있다. 함부르크에는 이런 활동을 주로 하는 단체인 '원하는 대로 살자, 반트스베크힌쉔펠데Machbarschaft Wandsbek-Hinschenfelde'가 세워지기도 했다.[72] 기부금을 적립해두는 '사회 계좌'를 만들어 나중에 정말 돈을 필요로 하는 사람에게 지원해주는 일도 얼마든지 상상할 수 있다. 이런 구상은 사회 관계를 강화하고 비용을 낮추며, 받기보다 베푸는 것이 은혜롭다는 성경의 가르침대로 삶의 만족도를 높이는 데 초점을 맞춘다.

독일 노년 문제 연구 센터DZA는 1999년부터 2009년까지 55~69세 및 70~85세 그룹에서 자원봉사 활동이 활발하게 일어난 것을 확인했으며 정부는 이런 경향이 앞으로도 강해질 것이라고 전망한다.[73] 일부 노년층에게 이런 새로운 모델은 노년의 경제적 어려움을 해결할 충분한 선택지가 될 수 있다. 그 외 사람들은 개인적으로 노후 대비를 더욱 강화하고 파트타임으로 더 오래 일하며 경제적 문제를 해결하려 할 것이다. 분명한 사실은 이런 방안들이 이미 다양하게 시도되고 있다는 점이다. 늙은 세대와 젊은 세대가 서로 더 긴밀한 유대를 나누는 것 역시 다양한 방식으로 시도되고 있다. 어쨌거나 노년이 뒤로 물러나 조촐한 생활을 하는 것이란 관점은 점차 무너지고 있다.

정신적으로나 육체적으로 힘이 허락하는 한에서 이뤄지는 이런 새로운 노후 설계는 인생의 다른 모든 단계와 마찬가지로 얼마든지 가능하다. 이런 사실을 일찌감치 의식하고 보다 더 성실히 접근한다면 그만큼 노년 설계는 더 좋아질 것이다. 이런 모든 진단은 특히 중요한 인생의 문제, 곧 노년의 주거 문제에도 적용된다.

자율적으로 꾸리는
삶과 행복

50대나 60대를 넘긴 사람에게 알맞은 생활 모델이라는 문제는 개인적 결단이 가장 중요한 비중을 차지한다. 왜 우리는 노후 대비를 보험으로만 해결하려 할까? 진정한 대비는 당사자가 노년에 어떤 삶을 살고 싶은지 명확히 의식할 때 이뤄진다.

오늘날 50대 이상의 사람들에게 노년에 어떤 주거 환경에서 살고 싶은지 물어보면 부동의 1위는 자기 소유의 집이다. 조사에 따르면 이들 중 3분의 2는 70대에도 자신의 집에서 살고 싶다고 대답했다. 대다수(57퍼센트)는 자력으로 생활할 수 없어 타인의 도움을 필요로 할지라도 자신의 집에서 살고 싶다는 희망을 내비쳤다. 비교를 위해 보면 자녀나 친척 또는 양로원에서 살고 싶어 하는 사람은 여섯 명 중 한 명이었다. 이런 희망은 시니어들이 자신의 주거 환경을 되도록 바꾸지 않으려 한다는 것을 보여준다. 늙은 나무는 옮겨 심지 않는 게 최선이라는 속담처럼 말이다.

50대를 넘긴 사람 다섯 명 중 네 명은 10년 이상 지금 사는 집에서 거주해왔다. 만약의 경우 이사를 가겠다고 밝힌 사람의 대다수(82퍼센트)는 그 이유로 혼자서 더는 감당할 수 없을 때를 꼽았다. 언제가 노년 친화적 주거 환경으로 옮길 최적의 때인가 하는 질문에 이들은 어찌할 바를 몰라 당황하는 태도를 보였다. 어쨌거나 56퍼센트는 이 물음에 단호하게 '모르겠다'고 대답했다.*

이런 대답은 내가 친구나 지인 또는 동료와 나누는 대화에서 흔히 듣는 것이다. 우리 부모 세대의 대다수는 달리 어쩔 수 없을 때까지 자신이 살던 집을 벗어나지 않으려 한다. 어쩔 수 없이 환경이 바뀌어야만 하는 과도기에 부모 세대는 자녀에게 심한 압박을 주며, 다소 정도의 차이는 있지만 은근히 더 신경 써서 자신을 돌봐달라는 암시를 흘리곤 한다. 행동은 더는 피할 수 없을 때 비로소 취해진다. 그럴 경우 시간의 압박에 시달리며 정말로 좋은 해결책, 곧 당사자에게 가장 잘 맞는 해결책보다 차선의 해결책을 고르게 된다.

그렇지만 이런 사정에도 천천히 변화가 일어난다. "세 쌍의 서로 친한 부부들이 나중에 노년 공동 주거 형태를 만들기 위해 프랑크푸르트에 다가구 주택을 찾는다. 당장 입주할 계획은 아니다. 구매 가격은 얼마까지…." 이런 부동산 광고가 최근 다세대주

---

* 위 통계에는 다음과 같은 질문들이 있었다. '70대에 당신은 어떻게 살기 원하십니까?' '노년에 이사를 가야 한다면 그 이유로 어떤 것을 꼽으십니까?' '지금 집에 얼마나 오래 살고 계신가요?' '노년 친화적인 집에는 어떤 연령에 들어가는 것이 좋다고 보시나요?' http://de.statista.com(2016년 1월 19일에 열어봄). (저자 주)

택이나 다른 대안 주거 형태와 마찬가지로 부쩍 늘어났다. 인간은 다양한 방식으로 늙어가기에 실제로 각자에 맞는 주거 형태도 점차 다양해질 전망이다.

노년에 오로지 세 가지 선택지, 곧 홀로 남아 끝까지 버티는 것과 자녀의 집으로 들어가는 것, 양로원이나 요양원에 입주하는 것만 있던 시절은 지났다. 물론 본격적인 혁명, '내가 늙으면 누가 나를 돌봐주지?'에서 '늙었어도 어떻게 살지는 나 자신이 결정할 거야!'로의 변화는 아직 머릿속에서만 일어나고 있다. 그리고 이런 변혁은 앞서 인용한 설문조사 결과가 보여주듯 초기 단계일 뿐이다. 스스로 행동에 나서지 않는다면, 언젠가 누군가의 손에 의지할 수밖에 없음을 생각한다면 정말 안타까운 노릇이다!

새로운 주거 모델

옛날이 훨씬 더 나았다고? 옛날에 노인은 존경을 받았으며 늙고 쇠약한 사람은 집 거실의 따뜻한 벽난로 앞에서 자녀들의 정성 어린 돌봄을 받으며 지냈다고? 과거를 미화하는 시선은 현실을 다시금 왜곡할 뿐이다. 오늘날 노년층이 예전처럼 존경받지 못한다는 주장은 인류 자체의 역사만큼이나 오래된 것이라고 역사학자 팻 테인은 『노년의 역사』에서 말한다. "18세기 후반만 하더라도 브란덴부르크주의 몇몇 도시 성문에는 커다란 나무 곤봉이 달려 있었고 다음과 같은 글씨가 새겨져 있었다. '자식의 빵에 기대어 살아가는 비참한 자는 이 곤봉으로 맞아야 마땅하다.'"[74] 이 책은 첫 장에 로마의 철학자이자 정치가 마르쿠스 툴리우스 키케로(기원전 106~43년)의 말을 인용했다. "노인은 자신의 권리를 위해 투쟁하며, 자신의 독립과 삶의 통제를 마지막 호흡까지 지키는 경우에만 존경을 받을지라."

노년의 삶을 자신의 욕구에 맞춰 자율적으로 꾸리면서도 정상 궤도에서 벗어나는 일이 없게 하자는 발상을 선구적으로 실행한 인물은 브레멘의 시장을 역임한 바 있는 헤닝 셰르프다.* 이미 1987년에 그는 아내와 열댓 명 정도의 친구들과 함께 브레멘 시내 중심부에 노년에 서로 돕고 비상시 간병도 해주는 주거 공동체를 세웠다. 이때 그의 나이는 50세였으며 공동체는 구입한 주택을 노년 친화적으로 개조했다. 2013년 공동체는 서로 간병해주는 것이 개인의 능력을 넘어서는 경우를 대비해 브레멘 시 당

---

* 헤닝 셰르프(Henning Scherf)는 독일의 정치인으로 1995~2005년 동안 브레멘의 시장을 지냈다.

국의 요양원 관리 주체와 상응하는 수수료를 내고 이 집을 요양원 지원으로 운영할 계약을 맺기도 했다.[75]

물론 시장을 지내 두둑한 연금을 받는 사람에게 이런 일쯤은 큰일이 아니라는 일각의 비판도 없지 않았다. 이에 셰르프는 이렇게 응했다. "자신이 해낼 수 있을지 꼼꼼히 계산하고 준비하는 것을 즐기는 사람에게 특히 이런 방법을 추천하고 싶다. 천장이 무너지기까지 기다렸다가 양로원에 들어가지 말고 아직 여력이 있을 때 준비를 시작하는 것이 최선이다. … 기꺼이 함께 살 수 있는 사람을 찾을 방법을 고민해보자. 이들과 한 지붕 아래 산다는 것은 많은 돈을 절약해준다."[76]

노년의 상황에 대비할 선택지를 모색하는 일에는 돈 문제가 끼어들기 마련이다. 그렇지만 셰르프의 사례에서 볼 수 있듯 적극적으로 가능성을 모색하려는 각오만 해도 중요한 첫걸음을 뗄 수 있다. 이런 각오는 빠를수록 더 좋다. 문제에 직면해서야 움직이기 시작하는 사람은 스스로 행동의 여지를 좁히고 만다. 다양한 방법을 시도해보고 막다른 골목에 이르렀을 때 '이건 내 길이 아니구나!' 하고 벗어날 수 있으려면 충분한 행동반경을 확보해야 한다. 물론 셰르프가 선호하는 사적인 주거 공동체가 누구에게나 맞는 해결책은 아닐 수 있다. 이런 주거 공동체는 갈등을 조화롭게 풀며 높은 인내심과 관용을 전제로 하기 때문이다.

그동안 얼마나 많은 변화가 일어나고 있는지 보여주는 사례는 베를린, 프랑크푸르트, 뮌헨, 쾰른과 같은 대도시에 동성애자를 위한 첫 번째 양로원이 세워진 것이다. 예를 들어 베를린의 '다양성 인생 장소Lebensort Vielfalt'는 주로 남성 동성애자 주민을 위한 통합적 주거 프로젝트로, 여덟 명의 남성 동성애자가 간병을 받는 요양 프로그램도 포함하고 있다.[77] 그러나 이런 프로젝트의 대기 명단은 길다. 아직 드문 주거 형태인 데다가 지방에서는 전혀 찾아볼 수 없기 때문이다. 기존의 시설에서 동성애자는 차별의 시선에 노출될 수밖에 없다. 오늘날의 노년층은 1973년까지만 해도 동성애를 범죄로 취급한 형법 175조를 당연시하는 태도를 갖고 있다.[78]

오늘날 60~70대 노년층이 젊은 시절의 인생관을 포기하지 않으려 한다는 점을 잘 보여주는 사례는 2015년 여름 동성애 시니어의 연방이해동맹Bundesinteressenvertretung Schwuler Senioren, BISS의 창설을 둘러싸고 벌어진 논란이다. 그러나 현재 변화의 바람이 불고 있다는 건 흘려볼 수 없는 사실이다. 아마도 20년 뒤 60세를 넘긴 노년층은 지금에 비해 자신에게 맞춘 인생 모델을 찾기가 훨씬 더 쉬워지리라.

지금부터 선택할 수 있는 모델에 어떤 것이 있는지 간략하게 살펴보기로 하자. 지금 소개하고자 하는 모델들은 개인적인 주거나 공동의 주거냐에 따라, 개인들의 사적인 시도인지 시행 주체가 있는지, 또 시니어에게 얼마나 지원을 제공하는지 같은 질문들에 따라 각각 차이를 보인다.

자택 또는 본래 살던 집

앞서도 언급했지만 이 모델은 대다수의 사람들이 희망하는 형태다. 어려운 점은 자녀가 독립해 손이 많이 가며, 감당할 수 있는 것 이상의 비용을 야기한다는 점이다. 또 계단이나 문턱 따위에 걸려 낙상을 할 수 있다는 위험도 있다.

- 장점: 익숙한 환경이다.
- 단점: 건강 상태에 따라 근심이 커진다. 높은 유지비용도 부담이 된다.

자신의 부동산을 '보조형'으로 만드는 경우

그동안 30여 곳이 넘는 대학 도시들에서 시도되는 형태로 늙음과 젊음이 공존하는 주거 공간이다. 큰 집을 가진 사람은 대학생에게 무료로 방이나 별채를 빌려준다. 주인은 월세를 받는 대신 집안일과 정원 돌보기, 장보기 따위의 도움을 받는다. 대략적인 규칙은 대학생이 제공받는 주거면적의 크기(제곱미터)를 시간으로 환산해 계산한다. 간병 문제에서는 명확한 해결책은 없다.[79]

- 장점: 비용이 들지 않는다. 젊음과 늙음의 교류가 활발하다.
- 단점: 자신의 집을 다른 사람과 기꺼이 나누고 싶어 하는 사람은 없다.

자신의 집을 간병 서비스와 조합한 경우

능력이 되는 사람은 집안일과 정원 돌보기를 해줄 인력을 구입한다. 24시간 간병이 요구되지 않는 한에서 이동 간병 서비스도 선택지가 된다. 간병의 단계가 어느 정도인지에 따라 의료보험공단에 요양비용을 청구할 수 있다.

- 장점: 익숙한 환경이다.
- 단점: 비용이 발생한다. 그 밖에도 이동 서비스가 제한된 경우 고립이 발생할 수 있다.

자신의 집에 전문 간병 인력을 고용하는 경우

높은 비용 탓에 주로 주말 드라마에서나 보는 형태의 노년 모델이다. 으리으리한 집에서 간호사의 돌봄을 받는 것이 상상되지만 현실에서는 폴란드 간병인을 불법으로 고용하는 경우가 많다. 이 경우 높은 과태료를 물어야 한다. 간병인을 채용하는 것은 매달 최소 1,500~2,500유로의 비용을 각오해야 한다.[80]

- 장점: 익숙한 환경이다.
- 단점: 높은 비용. 간병인에게 문제가 생길 경우 고립이 발생할 수 있다.

가족과 함께 사는 다세대 가구

한 지붕 아래 세 세대 혹은 네 세대가 함께 사는 해결책이다. 노년층은 젊은 층을 도와주고, 젊은 층 역시 노년층을 지원한다. 예를 들어 조부모가 손주를 돌봐주는 대가로 나중에 자녀와 손주의 도움을 기대할 수 있다. 이 모델은 가족 간의 관계가 어떤 성격인지에 따라 성패가 좌우되며, 모든 측면에서의 관용과 타협을 요구한다.

- 장점: 긍정적인 경우 가족의 결속이 좋아진다. 구성원들은 서로 배우며 득을 볼 수 있다.
- 단점: 가족 간 갈등이 빚어질 수 있다. 간병을 맡은 사람의 부담이 커질 수 있으며 가족이 해주는 간병은 전문 인력으로 대체하기가 어렵다.

다양한 형태의 다세대 공동 주거 프로젝트

지자체, 시민단체, 건축조합 등 다양한 주체가 세대 간의 상호 지원을 바탕으로 공동생활을 하는 주거 프로젝트가 현재 활발히 시도되고 있다. 사단법인 공동주거포럼과 정부 가족부가 함께 공모한 모델 프로그램에 2015년에만 227개의 프로젝트가 지원했다.[81]

- 장점: 상호 지원을 하는 세대 간의 사회적 교류가 활발해진다.
- 단점: 서로 관용하며 갈등을 슬기롭게 풀려는 자세가 요구된다.

노년 친화적 주택

주택 임대시장에서 문턱을 없앤 넓은 문과 노년층이 쉽게 쓸 수 있는 욕조를 갖춘 상품은 아직 드물기만 하다. 2013년 이 기준에 맞는 집은 전체 부동산의 5퍼센트에 불과했다.[82] 자신의 집을 이 기준에 맞게 개축하려는 사람은 다양한 기관에 보조금이나 낮은 금리의 대출을 신청할 수 있다. 독일의 대표적인 기관은 재

건축 신용기금Kreditanstalt für Wiederaufbau, KfW과 몇몇 주의 주거 환경 장려 프로그램 및 의료보험공단이다. 독일의 의료보험은 욕실을 노년 친화적으로 개축하는 데 드는 비용을 지원한다. 간병과 요양이 필요한 경우에도 의료보험이 지원금을 제공한다.

- 장점: 자율적인 생활이 가능하다. 노년층이 생활하기에 알맞은 작은 집으로 이사를 하면 경제적으로도 부담을 덜 수 있으며 좋은 인프라를 활용하는 혜택도 누린다. 이를테면 의사에게 손쉽게 접근할 수 있고 쇼핑과 문화생활을 누릴 환경이 주어진다.
- 단점: 간병을 받아야 할 경우 새롭고 보충적인 해결책이 요구된다.

생활 지원 주택

일반적으로 이런 주택은 운영 주체가 24시간 상시 지원을 제공하는 것을 말한다. 운영 주체는 살림, 주택 관리, 응급치료 등에 지원을 제공하며 부분적으로는 필요시 간병 부서를 교체할 수도 있다. 입주자는 주택을 구입하거나 임차할 수 있으며 원한다면 독립적인 생활을 할 수도 있다. 그리고 거의 같은 연령대의 사람끼리 생활하는 것이 가능하다.

- 장점: 독립성과 안전이 결합되는 효과가 나타난다.
- 단점: 주택 시설의 규모와 서비스 이용 정도에 따라 높은 비용이 발생한다.

시니어 주택 공동체

이 경우는 노년에 같은 집에 살면서 서로 의지하는 생활 형태에 해당한다. 입주자는 각기 자신의 공간을 가지면서 정원과 공동 공간 또는 정원이나 공동 공간을 함께 사용한다. 문제가 발생할 때 서로 얼마나 지원을 해주는가 하는 것은 합의의 문제다. 시니어 주거 공동체는 개인들이 사적으로 운영하거나 공적 운영 주체를 갖기도 한다.

- 장점: 독립성과 안전이 결합되는 효과가 나타난다.
- 단점: 자율 조직(헤닝 셰르프의 '친구들과 함께하는 삶'을 보라)의 성패는 주민들 사이의 관계와 타협 태도에 따라 결정된다.

시니어 주거 공동체

이것은 대학생들이 함께 집을 세내서 모여 사는 전형적인 주거 공동체와 다를 바가 없다. 저마다 자신의 방을 갖고 주방과 욕실을 함께 쓴다. 이런 형태는 비용이 저렴할 뿐만 아니라 서로 도울 수 있다는 강점을 가진다. 물론 구성원 사이의 분위기에 따라 천당과 지옥이 반복될 수 있다. 「비어 진트 디 노이엔Wir sind die Neuen」('우리는 새롭다', 2014년)은 60을 넘긴 세 명의 대학교 동창들이 저마다 호주머니 사정이 어려워 다시 주거 공동체로 모이는 것을 유쾌하게 그려낸 영화다.

- 장점: 외로울 틈이 없다. 더욱이 배짱이 맞는 사람과의 생활은 즐겁기도 하다. 개별 주택에 비해 비용이 훨씬 절감된다.

- 단점: 외로울 틈이 없다. 갈등을 이겨낼 관용과 타협이 없으면 이 형태는 유지될 수 없다.

생활 지원 주거 공동체

그동안 다양한 사업 주체(각종 재단, 자선사업 단체, 시니어 연맹 또는 응급 요양 서비스 사업체)는 치매 환자를 위한 생활 지원 주거 공동체나 요양 공동체 모델을 개발해 운영해왔다. 일반적으로는 6~8명이 함께 생활한다.

- 장점: 생활 지원 주거 공동체나 요양 공동체는 양로원보다 더 자율적인 생활을 할 수 있다. 간병이나 지원도 더 개인적이다. 치매 환자들은 이런 주거 환경에 매우 긍정적인 반응을 보인다.
- 단점: 비용이 많이 든다.

양로원, 요양원

많은 사람들이 꺼리는 노년 주거 형태다. 대개 마지막 상황에 내몰려서야 양로원에 들어가기로 결심하는데, 생애의 마지막 몇 개월을 요양 병동에서 보내야만 한다는 사실이 이런 부정적인 관점을 낳는다. 생활 지원을 필요로 하지만 그래도 건강을 어느 정도 유지하는 노인은 잘 조직된 양로원 환경에서 다른 사람들과 어울릴 수 있는 기회를 얻지만, 실제로는 일상생활의 대부분을 양로원 인력이 해결해주는 통에 필요 이상으로 빠르게 몸이 쇠퇴할 수 있다.

- 장점: 일상생활의 부담을 덜며 전반적인 관리로 안전이 보장된다.
- 단점: 양로원의 일상은 정해진 규칙을 따라야 해서 자율권이 상당히 제한된다. 많은 경우 이런 제한은 좋은 쪽보다 나쁜 쪽으로 작용한다.

두려움을 이긴 최고의 선택

60이나 70 또는 심지어 80세에 이사를 간다? 많은 사람들에게 이는 생각만 해도 끔찍한 공포다. 그래서 이 문제를 아예 거론조차 하지 않으려 한다. 두려워 생각과 태도가 굳어지는 탓이다. 그러나 이 걸음을 과감히 옮겨 나중에 행동하기를 잘했구나 하고 확인한 사람들의 고무적인 사례는 많다.

내 주변의 사례들을 살펴보자. 먼저 85세로 니더라인의 커다란 농장에서 홀로 살던 여성의 경우다. 그녀의 남편은 몇 년 전에 사망했으며 농토는 이미 오래전에 소작을 주었다. 자녀와 수차례 언쟁을 벌인 끝에 그녀는 마침내 가까운 소도시의 종교 단체가 운영하는 양로원 입주를 결심했다. 그리고 불과 몇 주 동안 양로원 생활을 하며 말 그대로 활짝 피어올랐다. 대화를 나눌 상대를 찾았고 혈압과 거동도 더 좋아진 그녀는 양로원에 들어오고 자신이 더 건강해졌다고 말했다. "지금 보니 너무 쓸데없는 걱정이 많았어!"

두 번째 사례는 남편이 태어난 농촌의 생가에서 외롭게 살던 78세와 75세 부부의 경우다. 부부는 이 집을 포기하는 것은 생각도 할 수 없다는 말을 입에 달고 살았다. 그러나 집과 농토의 관리는 부부의 힘만으로 감당하기 어려운 일이었다. 그래서 20킬로미터 떨어진 곳에 새로 지어진 노년 친화적 주택에 입주했다. 정든 집을 포기하는 대신 딸과 가까운 곳에 살게 된 것이 그나마 위안이었다. 그런데 창밖으로 들판과 숲 대신 이웃집들이 보였다. 부부는 새로 입주한 지역의 이웃들과 빠르게 친교를 맺었다. 생가를 포기하겠다는 결정에 "그럴 수는 없을걸!" 하고 코웃음을 쳤던 주민들은 부부의 새집을 찾아와 "잘했다!" 하고 탄성을 질렀다. 새집에서 1년을 살고 난 뒤 부부는 이런 총평을 내렸다. "탁 트인 전망은 없지만 우리가 지난 20년 동안 내린 결정 가운데 최고의 선택을 했어!"

고급 시니어 타운

고급 레스토랑과 각종 편의 시설을 완비했다는 광고는 마치 5성급 호텔을 보는 것만 같다. 이른바 '시니어 레지던스'는 광고 목적으로 과장된 표현이 아니라 실제로 고급스러움 그 자체다. 그만큼 재력이 뒷받침되어야만 누릴 수 있는 시설이다. 노년층을 위

한 여러 거주 프로젝트를 탐사한 끝에 저널리스트 하요 슈마허*
는 이런 레지던스를 두고 '하우스 유산 괴물'이라는 묵직한 촌평
을 남겼다.[83]

- 장점: 수영장과 각종 편의 시설이 완비된 고급 주택에서 종합
  적인 서비스를 받는다.
- 단점: 대단히 비싸다. 부유층만 모아놓은 일종의 '게토' 생활은
  외부와 격리된 지루함에 시달릴 수 있다.

생활비가 적게 드는 외국으로 이주하기

20만 명이 넘는 독일인이 연금을 외국으로 이체받는다고 독일
연금관리공단은 밝혔다.[84] 폴란드나 태국에서는 독일의 적은 연
금으로도 편안하게 살 수 있다고 흔히들 말한다. 스페인 역시 노
년의 거주지로 인기를 누리고 있다. 특히 카나리아제도와 마요르
카섬을 선호하는 사람이 많다. 다만 간병을 받아야 하는 경우에
는 사정이 까다로워진다. 애초부터 외국인을 위한 시설이 갖춰진
폴란드와 태국은 예외다.

- 장점: 독일보다 더 높은 생활수준이 가능하다. 지역에 따라 쾌
  적한 기후도 강점이다.
- 단점: 고향과의 연결이 끊어지거나 최소한 느슨해진다. 이주 지
  역의 원주민과 격리되어 이웃과 관계를 맺지 못하고 자

---

* 하요 슈마허(Hajo Schumacher)는 1964년생의 독일 저널리스트이자 저자다.

칫 고립된 생활을 할 수 있다. 많은 경우 이주자는 향수병을 앓으며 독일의 사계절과 흑빵을 그리워한다.

이상 간략하게나마 살펴본 노년의 주거 모델이다. 최근 건설사나 조합 성격의 이익집단이 '노년의 거주'라는 주제에 주목하면서 활발히 투자하고 있다. 덕분에 새로운 가능성이 속속 등장하지만 아직은 그 전모를 알기 힘든 상황이다. 그래서 추천하고 싶은 것은 되도록 이른 시점에 자신이 생각하는 노년 생활에 맞는 주거 형태를 찾는 일이다.

- 혼자 사는 것인가, 아니면 공동생활인가?
- 시내 중심에 살고 싶은가, 아니면 농촌에 살고 싶은가?
- 자율적인 생활을 하고 싶은가, 아니면 믿을 수 있는 제도 아래 생활하고 싶은가?

심지어 고정된 주거지를 가방 든 인생과 바꾸는 사람도 있다. 괴팍한 예술가나 변덕이 심한 음악가를 두고 하는 말이 아니다. 20세기의 가장 중요한 수학자로 꼽히는 폴 에르되시*는 25년 동안 대학에서 대학으로 전전하며 다른 수학자들과 함께 '다른 지붕, 다른 증명'이라는 구호 아래 문제를 푸는 삶을 보냈다.

- 헝가리 태생의 수학자인 폴 에르되시(Paul Erdős)는 '모든 수학 명제의 완벽한 증거는 신'이라는 말로 유명하다.

물론 대단히 이례적인 노년 모델이기는 하지만 이처럼 개인에게 맞춘 지원과 최대한의 자율을 강조하는 모델은 다양하다. 요양 업계의 말투를 그대로 빌리자면 '낡은 노후 대비 논리'에서 '지원하는 시스템'으로의 전환은 반드시 필요하다고 브레멘 양로재단의 알렉산더 퀸첼Alexander Künzel은 강조한다.[85] 물론 이런 입장을 회의적으로 바라보며 실패한 긴축 정책이라는 비판은 얼마든지 할 수 있다. 내가 보기에는 '되도록 자립적이고 필요한 만큼의 지원'이라는 구호는 대단히 환영할 만하다. 고령에도 활발하게 활동하는 것이야말로 젊게 남는 최선의 방책이다! 더 많은 정보는 다음 인터넷 포털을 참고하기 바란다.

- www.bagso.de: 시니어 연맹의 연방조직이다.
- www.fgwa.de: 공동주거포럼(사단법인)은 통합적인 주거 프로젝트를 시도하는 단체와 개인을 지원한다.
- www.kompetenznetzwerk-wohnen.de: 교회가 운영하는 노년의 포괄적인 정보 포털이다.
- www.pflege.de: 노년의 주거와 생활을 위한 정보 포털이다. 65세가 넘은 사람은 이 포털에서 같은 뜻을 가진 사람과 연락을 주고받을 수 있다. 매칭의 조건은 공동 관심사, 직업 환경, 취미 등이다. 예를 들면 양로원이나 다른 집으로 이사하고 사람들과 새롭게 사귈 기회를 제공받을 수 있다.
- www.wohnprojekte-portal.de: 민간이 추진하는 거주 프

로젝트를 위한 포털이다.

- www.wohnen-im-alter.de: 양로원, 생활 지원 거주 및 요양 서비스 검색 포털이다.

다양한 주거 형태를 다룬 책으로는 저널리스트 하요 슈마허의 『남은 시간Restlaufzeit』을 추천한다.

노년 생활의 다양한 모델은 결정을 어렵게 하지만 동시에 간편하게 결정할 수 있게 도와주기도 한다. 상상과 목표는 우리가 믿고 알고 있는 것에 결정적인 영향을 받으므로 될 수 있는 한 충분한 자료를 검토하고 연구해보는 게 좋다. 직접 가서 살펴보고 사람들과 대화를 나누며 시험 삼아 살아보는 것도 좋은 방법이다. 학교를 다닐 때 우리는 미래의 직업에 대비하기 위해 실습이라는 과정을 거쳤다. 은퇴하기 전이나 은퇴할 때는 왜 주거 실습을 하지 않을까?

변화에 강제로 등을 떠밀려 지푸라기라도 잡으려 허덕일 게 아니라 적극적으로 나서서 방법을 모색해보는 게 낫다. 아마도 우리는 50대 이후 또는 70대에 전혀 새로운 자신을 발견하고 놀라워할 것이다.

행복한 노년을 위한
십계명

이렇게 해서 노년이라는 주제를 다룬 우리의 답사는 끝날 때가 되었다. 분명한 사실은 우리는 태어나는 그 순간부터 피할 수 없이 늙는다는 것이다. 태어나기 무섭게 인생의 시계는 똑딱이기 시작한다. 그러나 또한 분명한 사실은 이 늙어가는 과정에서 다른 사람보다 더 늙어 보이느냐의 문제는 전적으로 우리 손에 달렸다는 점이다. 노화는 대단히 복잡하고 개인적인 차이가 심한 과정이다. 이 과정에서 우리가 타고난 유전자는 아주 작은 역할을 할 뿐이다. 몸과 인지 능력의 건강, 마지막 숨을 쉴 때까지 충만하고 흥미로운 인생을 사는 것은 다른 누구도 아닌 우리 자신의 책임이다.

어떻게 하면 노화 과정에 긍정적인 영향을 줄 수 있는지 지금처럼 우리가 많이 아는 때는 없었다. 또 오늘날 산업 국가의 국민으로서 좋은 의료 서비스와 함께 깨끗한 환경과 건강한 식료품, 다양한 여가 활동으로 스스로 인생을 결정하고 꾸려갈 자유를 누린 때도 없었다. 오늘날 70이나 80 혹은 90세에도 왕성한 활동으로 우리에게 깊은 인상을 주는 노년의 인물은 많다. 예전 같았으면 백발노인으로 취급당할 사람이 기업을 일구고, 마라톤을 뛰며, 새롭게 사랑에 빠지거나, 세계를 움직이는 선언을 한다. 물론 누구나 모든 것을 할 수 있는 것은 아니다(또는 원해야만 하는 것도 아니다). 그러나 우리 모두는 우리 자신이 믿는 것 그 이상을 해낼 능력이 있다.

증조부모 시대와 비교할 때 우리는 평균 20년을 더 살 수 있는 건강한 인생을 선물받았다. 이 20년이라는 시간을 생동하는 인생 단계로 만들 기회가 우리에게 있다. 이런 기회는 놓치지 말아야 한다. 그러기 위해 무엇보다도 과거의 고정관념을 떨치고 생명력으로 가득한 긍정적 노년이라는 구상을 키워야 한다. 그래서 나는 독자 여러분에게 충심을 다해 다음과 같은 노년을 위한 십계명을 추천한다.

1. 안 되는 것은 없다

연령마다 가능한 일이 따로 있을까? 나이와 관련된 이런저런 고정관념은 이미 오래전부터 흔들렸다. 숫자로 말해지는 나이란 우리 시대에는 극히 제한적인 의미만 가질 뿐이다. 75세에 피아노를 배우고, 3,000미터 높이의 산에 오르며, 새로운 직업에 도전하고 싶은가? 안 될 이유가 무엇인가? 무엇이 방해하는가? 올바른 준비와 필요한 지구력만 갖추면 노년에도 수많은 계획, 불과 10년 전만 해도 꿈만 같다는 비아냥을 들었을 계획들을 실행에 옮길 수 있다. "그런 일을 하기에 나는 너무 늙었어!" 같은 말은 깨끗이 잊고 알찬 인생을 향해 돌진하자.

2. 너무 늦은 일이란 결코 없다

30대에 운동을 시작하고 40대에 체중을 관리하며 담배에는 손도 대지 않는 생활 태도는 물론 건강하다. 그렇지만 70대에도 얼마든지 체중을 줄일 수 있으며 80대에 근육 단련을 하고 90대에 흡연과 작별해 산뜻한 인생을 사는 일은 얼마든지 가능하다. 우리 몸은 어떤 연령에서든 놀라울 정도의 유연성을 발휘한다. 몸의 유연성, 곧 변화에 적응하는 능력은 대다수 인간의 상상력을 초월할 정도다. 가장 흔한 사망 원인인 전형적인 문명병은 몸의 유연성 덕분에 효과적으로 이겨낼 수 있다.

3. 건강이 최우선이다

젊음을 되돌려주는 가장 좋은 샘물은 돈이 들지 않으며 언제라도 할 수 있는 것, 과학의 숱한 연구로 그 효과를 입증받은 것, 곧 운동이다. 자동차 대신 자전거를 타고, 승강기 대신 계단을 이용하며, 소파에 누워 빈둥거리지 않고 운동을 하는 생활 습관이 최선이다. 근력 운동과 지구력 운동을 적절히 섞으면 우리는 족히 10년은 더 젊어질 수 있다. 이런 효과 역시 두뇌의 회백질

세포 덕분이다. 어떤 정신 태도를 갖느냐에 따라 몸은 알아서 운동을 한다. 저녁에 단 30분이라도 러닝머신에서 땀을 흘리면 기적이 일어나기 시작한다.

4. 호기심이 십자말풀이보다 더 똑똑해지는 길이다

처음으로 뭔가를 해본 것이 언제가 마지막인가? 새로운 경험을 하고 새로운 것을 배우며 새로운 주제에 골몰하는 것, 요컨대 두뇌를 쓰는 것이야말로 우리 몸을 위한 최고의 건강 프로그램이다. 뇌는 쓰지 않으면 느슨해지는 근육이며 끊임없이 요구하고 부담을 줄수록 최고로 기능한다. 두뇌는 쓰기만 하면 매우 높은 고령대까지 새로운 시냅스를 만든다. 십자말풀이나 게임은 개별적 능력만을 훈련하지만 사실 지식은 전체를 아우르는 능력을 키운다. 좋은 예로 언어 학습이나 악기 연주, 전혀 알지 못하는 도시로 여행을 떠나거나 다른 문화권의 사람들을 위해 자원봉사를 하는 것을 들 수 있다.

5. 보톡스 대신 웃음 주름을 만들어라

노년을 긍정적으로 바라보는 사람은 더 긍정적으로 늙는다. 인생을 긍정하는 태도는 수명을 연장하는 효과를 낸다. 낙관적 태도는 건강을 지켜주며, 우리가 무엇을 할 수 있는지 그 가능성과 능력에 결정적인 영향을 미친다. 보톡스는 단기간의 효과를, 낙관적 태도는 지속적인 효과를 부른다. 새로운 일을 하지 못하게 막는 고정관념은 이를 의식하고 긍정적인 모범으로 대체하면서 익숙하고 편안한 것에 만족하지 않고 용감하게 벗어날 때 극복된다.

6. 사회적 교류는 최고의 노후 대책이다

흔히 노후 대비라고 하면 대다수 사람들은 보험을 떠올린다. 노년의 경제적 위기에 대비하는 것은 의심할 바 없이 현명한 선택이기는 하다. 그러나 노년의 좋은 삶에는 친구든 이웃이든 친척이든 사람들과 활발하게 나누는 교류가 더할 수 없이 중요하다. 이런 교류는 우리의 정신을 자극하며, 몸을 움직이게 만들고, 두려움과 스트레스를 줄여주며, 인생에 기쁨과 의미를 부여한다. 바로 그래서 생명보험이나 부동산에만 투자할 게 아니라 우정과 가족 관계를 보살피는 것이 좋은 선택이다.

7. 늙었다고 사랑하지 말라는 법은 없다

인생을 만끽한다는 것은 자신의 성적 욕구에 충실하면서 50세부터는 침대에서 이뤄질 것이 없다는 고정관념과 작별하는 것이다. 자신이 원하고 다른 누구에게도 해를 끼치지 않는다면 모든 것이 허락된다. 마지막 숨결의 순간까지! 섹스의 자율적 권리는 양로원 문 앞에서 끝나지 않으며 더욱이 은퇴 연령의 문턱도 아니다. 사랑에 빠지고 배우자를 구하며 새로운 관계를 맺을 권리도 마찬가지다.

8. 급제동보다는 여유 있게 속도를 줄여라

당장 내일부터 일을 그만두라며 급제동을 거는 은퇴 관념은 시대착오적이다. 고정된 은퇴 연령은 개인마다 다른 희망, 능력, 직업관을 무시한다. 이런 경직된 관념은 건강한 사람조차 멈추게 하고 그다지 건강하지 않은 사람은 더욱 쇠약하게 만든다. 어떤 프로 선수도 당장 내일 운동을 멈추지 않는다. 가정을 일구던 젊은 시절과 마찬가지로 직장 생활의 마지막 단계에서도 유연한 노동 모델, 조금씩 속도를 줄이고 다른 방향으로 일거리를 모색할 기회를 제공하는 유연한 노동 모델이 꼭 필요하다. 그래야 40대에 너끈히 해내던 일이 60대에 부담이 되는 것을 조절할 수 있다.

나아가 우리는 70대에도 일하는 것을 사회적 참사로 바라볼 것이 아니라 개인과 사회와 기업에 주어지는 새로운 기회로 포착하는 노동 문화를 가져야 한다. 은퇴 초기에는 매일이 공휴일이라며 좋아하다가 이내 지루함을 견딜 수 없는 생활이 노년의 모습이 되어서는 안 된다. 개인은 저마다 자신에게 맞는 방식으로 계속 일할 기회를 얻어야 한다.

9. 익숙한 환경이 아닌 원하는 환경에서 살자

노년의 인생이 어떤 품격을 가져야 하느냐는 물음은 본질적으로 주거 상황의 문제다. 자포자기하며 '지금껏 살던 그대로!'라는 태도와 양로원의 상시 돌봄 체계 사이에는 그동안 수많은 선택지들, 예를 들면 스스로 조직하거나, 제도의 뒷받침을 받거나, 공동체에 속하거나, 그 외 개인적인 많은 선택지들이 생겨났다. 먼저 자신이 원하는 노후의 거주 형태가 무엇인지 명확히 생각을 정리하자. 그리고 이런 희망에 맞는 모델을 찾아 시험해보자. 생각만으로 그칠 게 아니라 되도록 현장을 찾아보자. 현장 경험은 누구도 대신해줄 수 없다. 현장에서 몸소 확인해야 최선의 해결책을 찾을 수 있다.

10. 저마다 노년을 스스로 개척하자

우리는 노년을 바라보는 기존의 부정적 관념이 흔들리고 낙관적 노년의 싹이 움터오는 과도기에 살고 있다. 한편으로는 해묵은 고정관념, 이를테면 60대 초반에 안정적 연금을 받는 것이 노년이라는 고정관념이 사라졌다. 다른 한편으로는 기업의 일자리와 새로운 주거 형태라는 다양성 구상과 같은 새로운 기회가 대두되고 있다. 이 과도기에서 많은 것들이 변화의 물살을 타고 있다. 우리의 증조부모와 조부모가 평생 땀 흘려 일하고 고작 몇 년 동안 아무것도 하지 않는 삶을 살았던 반면, 지금 우리의 인생은 확연히 달라졌다. 더 오래 살며 대개 더 건강하고 도전 의욕에 불타는 삶을 우리는 산다.

이제 노년은 인생의 내리막길이 아니다. 노년은 더 많은 시간과 가능성과 도전 과제를 지닌 순전한 생명력 그 자체다. 남이 우리의 인생을 좌지우지하는 것을 바라지 않는다면 이런 기회를 받아들여야 한다. 과학 덕분에 오늘날 우리는 젊게 사는 비결들을 많이 알게 되었다. 그리고 이제 우리 손으로 노년을 결정할 수 있게 되었다. 어떻게 늙어갈지 다른 누구도 아닌 자신이 결정하자!

독자 여러분도 행운과 행복을 누리며 오랫동안 생동하는 인생을 살기를 희망한다.

| 감사의 말 |

나의 심장 안에 특별한 자리를 차지한 사람들이 없었다면 이 책은 빛을 보지 못했을 게 틀림없다. 그래서 이 자리를 빌려 감사를 전하고자 한다.

야콥스 대학교 평생학습과 제도개발 센터JCLL의 창설을 주도한 학장이었으며 현재 뉴욕 컬럼비아 대학교의 컬럼비아 노화 센터 초대 소장인 우르줄라 슈타우딩거 교수, JCLL에서 함께 연구했던 동료와 객원 연구자들에게 영감이 넘치는 의견 교환을 나눌 수 있었던 것에 감사를 드린다. 그 밖에도 네 대륙(스위스의 장크트갈렌 대학교, 남아프리카의 스텔렌보스 대학교, 미국의 하버드 대학교, 중국의 칭화 대학교, 브레멘의 야콥스 대학교)에서 함께 토론을 할 기회를 준 나의 제자들에게 감사를 전한다.

또한 나는 최근 우리의 연구 성과가 제시한 새로운 논제들을 열린 자세로 받아들이고 실천에 옮겨 직원과 고객의 삶을 의미 있게 개선하는 데 노력한 기업 경영인들에게도 고마운 마음을 전한다.

이런 맥락에서 2004년부터 나의 연구 활동에 동행해준 다임러, 특히 브레멘 메르세데스 벤츠의 직원들에게 감사한다. 그중에서도 브레멘 메르세데스 벤츠의 인사책임자인 하이노 니더하우젠에게 감사드린다. 그는 브레멘 공장뿐만 아니라 메르세데스 벤츠 자동차의 전 분야에서 인구 문제 프로젝트 'Y.E.S.'의 책임자로 우리의 기획이 실행될 수 있게 힘써주었다. 그 밖에도 다임러의 인사 담당 이사이자 IT & 메르세데스 벤츠 밴스의 노동 담당 이사인 빌프리트 포르트가 베푼 정신적 지원에, 생산 및 공급 체인 경영 책임자 마르쿠스 셰퍼의 재정적 지원에 감사드린다.

나의 인구 리더십 강의를 전시회 아이알터와 맞물려 3D 영상으로 청중이 쌍방향 체험을 할 수 있게 해준 연구진의 노력에 특별한 감사를 드린다(우니베르줌 브레멘Universum Bremen이라는 박물관에서 시청할 수 있었던 이 영상은 2016년 10월부터 슈투트가르트의 메르세데스 벤츠 박물관에서 볼 수 있다). 다임러와 우니베르줌 브레멘, 야콥스 대학교의 WDN과 GfG와 WISE 연구 그룹의 밀접한 협업이 있었기에 이런 성과가 가능했다.

다임러의 아이알터 프로젝트 책임자인 질비아 휘테리터부슈와 그녀의 팀 전체에도 감사를 전한다.

그 밖에 우니베르줌 브레멘의 사무총장 헤르베르트 뮌더 박사와 학술 담당 책임자 케르스틴 할러 박사와 그녀의 팀에게 감사한다. 정말이지 전시회가 무엇인지 속속들이 아는 전문적인 능력에 탄복했다!

나아가 GfG의 사무총장 뵈요른 포이그트와 카르스텐 뎀페볼프, 프로젝트 책임자 카트린 욘센과 그녀의 팀, 학술 자문을 맡아준 리타 렌츠슈에게 감사한다. 놀라운 창의력이다!

자료 표를 만들어준 얀 플레처, 바르바라 헤르베르트, 다니엘라 킬, 에바 슈페흐트, 내 WISE 연구 그룹의 얀 오이흐만즈 박사에게 감사를 드린다.

까다로운 논제를 완벽하게 정리해주고 보충 자료 조사를 해준 페트라 베게만 박사도 빼놓을 수 없다. 어떻게 그렇게 빠르고 잘할 수 있을까? 이런 걸출한 전문적 도움이 없었다면 이 책은 올해 이런 품질로 독자들과 만날 수 없었으리라!

주제에 열정을 갖고 전체 과정을 완벽하게 동행해준 로볼트 출판사의 율리아 포어라트에게 감사한다. 교정을 맡아준 아나 곤잘레즈 이 판디뉴에게도 고맙다는 말을 전한다.

로볼트의 열정에 찬 직원들, 특히 제작부의 크리스티네 로만, 홍보부의 노라 고트샬크, 온라인 마케팅의 마르쿠스 알텐키르히를 기억하고자 한다.

원고를 쓰는 동안 검토와 조언을 베풀어준 부모님 미하엘라 푈펠과 다고베르트 푈펠, 파비올라 게르포트, 다니엘라 구터만, 플레밍 에르트비엔스, 얀 플레처, 엘레나 슈나이더, 필립 아크라우슈, WISE 연구 그룹의 마렌 슈비에르에게 충심으로 감사한다. 특히 슈비에르는 홍보라는 대형 과제를 지원해주는 데 힘을 아끼지 않았다.

야콥스 대학교 WDN의 협력 책임을 맡은 플레밍 에르트비엔스는 나와 숱한 이메일을 주고받으며 조언을 아끼지 않았고 책의 전체 프로젝트를 동행해주었다.

솜씨 좋은 그래픽으로 책을 꾸며준 아이코 게르텐에게 감사한다. 탄복을 자아내는 재능이다!

인구 변화의 패러다임 전환을 그래픽과 원고로 만드는 데 도움을 준 베네딕트 라인케, 크리스티안 앙게른, 라우라 넬데, 데야 퀸레, 라즈반 바라바스, 카타리나 슈트라톨라트에게 감사한다.

나의 가족과 친구들, 특히 나의 부모님과 아내 로자나와 두 곰돌이, 알렉산더와 레오나르도에게 감사한다. 그 수많은 휴일과 주말과 밤에 원고를 쓰느라 함께 있는 것을 포기해야만 했던 안타까움을 인내해주고 너그럽게 이해해준 것에 큰 감사를 전한다.

서문

1 윌리엄 셰익스피어, 「뜻대로 하세요」, 2막 7장.
2 다음 사이트를 참고하라. www.wdn-online.de.
3 다음 사이트를 참고하라. www.ses-bonn.de/senior-experten.html(2016년 03월 13일 에 열어봄).
4 다음 기사를 참고하라. '구글은 이제 불멸의 생명을 시도한다(Google versucht sich auch mal an der Unsterblichkeit)', 《프랑크푸르터 알게마이네 차이퉁(Frankfurter Allgemeine Zeitung)》, 2014년 10월 31일.

제1장

1 마르틴 코르테(Martin Korte), 『머릿속의 젊음: 두뇌 연구가 노화 현상을 다루며 밝혀 낸 놀라운 통찰(Jung im Kopf: Erstaunliche Einsichten der Gehirnforschung in das Älterwerden)』, 뮌헨, 판테온, 제2판, 2014년, 212, 322쪽.
2 팻 테인(Pat Thane), 『노년의 역사(Das Alter. Eine Kulturgeschichte)』, 다름슈타트, 프리 무스, 2005년, 17쪽.
3 알렌스바흐 여론조사 연구소(Institut für Demoskopie Allensbach), 「사회 시대의 이 미지: 16세 이상 인구를 대상으로 한 설문조사(Altersbilder der Gesellschaft: Eine Reprasentativbefragung der Bevolkerung ab 16 Jahre)」, 2012, 6쪽 이하.

4 팻 테인, 『노년의 역사』, 2005년, 9쪽.

5 크리스토프 루케(Christoph Lucke), 마르고트 루케(Margot Lucke), 만프레트 고골 (Manfred Gogol), '인생 계단: 지난 세기를 통해 본 노화 과정(Lebenstreppen: oder wie man den Alternsprozess über die Jahrhunderte gesehen hat)', 《유럽 노인학 저널 (European Journal of Geriatrics)》, 제11호, 3~4권, 2009년, 136쪽.

6 요제프 에메르(Josef Ehmer), '인생 계단(Lebenstreppe)', 『근대 백과사전(Enzyklopädie der Neuzeit)』, 제7권, 프리드리히 예거(Friedrich Jaeger) 편, 슈투트가르트, 메츨러, 2008년, 52쪽.

7 마르틴 코르테, 『머릿속의 젊음』, 2014년, 190쪽 이하.

8 에릭슨의 이론을 잘 조망해주는 자료는 다음 사이트를 보라. http://arbeitsblaetter. stangl-taller.at/PSYCHOLOGIEENTWICKLUNG/EntwicklungErikson.shtml(2015년 10월 20일에 열어봄).

9 파울 발테스(Paul B. Baltes), '노화의 문화(Die Kultur des Alterns)' 인터뷰, 《브란트 아 인스(Brand Eins)》 시리즈 「배우게 하자(Lernen lassen)」, 함부르크, 브란트아인스출 판사, 2010년, 232쪽 이하. 대담의 첫 발표는 'McK 지식 08: 인간(McK Wissen 08: Menschen)'이라는 제목의 2004년 기사였다.

10 다음 기사를 참고하라. '독일의 100세 인구수는 빠르게 늘어난다(Zahl der 100-Jährigen in Deutschland steigt rasant)', 《디 벨트(Die Welt)》, 2013년 1월 21일.

11 루디 베스텐도르프(Rudi Westendorp), 『늙지 않고 늙어가기: 오늘날 가능한 것은(Alt werden, ohne alt zu sein. Was heute möglich ist)』, 뮌헨, 벡, 2015, 214쪽 이하.

12 슈피겔(Der Spiegel) 온라인, 2015년 9월 4일자 보도.

13 다음 사이트를 참고하라. www.destatis.de/DE/PresseService/Presse/ Pressemitteilungen/2015/01/PD15_001_13321.html(2016년 5월 11일에 열어봄).

14 다음 사이트를 참고하라. www.n24.de/n24/Nachrichten/Wissenschaft/d/6326918/ wie-google-krebs-und-parkinson-besiegen-will.html(2016년 5월 12일에 열어봄).

15 다음 자료를 참고하라. '체세포 핵 이식으로 유도된 인간 배아 줄기세포(Human Embryonic Stem Cells Derived by Somatic Cell Nuclear Transfer)', 《셀(Cell)》, 총권 153 6월호, 2013년 6월, 1228~1238쪽.

16 다음 사이트들을 참고하라. www.deutsche-stammzellenbank.de, www.seracell.de, www.vita34.de.

17 마르틴 코르테, 『머릿속의 젊음』, 2014년, 12쪽.

제2장

1 클라우스귄터 콜라츠(Collatz Klaus-Günter), 「노화(Altern)」, 『생물학 사전(Lexikon der

Biologie』, 1999년. 이 자료는 인터넷에서도 열람할 수 있다. www.spektrum.de(2015년 10월 20일에 열어봄).

2 루디 베스텐도르프, 『늙지 않고 늙어가기』, 2015년, 54쪽.

3 같은 책, 39쪽.

4 같은 책, 43쪽 이하와 74쪽.

5 마르틴 코르테, 『머릿속의 젊음』, 2014년, 15쪽.

6 다음 자료를 보라. 나디아 포드브레가(Nadja Podbregar), '메투살렘 프로젝트: 고령자의 유전자 추적(Das Methusalem−Projekt. Rasterfahndung im Genom der Hochbetagten)', 2010년, www.scinexx.de(2015년 11월 10일에 열어봄).

7 같은 자료, 75쪽.

8 루디 베스텐도르프, 『늙지 않고 늙어가기』, 2015년, 136, 139쪽.

9 클라우스귄터 콜라츠, 『생물학 사전』, 1999년.

10 같은 책, 1쪽.

11 존 리바시(John M. Rybash), 폴 루딘(Paul A. Roodin), 윌리엄 호이어(William J. Hoyer), 『성인 발달과 노화(Adult Development and Aging)』, 매디슨, 브라운 & 벤치마크, 1995년.

12 클라우스 빌림치크(Klaus Willimczik), 클라우디아 푈커레하게(Claudia Voelcker−Rehage), 올라프 비르츠(Olaf Wiertz), '연령대로 살펴본 스포츠 능력의 변화(Sportmotorische Entwicklung über die Lebensspanne)', 《스포츠 심리학 잡지(Zeitschrift für Sportpsychologie)》, 13호, 2006년, 10쪽 이하.

13 NIA 레이턴 노화와 알츠하이머 질병센터 신경이미지 실험실의 소장 리자 실버트(Lisa Silbert) 박사와 이 사진을 독점적으로 이용할 수 있게 해준 데이비드 라나(David Lahna)에게 깊은 감사를 드린다.

14 트레이 헤덴(Trey Hedden), 존 가브리엘리(John D. E. Gabrieli), '노화하는 정신력 통찰: 인지신경과학의 관점(Insights into the Ageing Mind: A View from Cognitive Neuroscience)', 《신경과학 자연 리뷰(Nature Reviews Neuroscience)》, 5호, 2004년, 87쪽 이하.

15 다음 사이트를 보라. www.charleseugster.net. 그리고 2015년 3월 13일자 《프랑크푸르터 알게마이네 차이퉁》 온라인 판에 실린 기사도 보라. www.faz.net/aktuell/gesellschaft/charles−eugsterist−schnellster−95−jaehriger−der−welt−13480907.html(2016년 5월 12일에 열어봄).

16 http://durchschnittliche.de/geschwindigkeit−mittelwerte/51−durchschnittliche−zeit−marathon(2015년 11월 26일에 열어봄).

17 스벤 푈펠(Sven C. Voelpel), '100세에 은퇴하라! 자유를 위한 선언문(Rente mit 100! Ein Manifest fur unsere Freiheit)', 《프랑크푸르터 알게마이네 차이퉁》 일요일 특별판 '인구통계 다이얼로그(Demografie im Dialog)', 2015년, B4쪽.

18 토마스 단네(Thomas Danne)는 '당뇨병과 과체중: 소아 당뇨병의 발병이 두 배나 늘었다(Diabetes mellitus und Übergewicht – Häufigkeit des Kinder-Diabetes verdoppelt)'라는 제목의 논문에서 이런 사실을 밝혀냈다. www.diabetes-deutschland. de/archiv/3840.htm(2015년 11월 26일에 열어봄).

19 슈피겔 온라인 2015년 7월 6일자 '생물학적 나이(Biologisches Alter)'라는 제목의 기사를 보라. www.spiegel.de/wissenschaft/medizin/biologisches-alter-sie-glauben-sie-sind38-vielleicht-sind-sie-schon-61-a-1042290.html(2016년 5월 12일에 열어봄).

20 게르하르트 로트(Gerhard Roth), '어떻게 하면 노년에도 정신적으로 건강할 수 있을까요, 로트 교수님?(Wie können wir auch im Alter geistig fit bleiben, Herr Professor Roth?)', 《GEO 콤팍트(GEO Kompakt)》, 제44호 '젊은 머리!(Jung im Kopf!)' 인터뷰, 2015년, 22쪽 이하.

21 www.rtl.de/cms/im-interview-spricht-karlheinz-reherueber-wer-wird-millionaer-1808511.html(2016년 5월 12일에 열어봄).

22 www.welt.de/vermischtes/article144350662/Quiz-Kandidatin-96-wettete-fuer-eigene-Beerdigung.html(2016년 5월 12일에 열어봄).

23 www.faz.net/aktuell/gesellschaft/menschen/102-jahrealte-frau-erhaelt-promotionsurkunde-13630467.html(2016년 5월 12일에 열어봄).

24 다음 자료에서 재인용했다. 카롤라 클라인슈미트(Carola Kleinschmidt), 『젊게 늙어가자: 왜 40대에 80대를 생각하는 것이 좋은가(Jung alt werden. Warum es sich mit 40 schon lohnt, an 80 zu denken)』, 함부르크: 엘레르트 앤드 리히터, 2010년, 32쪽.

25 팻 테인, 『노년의 역사』, 2005년, 22쪽.

26 베이뇌 칸니스토(Väinö Kannisto), '100세의 생존과 수명(On the survival of centenarians and the span of life)', 《인구 연구(Population Studies)》, 42, 1988년, 389쪽 이하.

27 https://de.wikipedia.org/wiki/Jeanne_Calment(2016년 5월 12일에 열어봄).

28 다음을 참고하라. 베르나르 죈(Bernard Jeune), 장마리 로빈(Jean-Marie Robine), 로버트 영(Robert Young), 베르트랑 데자르댕(Bertrand Desjardins), 악셀 스키트(Axel Skytthe), 제임스 바우펠(James W. Vaupel), '잔 칼망과 그 후계자들: 최장의 장수를 누린 사람들의 인생 기록(Jeanne Calment and her successors. Biographical notes on the longest living humans)', 하이너 마이어(Heiner Maier) 외 편, 『슈퍼센티내리언(Supercentenarians)』, 베를린/하이델베르크, 슈프링거, 2010년, 285쪽 이하 (=Demographic Research Monographs DOI 10).

29 다음을 참고하라. 베르나르 죈 외, '잔 칼망과 그 후계자들: 최장의 장수를 누린 사람들의 인생 기록', 2010년. 인용된 말은 내(저자)가 번역한 것이다.

30 독일 연방통계청(Statistisches Bundesamt), '독일의 65+ 세대(Die Generation 65+ in

Deutschland)', 비스바덴: 연방통계청, 2015a, 38쪽. www.destatis.de(2016년 5월 12일에 열어봄).

31 미셸 풀랭(Michel Poulain), 조반니 페스(Giovanni M. Pes) 공저, '사르데냐섬의 대단한 장수를 누리는 지리적 지역의 확인: 'AKEA' 연구(Identification of a geographic area characterized by extreme longevity in the Sardinia island: the AKEA study)', 《실험 노인학(Experimental Gerontology)》, 제39호, 9권, 2004년, 1423쪽.

32 http://ngm.nationalgeographic.com/2005/11/longevity-secrets/buettner-text(2016년 6월 15일에 열어봄).

33 www.faz.net/aktuell/gesellschaft/gesundheit/altersforschungmit-70-ein-kindmit-80-jugendlicher-1142522.html(2016년 5월 12일에 열어봄).

34 자세한 묘사는 안네 슈네펜(Anne Schneppen)의 2004년 기사를 보라.

35 이를 그래픽으로 나타낸 자료는 다음 사이트에서 볼 수 있다. https://en.wikipedia.org/wiki/Blue_Zone#/media/File:Vendiagram.gif.

36 댄 뷰트너(Dan Buettner), 『블루 존: 장수를 누린 사람들로부터 얻는 장수의 교훈(The Blue Zones: Lessons for Living Longer From the People Who've Lived the Longest)』, 워싱턴, 내셔널지오그래픽(초판, 2008), 2010년, 223쪽.

37 www.laenderdaten.de.

38 마르틴 코르테, 『머릿속의 젊음』, 85, 90쪽.

39 브라이언 스피사크(Brian R. Spisak), 앨런 그라보(Allen E. Grabo), 리처드 아비(Richard D. Arvey), 마르크 판 뷔흐트(Mark van Vugt), '탐험과 이용의 연령: 젊은 지도자는 변화를, 늙은 지도자는 안정을 지지한다(The age of exploration and exploitation: Younger-looking leaders endorsed for change and older-looking leaders endorsed for stability)', 《계간 리더십(Leadership Quarterly)》, 25호, 2014년, 805쪽 이하.

40 마르틴 코르테, 『머릿속의 젊음』, 2014년, 160쪽 이하.

41 같은 책, 181쪽 이하.

42 같은 책, 136쪽.

43 크리스티안 슈타모프 로스나겔(Christian Stamov Roßnagel), 미하엘 피카르트(Michael Picard), 스벤 푈펠, '40대 이상의 학습(Lernen jenseits der 40)', 《퍼스널(Personal)》, 60호, 2008년, 40쪽 이하. 크리스티안 슈타모프 로스나겔, 멜라니 슐츠(Melanie Schulz), 미하엘 피카르트, 스벤 푈펠, '연구자와 개업의 공동 작업: 노년층 근로자의 비공식 학습 능력(Researcher-Practitioner Collaboration in Action: Older Workers' Informal Learning Competency)', 《인사심리학 저널(Zeitschrift für Personalpsychologie)》, '특별 이슈: 노동 조직의 인구 변화', 8호, 2009년, 71쪽 이하.

44 《디 벨트》의 2013년 9월 4일자 보도를 보라. "시니어는 비디오게임으로 두뇌 능력을 향상시킬 수 있다(Senioren können Hirnleistung mit Videospiel steigern)."

45 캐서린 울릿(Katherine Woollett), 엘리노어 매과이어(Eleanor A. Maguire), '런던 지리 '지식'의 획득으로 생겨나는 뇌의 구조적 변화(Acquiring the 'Knowledge' of London's Layout Drives Structural Brain Changes)', 《현대생물학(Current Biology)》, 21, 2011년, 2109쪽 이하.

46 게르하르트 로트, '어떻게 하면 노년에도 정신적으로 건강할 수 있을까요, 로트 교수님?', 2015년, 26쪽.

47 루디 베스텐도르프, 『늙지 않고 늙어가기』, 2015년, 145쪽.

48 마르틴 코르테, 『머릿속의 젊음』, 2014년, 224쪽.

49 루디 베스텐도르프, 『늙지 않고 늙어가기』, 2015년, 147쪽.

50 마르틴 코르테, 『머릿속의 젊음』, 2014년, 225쪽.

51 독일 연방통계청, '독일의 65+ 세대', 2015a.

52 마르틴 코르테, 『머릿속의 젊음』, 2014년, 226쪽.

53 니콜 스파타노(Nicole L. Spartano), 자얀드라 히말디(Jayandra J. Himali), 알렉사 바이저(Alexa S. Beiser), 그레고리 루이스(Gregory D. Lewis), 찰스 데칼리(Charles DeCarli), 라마찬드란 바산(Ramachandran S. Vasan), 수드하 세사드리(Sudha Seshadri), '중년의 운동 혈압, 심박수, 체력은 20년 뒤 뇌 크기와 관계가 있다(Midlife Exercise Blood Pressure, Heart Rate, and Fitness Relate to Brain Volume 2 Decades Later)', 《신경학(Neurology)》, 2016년, 인쇄 중. 이 자료는 온라인으로 볼 수 있다. www.neurology.org/content/early/2016/02/10/WNL.0000000000002415.

54 외르크 블레히(Jörg Blech), '영리하게 달리기(Schlaulaufen)', 《슈피겔》, 2015년 8월 1일, 97쪽.

55 스벤 푈펠, 안케 피셔(Anke Fischer), 『정신과 감정과 몸의 건강: 어떻게 하면 지속적으로 건강을 유지할까(Mentale, emotionale und körperliche Fitness. Wie man dauerhaft leistungsfähig bleibt)』, 에를랑겐, 퍼블리시스, 2015년, 43쪽.

56 루디 베스텐도르프, 『늙지 않고 늙어가기』, 2015년, 174쪽 이하.

57 스벤 푈펠, 안케 피셔, 『정신과 감정과 몸의 건강』, 2015년, 26쪽.

58 다음에서 인용했다. 외르크 블레히, '영리하게 달리기', 《슈피겔》, 2015년, 91쪽.

59 클라우디아 쾰커레하게, 벤 고데(Ben Godde), 우르줄라 슈타우딩거, '신체 건강과 운동력은 모두 노년의 인지와 관련이 있다(Physical and motor fitness are both related to cognition in old age)', 《유럽 신경학 저널(European Journal of Neuroscience)》, 31호, 2009년, 167쪽 이하.

60 외르크 블레히, '영리하게 달리기', 《슈피겔》, 2015년, 91쪽.

61 헤닝 엥겔른(Henning Engeln), '두뇌의 놀라운 잠재력(Die verblüffende Reserve in unserem Kopf)', 《GEO 콤팍트》, 44호 '두뇌를 젊게(Jung im Kopf!)', 2015년, 34쪽.

62 마르틴 코르테, 『머릿속의 젊음』, 2014년, 94쪽, 293쪽.

63 외르크 블레히, '영리하게 달리기', 《슈피겔》, 2015년, 90쪽.

64 존 메디나(John Medina), 『두뇌와 성공: 학업과 직업과 일상을 위한 열두 가지 법칙 (Gehirn und Erfolg. 12 Regeln für Schule, Beruf und Alltag)』, 비스바덴, 스프링거스 펙트럼(초판, 2009), 2012년. 국내에는 『브레인 룰스: 의식의 등장에서 생각의 실현까지』 라는 단행본으로 출간되었다(옮긴이 주).

65 독일 연방통계청, '독일의 65+ 세대', 2015a.

66 독일 연방정부 국민건강백서(Gesundheitsberichterstattung des Bundes), 《주당 평균 신체 활동(Durchschnittliche sportliche Aktivität pro Woche)》, www.gbe-bund. de(2015년 12월 8일에 열어봄).

67 www.gde-bund.de(2015년 11월 29일에 열어봄).

68 독일 연방통계청, '독일의 65+ 세대', 2015a, 24쪽.

69 기술자의료보험 편, '운동하라, 독일! 독일의 운동 습관 연구(Beweg Dich, Deutschland! TK-Studie zum Bewegungsverhalten in Deutschland)', 함부르크, 기술자의료보험, 2013년. www.tk.de(2015년 12월 12일에 열어봄).

70 마르틴 쿤츠(Martin Kunz), '나이가 들어갈수록 더 열심히 운동하라!(Trainieren Sie mehr, je älter Sie werden!)', 《디 벨트》, 2013년 1월 16일자, www.welt.de(2015년 10월 20일에 열어봄).

제3장

1 로타르 자이베르트(Lothar Seiwert), 『새로운 시간-노년: 우리가 늙어가는 것이 좋은 이유 (Das neue Zeit-Alter. Warum es gut ist, dass wir immer älter werden)』, 뮌헨, 아리스 톤(Ariston), 2014년, 15쪽.

2 http://mal-alt-werden.de/category/basteln/(2015년 12월 14일에 열어봄).

3 알렌스바흐 여론조사 연구소, 「사회 시대의 이미지: 16세 이상 인구를 대상으로 한 설문조사」, 2012, 4쪽, www.bosch-stiftung.de/content/language1/downloads/Der_ Deutsche_Alters preis_Altersbilder_Bericht.pdf (2015년 11월 19일에 열어봄).

4 알렉스 륄레(Alex Rühle), '오늘날 사람들은 생물학적으로 더 젊다(Die Leute sind heute biologisch jünger)', 우르줄라 슈타우딩거와의 인터뷰, 《쥐트도이체 차이퉁(Süddeutsche Zeitung)》, 2011년 7월 9일. www.sueddeutsche.de(2015년 10월 20일에 열어봄).

5 '노년(Alter)', 《타게스차이퉁》, 2015년 3월 7일자 기사, www.taz.de(2015년 12월 14일에 열어봄).

6 앙겔리카 압트체겔린(Angelika Abt-Zegelin), '피할 수 없는 운명이 아니다: 몸져눕는 현상의 진행(Kein unausweichliches Schicksal: Der Prozess des Bettlägerigwerdens)', 《요양 신문(Pflegezeitschrift)》, 제59호 2권, 2006년, 107쪽.

7 같은 자료, 108쪽.

8 루디 베스텐도르프, 『늙지 않고 늙어가기』, 2015년, 178쪽 이하.

9 플라톤, 『국가』, 알렉산드리아 도서관, 3쪽 이하. www.alexandria.de.

10 데이비드 마이어스(David G. Myers), 『심리학(Psychologie)』, 베를린, 스프링거(세 번째 전면개정판), 2014년, 573쪽 이하.

11 브렌트 도넬런(Brent M. Donnellan), 리처드 E. 루카스(Richard E. Lucas), '인생 단계에 걸친 빅 파이브의 연령 차이: 두 국가의 샘플로 얻은 증거(Age Differences in the Big Five Across the Life Span: Evidence from Two National Samples)', 《심리학과 노화(Psychology and Aging)》, 23, 2008년, 558쪽 이하.

12 마르틴 코르테, 『머릿속의 젊음』, 2014년, 160쪽 이하.

13 클라우디아 마스(Claudia Mahs), '어떻게 하면 행복하고 만족스러운 노년을 누릴까?(Wie man im Alter glücklich und zufrieden ist?)'. www.themen-der-zeit.de(2015년 12월 17일에 열어봄).

14 카롤라 클라인슈미트, 『젊게 늙어가자』, 2010년.

15 마르틴 코르테, 『머릿속의 젊음』, 2014년, 150쪽 이하.

16 다음 자료에서 재인용했다. 카롤라 클라인슈미트, 『젊게 늙어가자』, 2010년, 41쪽.

17 마르틴 코르테, 『머릿속의 젊음』, 2014년, 322쪽.

18 엘런 랭어, 『시계를 되돌리다?: 주의력의 치료적 효과로 건강하게 늙어가기(Die Uhr zurückdrehen? Gesund alt werden durch die heilsame Wirkung der Aufmerksamkeit)』, 파더보른, 융페르만(Junfermann), 2011년, 14쪽 이하. 국내에는 『마음의 시계: 시간을 거꾸로 돌리는 매혹적인 심리 실험』으로 번역, 출간되었다(옮긴이 주).

19 같은 자료, 38쪽과 164쪽.

20 같은 자료, 15쪽.

21 J. A. 터너(J. A. Turner), R. A. 데요(R. A. Deyo), J. D. 로저(J. D. Loeser), M. 폰 코프(M. von Korff), W. E. 포다이스(W. E. Fordyce), W. E., '통증 치료와 연구에서 플라세보 효과의 중요성(The Importance of Placebo Effects in Pain Treatment and Research)'. 《자마(JAMA)》, 271 (20), 1994년, 1609~1614쪽. JAMA는 미국 의학협회 저널(Journal of the American Medical Association)의 약자다(옮긴이 주).

22 캐럴 드웩(Carol Dweck), 『자화상: 어떻게 우리의 생각은 성공이냐 실패냐를 좌우할까(Selbstbild: Wie unser Denken Erfolge oder Niederlagen bewirkt)』, 뮌헨, 피퍼(Piper), 2009년.

23 아스트리트 슈츠(Astrid Schütz), '내면의 자아와 자기성찰: 노년에 달라지는 평가. 자아성찰에 있어 정체된 마인드세트와 역동적 마인드세트의 영향(Inneres Selbst und Selbstmedikation-Im Alter verändert sich die Bewertung. Einflüsse von statischen und dynamischen Mindsets bei der Selbstmeditation)'. 13쪽. www.schwabe.de(2015년 12월 15일에 열어봄).

24 같은 자료, 31쪽.

25 레기나 묀흐(Regina Mönch), '시니어의 자화상: 특수강 세대(Selbstbild der Senioren: Generation Edelstahl)', 《프랑크푸르터 알게마이네 차이퉁》, 2012년 11월 28일. www. faz.net(2015년 12월 9일에 열어봄).

26 www.youtube.com/watch?v=5nJOMLtkHEc(2016년 5월 12일에 열어봄).

27 엘런 랭어, 『시계를 되돌리다?』, 2011년, 142쪽.

28 엘런 랭어, 주디스 로딘(Judith Rodin), '고령자에게 선택의 기회를 주어 개인적 책임감이 높아진 효과: 설정된 상황에서 이뤄진 현장 연구(The Effects of Choice and Enhanced Personal Responsibility for the Aged: A Field Experiment in an Institutional Setting)', 《인성과 사회심리학 저널(Journal of Personality and Social Psychology)》, 제34호 2권, 1976년, 191쪽 이하.

29 로버트 로젠탈(Robert Rosenthal), 리어노어 제이콥슨(Leonore Jacobson), '교사의 기대치: 학생들의 지능지수 향상의 결정적 요인(Teachers' Expectancies: Determinants Of Pupils' IQ Gains), 《심리학 리포트(Psychological Reports)》, 제19호, 1966년, 115쪽 이하.

30 마르틴 코르테, 『머릿속의 젊음』, 2014년, 296쪽 이하.

31 같은 책, 196쪽.

32 엘런 랭어, 마야 디키치(Maja Djikic), 어린 머덴치(Arin Madenci), 마이클 피어슨(Michael Pirson), 리베카 도나휴(Rebecca Donahue), '믿음이 시력이다: 마인드세트를 무너뜨리는 거꾸로 된 버전(Believing Is Seeing: Reversing Vision Inhibiting Mindsets)', 하버드 대학교 심리학과, 2009년(다음 자료에서 인용했다. 엘런 랭어, 『시계를 되돌리다?』, 2011년, 102쪽).

33 킴 델배레(Kim Delbaere), 재클린 클로즈(Jacqueline C. T. Close), 헨리 브로더티(Henry Brodaty), 스티븐 로드(Stephen R. Lord), '고령자의 지각 및 생리적 위험 감소 사이에 빚어지는 불균형의 결정 요인: 집단 연구(Determinants of Disparities between Perceived and Physiological Risk of Falling Among Elderly People: Cohort Study)', 《브리티시 메디컬 저널(British Medical Journal BMJ)》, 2010년. www.bmj.com/content/bmj/341/bmj.c4165.full.pdf(2015년 12월 11일에 열어봄).

34 안드레아스 라베스(Andreas Labes), 『100년 인생(100 Jahre Leben)』, 프랑크푸르트(오데르 강변), 기라페 광고 에이전시(Giraffe Werbeagentur GmbH) 제4판, 2015년.

35 엘런 랭어, 『시계를 되돌리다?』, 2011년, 62쪽.

36 크리스티안 하인리히(Christian Heinrich), '생존 전략으로서의 낙관주의(Optimismus als Überlebensstrategie)', 슈피겔 온라인, 2013년 6월 2일자. www.spiegel.de(2015년 12월 11일에 열어봄).

37 안나 폰호프(Anna Vonhoff), '건강의 자기 평가가 기대수명을 예언한다(Selbsteinschätzung der Gesundheit sagt Lebenserwartung voraus)', 《포커스(Focus)》, 2012년 2월 10일자. www.focus.de(2015년 12월 11일에 열어봄).

38 엘런 랭어, 『시계를 되돌리다?』, 2011년, 63쪽.

39 같은 책, 63쪽.

40 루디 베스텐도르프, 『늙지 않고 늙어가기』, 2015년, 221쪽.

41 다음 자료에서 재인용했다. 카롤라 클라인슈미트, 『젊게 늙어가자』, 2010년, 168쪽.

42 엘런 랭어, 『시계를 되돌리다?』, 2011년, 100쪽 이하.

43 아냐 브라운바르트(Anja Braunwarth), '비싼 플라세보가 더 효과가 좋다(Teures Placebo wirkt besser)', 《메디컬 트리뷴》, 2015년 5월 6일자. www.medical-tribune. de(2015년 12월 16일에 열어봄).

44 존 바그(John Bargh), 마크 첸(Mark Chen), 라라 버로우즈(Lara Burrows), '자동적으로 이뤄지는 사회 행동: 특성 구축과 고정관념이 행동에 미치는 직접적 효과(Automaticity of Social Behavior: Direct Effects of Trait Construct and Stereotype Activation on Action)', 《인성과 사회심리학 저널(Journal of Personality and Social Psychology)》, 71 호, 1996년, 230쪽 이하.

45 크리스틴 키르히너(Christine Kirchner), 이나 푈커(Ina Völker), 오트마어 레오 보크 (Otmar Leo Bock), '연령과 관련된 고정관념이 고령 근로자의 성과에 미치는 점화 효과 (Priming with Age Stereotypes Influences the Performance of Elderly Workers)', 《사 이콜로지(Psychology)》, 6호, 2015년, 133쪽 이하.

46 로라 카스텐슨(Laura L. Carstensen), '인성의 발달에 미치는 시간 감각의 영향(The Influence of a Sense of Time on Human Development)', 《사이언스(Science)》, 30 호, 2006년, 1913쪽 이하. 수전 찰스(Susan Charles), 로라 카스텐슨, '사회적 노년 과 감정적 노년(Social and Emotional Aging)', 《심리학 연간 리뷰(Annual Review of Psychology)》, 61호, 2010년, 383쪽 이하.

47 마르틴 코르테, 『머릿속의 젊음』, 2014년, 154쪽 이하.

48 헬무트 루프트(Helmut Luft), 마이놀프 페터스(Meinolf Peters), 크리스티안 슈라더 (Christiane Schrader), '사랑, 쾌락 그리고 다른 열정: 순간인가, 변하는가, 영원한 가?(Liebe, Lust und andere Leidenschaften-vergänglich, wandelbar, zeitlos)?', 《노 년의 심리 치료(Psychotherapie im Alter)》, 2호 3권, 2005년, 5쪽.

49 독일의 대중 잡지 《분테(Bunte)》 2014년 1월 2일자의 표지 기사 '데미 무어: 새로운 장난 감 보이를 얻다'와 《빌트(Bild)》 2016년 1월 10일자 표지 기사 '마파이, 여전히 젊은 몸을 자랑하다'를 보라.

50 페트라 로트(Petra Loth), 『노년의 섹스. 이것이 정상일까?(Sexualität im Alter. Ist das noch normal?)』, 뮌헨, 그린출판사(Grin Verlag), 2014년, 2쪽.

51 외르크 뵈켐(Jörg Böckem), '양로원의 섹스 봉사(Sex-Dienste im Pflegeheim: Die Pionierin)', 슈피겔 온라인, 2010년 2월 23일자(2016년 3월 16일에 열어봄).

52 지그리트 노이덱커(Sigrid Neudecker), '모든 게 지나간 이야기라고?(Alles schon vorbei?)', 《차이트 비센(Zeit Wissen)》, 2014년 6월호, 33쪽 이하.

53 리자 버디셰프스키(Liza Berdychevsky), 갈리트 님로드(Galit Nimrod), '섹스 토크합 시다: 시니어 온라인 커뮤니티의 토론(Let's Talk about Sex: Discussions in Seniors' Online Communities)', 《레저 연구 저널(Journal of Leisure Research)》, 47, 2015년, 467쪽 이하.

54 에리히 그론트(Erich Grond), 「노년의 섹스: 간병 인력이 알아야 하며 할 수 있는 것 (Sexualität im Alter. Was Pflegekräfte wissen sollten und was sie tun können)」, 하노버, Hannover, 슐뤼테르셰 출판사(Schlütersche Verlagsgesellschaft), 개정판, 2011년, 43쪽.

55 브리타 뮐러(Britta Müller), 크리스토프 니나버(Christoph A. Nienaber), 올라프 라이스(Olaf Reis), 페터 크롭(Peter Kropp), 볼프강 마이어(Wolfgang Meyer), '독일 노년 남성과 여성의 장기적 관계에서 본 섹스와 애정 생활: 인구 전망에 기초한 연구 결과 (Sexuality and Affection among Elderly German Men and Women in Long-Term Relationships: Results of a Prospective Population-Based Study)', 《플러스 원(PLoS ONE)》, 9(11): e111404, 2014년.

56 에리히 그론트, 「노년의 섹스」, 2011년, 40쪽 이하.

57 같은 책, 18쪽.

58 브리타 뮐러, '시니어는 섹스보다 애무를 더 중시한다(Senioren ist Kuscheln wichtiger als Sex)', 2015년 1월 6일자 로스토크 대학교 보도 자료, www.uni-rostock.de(2016년 1월 29일에 열어봄).

59 지그리트 노이덱커, '모든 게 지나간 이야기라고?', 《차이트 비센》, 2014년, 34쪽.

60 라이너 호르눙(Rainer Hornung), '노인이라고 해서 섹스에 무감각한 것은 아니다(Alte Menschen sind nicht asexuell)', 인터뷰, 2006년, www.arte.tv(2016년 2월 1일에 열어봄).

61 에리히 그론트, 「노년의 섹스」, 2011년, 85쪽.

62 www.parship.de/editorial/ratgeber/single-leben/partnersucheab-50/(2016년 2월 2일에 열어봄).

63 www.elitepartner.de/erfolgsgeschichten/anita-und-dieter-soleicht- klappt-das-liebesglueck-mit-60.html?ref=home(2016년 2월 2일에 열어봄).

64 www.50plus.de/leben/beziehungen/article/spaete-liebe-ingetrennten-wohnungen.html(2016년 2월 2일에 열어봄).

65 www.kostenlose-singleboersen.com/50plus-singleboersen/(2016년 2월 1일에 열어봄).

66 www.christa-appelt.de('성공한 인물만을 위한 파트너 소개(Die exklusive Partnervermittlung für Erfolgreiche)', 2016년 2월 3일에 열어봄).

67 율리아 힐데브란트(Julia Hildebrandt), '25년의 결혼 생활 끝에 이혼하다: 도대체 왜 내가 이런 결혼 생활을 참아야 하지?(Scheidung nach 25 Jahren Ehe: Warum soll ich mir

das antun?)', 《프랑크푸르터 룬트샤우(Frankfurter Rundschau)》, 2014년 3월 16일자, www.fr-online.de(2016년 2월 1일에 열어봄).

68 독일 연방통계청, '독일의 65+ 세대', 2015a, 8쪽.

69 www.brigitte.de/liebe/sex-flirten/wolke-9-sex-570942/4.html#a0(2016년 5월 12일에 열어봄).

70 에리히 그론트, 『노년의 섹스』, 2011년, 64쪽.

71 프로 파밀리아(Pro Familia), '섹스가 변할 때: 섹스와 노화(Wenn Sexualität sich verändert. Sexualität und Älterwerden)', 2015년(www.profamilia.de에서 다운로드할 수 있음).

72 다음 자료에서 재인용했다. 카티아 마이어티엔(Katia Meyer-Tien), '시니어를 위한 섹스 상담 직업(Beruf: Sexberaterin für Senioren)', 《쾰너 슈타트안차이거(Kölner Stadt-Anzeiger)》, 2011년 11월 5일자 기사, www.ksta.de(2016년 2월 1일에 열어봄).

73 잉에 로나 코흐(Inge Lona Koch), 라이너 코흐(Rainer Koch), 『그러기에는 너무 늙었다고 절대 말하지 마(Sag nie, ich bin zu alt dafür)』, 베를린, 슈바르츠코프 & 슈바르츠코프, 2003년.

74 제인 저스카(Jane Juska), 『67세가 되기 전에…(Bevor ich 67 werde…)』, 프랑크푸르트, 셰르츠(Scherz), 제3판, 2005년.

75 '잦은 섹스는 당신을 젊어 보이게 한다(Frequent Sex May Help You Look Younger)', http://preventdisease.com/news/articles/sex_makes_you_look_younger. shtml(2016년 2월 2일에 열어봄).

76 파울 발테스, 울만 린덴베르거(Ulman Lindenberger), 우르줄라 슈타우딩거, '발달심리학의 수명 이론(Theory in Developmental Psychology)', 윌리엄 데이먼(William Damon), 리처드 러너(Richard M. Lerner) 편, 『아동심리학 핸드북(Handbook of Child Psychology)』, 1권, '인간 발달의 이론 모델(Theoretical Models of Human Development)', 뉴욕, 윌리, 제6판, 2006년, 569쪽 이하. 구드룬 가우다(Gudrun Gauda), '노년의 발달심리학적 도전(Entwicklungspsychologische Herausforderungen im Alter)', 독일 치료인형극협회의 연례총회 강연, 2011년, www.budgestiftung.de/ uploads/DGTP% 20Vortrag%202011.pdf(2011년 12월 18일에 열어봄).

77 파울 발테스, '인생 전반의 발달심리학(Entwicklungspsychologie der Lebensspanne)', 《심리학 전망(Psychologische Rundschau)》, 41호, 1990년, 4쪽.

78 '제2차 하이델베르크 100세 연구: 100년 동안의 도전 그리고 강점(Zweite Heidelberger Hundertjahrigen-Studie: Herausforderungen und Starken des Lebens mit 100 Jahren)', 슈투트가르트, 로베르트 보슈 재단, 2013년, 41쪽과 63쪽 이하.

79 구드룬 가우다, '노년의 발달심리학적 도전', 2011년, 4쪽 이하.

80 같은 자료, 2011년.

81 알렉산드라 프로인트(Alexandra M. Freund), 파울 발테스, '인생 관리 전략, 선택과

최적화와 보상: 자기 보고와 타당성 구축의 측정(Life-Management-Strategies of Selection, Optimization, and Compensation: Measurement by Self-Report and Construct Validity)', 《인성과 사회심리학 저널(Journal of Personality and Social Psychology)》, 82, 2002년, 642쪽 이하. 파울 발테스, 울만 린덴베르거, 우르줄라 슈타우딩거, '발달심리학의 수명 이론', 『아동심리학 핸드북』, 2006년.

제4장

1 창세기 2장 18절.
2 마틴 셀리그만(Martin E. P. Seligman), 『행복 요소: 왜 낙천주의자가 더 오래 살까(Der Glücks-Faktor. Warum Optimisten länger leben)』, 베르기슈글라트바흐, 바스타이 뤼베(Bastei Lübbe), 2005년, 235쪽 이하.
3 수전 찰스, 로라 카스텐스, '사회와 감정 노화', 《심리학 연간 리뷰》, 2010년.
4 헬렌 펑(Helene H. Fung), 로라 카스텐스, 프라이더 랭(Frieder R. Lang), '유럽계 미국인과 아프리카계 미국인의 사회 네트워크에서 연령과 관련해 나타나는 패턴: 인생 전반에 걸쳐 확인되는 사회감정적 선택성이 갖는 함의(Age-Related Patterns in Social Networks Among European Americans and African Americans: Implications for Socioemotional Selectivity Across the Life Span), 《노화와 인간 발달 국제 저널(International Journal of Aging and Human Development)》, 52, 2001년, 185쪽 이하.
5 같은 자료.
6 자세한 연구 결과는 다음 자료를 참고하라. 수전 찰스, 로라 카스텐스, '사회와 감정 노화', 《심리학 연간 리뷰》, 2010년. 줄리앤 홀트룬드스태드(Julianne Holt-Lundstad), 티모시 스미스(Timothy B. Smith), J. 브래들리 레이턴(J. Bradley Layton), '사회관계와 사망 위험: 메타 분석 리뷰(Social Relationships and Mortality Risk: A Meta-Analytic Review)', 《플로스 메디신(PLOS Medicine)》, 2010년, http://journals.plos.org/plosmedicine/article?id=10.1371/journal.pmed.1000316(2016년 1월 8일에 열어봄).
7 아일린 지글러(Ilene C. Siegler), 베벌리 브뤼멧(Beverly H. Brummet), 피터 마틴(Peter Martin), 마이클 헬름스(Michael J. Helms), '결혼 생활의 타이밍과 중년기를 거치는 생존 확률의 일관성: 인성과 건강 위험 행동의 역할(Consistency and Timing of Marital Transitions and Survival During Midlife: The Role of Personality and Health Risk Behaviors)', 《행동의학 연보(Annals of Behavioral Medicine)》, 45, 2013년 6월, 338쪽 이하.
8 다음 자료에서 재인용했다. 아델하이드 뮐러리스너(Adelheid Müller-Lissner), '결혼 생활이 가져오는 것: 더 많은 돈과 더 많은 건강(Was die Ehe bringt: Mehr Kilosund mehr Lebenszeit)', 《타게스슈피겔(Tagesspiegel)》, 2015년 7월 7일자, www.tagesspiegel.

de(2016년 1월 7일에 열어봄).

9 콘스탄체 킨델(Constanze Kindel), '은퇴 생활: 은퇴한 뒤에 오는 것은(Ruhestand: Was nach der Arbeitkommt)', 《GEO 콤팩트》, 44, '두뇌를 젊게!', 2015년, 83, 84, 87, 92쪽.

10 아네 뵈거(Anne Böger), 올리버 헉스홀드(Oliver Huxhold), '노년의 외로움을 초래하는 원인, 방식 그리고 결과: 문학적 조망(Ursachen, Mechanismen und Konsequenzen von Einsamkeit im Alter: Eine Literaturübersicht)', 《국제 노년 문제(Informationsdienst Altersfragen)》, 4호 1권, 2014년, 9쪽.

11 클레멘스 테슈뢰머(Clemens Tesch-Römer), 마야 비스트(Maja Wiest), 주자네 뷔름(Susanne Wurm), 올리버 헉스홀드, '인생 후반전의 외로움 트렌드: 독일 고령화 조사에서 확인된 사실들(Einsamkeits-Trends in der zweiten Lebenshälfte: Befunde aus dem Deutschen Alterssurvey(DEAS))', 《국제 노년 문제》, 4호 1권, 2014년, 5쪽 이하.

12 프랑수아 외플링거(François Höpflinger), '노년의 사회적 관계: 발달과 문제 영역들(Soziale Beziehungen im Alter-Entwicklungen und Problemfelder)'. 2009년, www.hoepflinger.com/fhtop/Soziale-Kontakte.pdf(2016년 2월 9일에 열어봄).

13 같은 자료.

14 다음 자료에서 재인용했다. 카롤라 클라인슈미트, 『젊게 늙어가자』, 2010년, 102쪽.

15 하비 맥케이(Harvey Mackay), (2000), 『필요하기 전에 친구 사귀기(Suche dir Freunde, bevor du sie brauchst)』, 뮌헨, 에콘(Econ), 2000년.

16 알렌스바흐 여론조사 연구소, 「사회 시대의 이미지: 16세 이상 인구를 대상으로 한 설문조사」, 2012, 8쪽 이하.

17 다음 자료에서 재인용했다. 안네마리 디에르(Annemarie Diehr), '유유상종(Gemeinsam unter Gleichen)', 《프랑크푸르터 알게마이네 존탁자이퉁(Frankfurter Allgemeine Sonntagszeitung)》, 2015년 12월 6일자, 15쪽.

18 독일 연방통계청, '독일의 65+ 세대', 2015a, 8쪽.

19 클레멘스 테슈뢰머, 마야 비스트, 주자네 뷔름, 올리버 헉스홀드, '인생 후반전의 외로움 트렌드: 독일 고령화 조사에서 확인된 사실들', 2014년, 7쪽.

20 존 카시오포(John Cacioppo), 윌리엄 패트릭(William H. Patrick), 『외로움: 어떻게 생겨나며 무슨 결과를 빚어내고 어떻게 하면 빠져나올 수 있는가(Einsamkeit: Woher sie kommt, was sie bewirkt, wie man ihr entrinnt)』, 하이델베르크, 스펙트럼 아카데미셔 출판(Spektrum Akademischer Verlag), 2011년.

21 클레멘스 테슈뢰머, 마야 비스트, 주자네 뷔름, 올리버 헉스홀드, '인생 후반전의 외로움 트렌드: 독일 고령화 조사에서 확인된 사실들', 2014년, 13쪽 이하.

22 슈테파니 벡커(Stefanie Becker), '고령의 성인 연령대가 보여주는 심리적 측면의 안정성과 변화(Stabilität und Veränderung psychologischer Aspekte im höheren Erwachsenenalter)'. 프랑크푸르트 대학교 강의, 2007년, www.uni-frankfurt.de/43720465/Becker3.pdf(2016년 1월 11일에 열어봄).

23 크리스티안 슈배게를(Christian Schwägerl), '당신의 다음 10년(Ihre nächsten zehn Jahre)', 《차이트 비센(Zeit Wissen)》, 2014년 6월, 40쪽 이하.

24 주자네 보데(Susanne Bode), 『잊힌 세대: 전쟁을 겪은 아이들, 침묵을 깨다(Die vergessene Generation. Die Kriegskinder brechen ihr Schweigen)』, 제20판(2004년 초판), 슈투트가르트, 클레트코타(Klett-Cotta), 2015년.

25 다음을 보라. '조기 퇴직, 안녕!(Fruhverrentung, adel)', 2012년 8월 29일, www.ihre-vorsorge.de(2016년 1월 11일에 열어봄).

26 비난트 폰 페터스도르프(Winand von Petersdorff), '조기 퇴직의 저주(Der Fluch der frühen Rente)', 2014년, www.faz.net/aktuell/wirtschaft/vorruhestand-der-fluchder-fruehrente-13216810.html(2016년 6월 28일에 열어봄). 콘스탄체 킨델, '은퇴 생활: 은퇴한 뒤에 오는 것은', 《GEO 콤팩트》, 44, 2015년, 88쪽.

27 외르크 콜바허(Jörg Kohlbacher), 니콜라이 에글로프(Nicolai Egloff), '시장 연구 주제로서의 인구 구조 변화: 시계는 똑딱인다(Demographischer Wandel als Thema für die Marktforschung: Die Uhr tickt)', 《조사와 결과들(Research & Results)》, 3, 2008년, 40쪽 이하. 또는 라인골트 연구소가 '시니어 연구'라는 주제로 발표한 자료, www.rheingold-marktforschung.de.

28 케르스틴 데몬(Kerstin Dämon), '시장의 요구: 왜 50대 이상을 겨냥한 광고는 대개 실패할까(Markenansprache: Warum Werbung für 50 plus meist total floppt)', 《비르츠샤프트보케》, 2014년 1월 22일자, www.wiwo.de(2015년 11월 3일에 열어봄).

29 독일 가족·시니어·여성·청소년부(Bundesministerium für Familie, Senioren, Frauen und Jugend), 『이미 늙었다는 게 무슨 뜻이야? 사진과 동영상 공모전에 출품된 작품들(Was heißt schon alt? Ausgewählte Beiträge des Foto und Videowettbewerbs 2011)』, 제6판, 베를린, 2015년, www.bmfsfj.de(2016년 1월 14일에 열어봄).

30 다음 자료에서 재인용했다. 질케 판 디크(Silke van Dyk), '개인과 사회의 긴장 영역에서 노년층의 새로운 협상: 임의 분석적 연구 프로그램 프레젠테이션(Zur Neuverhandlung des Alters im Spannungsfeld von Individuum und Gesellschaft. Präsentation eines dispositivanalytischen Forschungsprogramms)', 2013년, 324쪽, http://archiv.soz-kult.fh-duesseldorf.de/img/ringvorlesung_2013/07_praesentation_van_Dyk.pdf(2016년 11월 12일에 열어봄).

31 다음 자료에서 재인용했다. 도로테아 짐스(Dorothea Siems), '세대별 정의: 노인들은 이제 돈을 벌고 싶어(Generationengerechtigkeit: Die Alteren wollen jetzt Kasse machen)', 《디 벨트》, 2008년 4월 11일자, www.welt.de(2016년 1월 5일에 열어봄).

32 www.youtube.com/watch?v=T_BSgDVFIY8.

33 질케 판 디크, 슈테판 레센니히, 티나 데닝거(Tina Denninger), 안나 리히터(Anna Richter), '퇴직 후에도 인생이 있는가? 활동적 노년의 건설적 논의와 사회적 수용에 대하여(Gibt es ein Leben nach der Arbeit? Zur diskursiven Konstruktion und sozialen

Akzeptanz des aktiven Alters)', 《WSI 미타이룽겐(WSI Mitteilungen)》, 5, 2013년, 321쪽 이하. 티나 데닝거, 질케 판 디크, 슈테판 레센니히, 안나 리히터, 『은퇴한 인생: 활동적 노년을 받아들이려는 사회의 새로운 협상(Leben im Ruhestand. Zur Neuverhandlung des Alters in der Aktivgesellschaft)』, 빌레펠트, 인쇄 중, 2014년.

34 질케 판 디크 외, '퇴직 후에도 인생이 있는가? 활동적 노년의 건설적 논의와 사회적 수용에 대하여', 2013년, 323쪽 이하.

35 같은 자료, 327쪽.

36 같은 자료, 326쪽 이하.

37 독일 연금보험(Deutsche Rentenversicherung), 『1889~2014: 125년 법적 연금보험(1889~2014: 125 Jahre gesetzliche Rentenversicherung)』, 뮌헨, 아우구스트 드레스바흐(August Dreesbach) 출판사, 2014년, 41쪽 이하, http://ejournal.125-grv.de/(2016년 1월 14일에 열어봄).

38 같은 책, 2014년, 8쪽.

39 크리스티안 슈배게를, '당신의 다음 10년', 《차이트 비센》, 2014년, 37쪽.

40 http://ec.europa.eu/eurostat/statistics-explained/index.php/Employment_statistics/de(2016년 6월 28일에 열어봄).

41 다니엘라 차이비그(Daniela Zeibig), '은퇴 생활: 매일이 일요일이다(Ruhestand: Jeder Tag ein Sonntag)', 《두뇌와 정신(Gehirn und Geist)》, 2014년 3월, 11쪽.

42 홈스-라헤 스트레스 지수(The Holmes-Rahe Life Stress Inventory)는 다음 사이트를 참고하라. www.stress.org/holmes-rahe-stress-inventory/(2016년 5월 12일에 열어봄).

43 게르하르트 로트, '어떻게 하면 노년에도 정신적으로 건강할 수 있을까요, 로트 교수님?', 《GEO 콤팩트》, 인터뷰, 2015년, 26쪽 이하.

44 다음 자료에서 재인용했다. 콘스탄체 킨델, '은퇴 생활: 은퇴한 뒤에 오는 것은', 2015년, 88쪽.

45 루디 베스텐도르프, 『늙지 않고 늙어가기』, 2015년, 132쪽.

46 로버트 로저스(Robert L. Rogers), 존 마이어(John S. Meyer), 칼 모털(Karl F. Mortel), '은퇴 연령에 도달한 후 신체 활동은 대뇌 혈류와 인지 능력을 유지시킨다(After Reaching Retirement Age Physical Activity Sustains Cerebral Perfusion and Cognition)', 《미국 노인병학회 저널(Journal of the American Geriatrics Society)》, 38, 1990년, 123쪽 이하.

47 다음을 보라. www.metro.net.

48 위르겐 베게(Jürgen Wegge), 주자네 크리스티나 리베르만(Susanne Christina Liebermann), 마이어 셰믈라(Meir Shemla), 비르기트 클라우디아 리에스(Birgit Claudia Ries), 슈테판 디스텔(Stefan Diestel), 클라우스헬무트 슈미트(Klaus-Helmut Schmidt), '무엇이 다양한 팀을 효율적으로 만드는가? 6년 연구 프로그램의 결론(What Makes

Age Diverse Teams Effective? Results from a Six-Year Research Program)', 《워크 (Work)》, 41, 2012년, 5145쪽 이하.

49 비르기트 클라우디아 리에스, 슈테판 디스텔, 마이어 셰믈라, 주자네 크리스티나 리베르만, 프란치스카 융만(Franziska Jungmann), 위르겐 베게, 클라우스헬무트 슈미트, '연령 다양성과 팀 효율성(Age Diversity and Team Effectiveness)', 크리스토퍼 마크 슐릭(Christopher Mark Schlick), 에크하르트 프리링(Ekkehart Frieling), 위르겐 베게 편, 『연령을 다양화한 작업 시스템(Age-Differentiated Work Systems)』, 하이델베르크, 슈프링거, 2013년, 89쪽 이하.

50 에릭 커니(Eric Kearney), 스벤 푈펠, '다양성 연구: 현재 우리는 다양한 조직을 경영하는 데 필요한 것을 얼마나 아는가?(Diversity Research: What Do We Currently Know about How to Manage Diverse Organizational Units?)', 《경영학 신문(Zeitschrift für Betriebswirtschaft)》, 82, 2012년, 3쪽 이하.

51 악셀 뵈슈주판(Axel Börsch-Supan), 마티아스 바이스(Matthias Weiss), '생산성과 연령: 조립 라인의 작업 팀을 살펴본 결과(Productivity and Age: Evidence from Work Teams at the Assembly Line)', 《MEA 토의 보고서(MEA Discussion Papers)》, 2013년, http://mea.mpisoc.mpg.de/uploads/user_mea_discussionpapers/1057_148-07. pdf(2016년 1월 18일에 열어봄).

52 플로리안 쿤체(Florian Kunze), 슈테판 보엠(Stephan A. Boehm), H. 브러치(H. Bruch), '연령, 변화에의 저항 그리고 직업 퍼포먼스(Age, Resistance to Change, and Job Performance)', 《경영심리학 저널(Journal of Managerial Psychology)》, 28호 7/8권, 2013년, 741쪽 이하.

53 로버트 에크호프(Robert A. Eckhoff), 아스트리트 호만(Astrid C. Homan), 스벤 푈펠, '연령으로 적절한 그룹 선택하기: 복잡한 업무를 위한 연령 다양성의 선호(Adequate Group Selection Comes With Age: Age Differences in Diversity Preference for Complex Tasks)', 2011년. 이 논문은 스웨덴 스톡홀름에서 열린 유럽 사회심리학회(European Association of Social Psychology(EASP)) 16차 총회에서 발표된 것이다.

54 라이너 그린(Rainer Green), '63세 연금과 새로운 부분 연금을 받는 유연한 연금 모델(Die Rente mit 63 und das Flexi-Renten-Modell als neue Teilrente)', 《시장 선도자 50 플러스: 경영진을 위한 정보(Marktmacher 50 plus: Informationen für Führungskräfte)》, 2014년, 8쪽, www.seniorresearch.de/imgupload/ marktmacher50plus.pdf(2016년 1월 17일에 열어봄. 2016).

55 토비아스 카이저(Tobias Kaiser), '많은 독일인들이 은퇴하지 않으려 한다(Viele Deutsche wollen gar nicht in Rente gehen)', 《디 벨트》, 2015년 5월 6일자, www. welt.de(2016년 1월 5일에 열어봄).

56 '연령 분포로 본 의원 숫자(Abgeordnete in Zahlen Altersgliederung)', www. bundestag.de.

57 독일 가족·시니어·여성·청소년부, '연방공화국 독일의 노년 세대가 처한 상황의 제5차 보고서: 노년이 경제와 사회에 가지는 잠재력 − 세대 간 결속을 위한 노년의 기여(Fünfter Bericht zur Lage der älteren Generation in der Bundesrepublik Deutschland: Potenziale des Alters in Wirtschaft und Gesellschaft−Der Beitrag älterer Menschen zum Zusammenhalt der Generationen)'. 베를린, 보도 자료 16/2190, 2006년, 80쪽. www.bmfsfj.de(2016년 1월 14일에 열어봄).

58 울리히 할라스(Ulrich Halasz), '스웨덴의 잘 맞는 연금제도(Schweden: So gut klappt's da mit der Rente)', 《AKTIV 온라인(AKTIV online)》(IW Köln의 경제 매거진), 2014년 5월 23일자, www.aktiv-online.de/nachrichten/detailseite/news/schweden-so-gut-klappts-damit-der-rente-7109(2016년 1월 15일에 열어봄).

59 다음 자료에서 재인용했다. 카롤라 클라인슈미트, 「젊게 늙어가자」, 2010년, 70쪽.

60 자세한 내용과 계산 사례는 독일 연금보험의 웹사이트를 참고하라. '연금에는 세금을 어떻게 매기는가(Wie Renten besteuert werden)', www.deutsche-rentenversicherung.de(2016년 1월 19일에 열어봄).

61 http://de.statistica.com('2012~2015년까지 독일 국민을 대상으로 노후 대비를 묻는 설문조사'). 조사 대상이 된 사람은 14세 이상의 국민이다(2016년 1월 19일에 열어봄).

62 헨리 뮐러(Henri Müller), '모래 위에 짓다(Auf Treibsand gebaut)', 《브란트 아인스》, 11호, 2015년 11월, 78쪽 이하.

63 www.destatis.de.

64 이것은 독일 경제연구소에서 밝힌 자료로 다음 자료에서 재인용했다. 율리아 프리드리히(Julia Friedrichs), '유산, 저들만의 클래스(Erben, Eine Klasse für sich)', 《차이트 마가친(Zeit Magazin)》, 2015년 3월 18일자, www.zeit.de(2016년 1월 26일에 열어봄).

65 토마스 호핑거(Thomas Hofinger), 티나 쉴프(Tina Schilp), '노년의 생활수준을 유지하려면 이렇게 해야 한다(Das sollten Sie tun, um Ihren Lebensstandard im Alter zu halten)', 《블리크풍크트 비르트샤프트(Blickpunkt Wirtschaft)》, 2013년 2월 6일자, www.blickpunkt-wirtschaft.de(2015년 1월 26일에 열어봄).

66 www.aarp.org.

67 대니얼 카너먼(Daniel Kahneman), 앵거스 디턴(Angus Deaton), '높은 수입은 생활 평가를 증진하지 감정의 행복을 끌어올리지는 않는다(High Income Improves Evaluation of Life but not Emotional Well-Being)', 《국립과학아카데미 회보(Proceedings of the National Academy of Science)》, 107호 38권, 2010년, 16489쪽 이하.

68 아냐 에텔(Anja Ettel), 홀거 채피츠(Holger Zschäpitz), '만족도와 연봉: 행복의 진실(Zufriedenheit und Gehalt: Die Wahrheit über Glück)', 《디 벨트》, 2015년 10월 22일자, www.welt.de(2016년 1월 27일에 열어봄).

69 안드레 파넨슈미트(André Pfannenschmidt), '돈은 언제나 행복하게 해준다(Geld macht immer glücklich)'. 베른트 라펠휘센과의 인터뷰, 《비르츠샤프트보케》, 2015년 9월 25일

자, www.wiwo.de(2016년 1월 27일에 열어봄).

70 엘리자베스 던(Elisabeth W. Dunn), 대니얼 딜버트(Daniel T. Dilbert), 티모시 윌슨 (Timothy D. Wilson), '돈이 당신을 행복하게 만들어주지 못한다면 아마도 돈을 제대로 쓰지 않아서 그런 것이다(If Money Doesn't Make You Happy Then You Probably Aren't Spending It Right)', 《소비심리학 저널(Journal of Consumer Psychology)》, 21, 2011년, 115쪽 이하.

71 www.zdf.de/sonntags/der-traum-vom-grossen-geld-31602670.html(2016년 1월 26일에 열어봄).

72 www.seniortrainer-hamburg.de/machbarschaft-wandsbekhinschenfelde-e-v/ (2016년 3월 16일에 열어봄).

73 소냐 노보사데크(Sonja Nowossadeck), 클라우디아 포겔(Claudia Vogel), '활발한 노년: 생업 활동과 자원봉사(Aktives Altern: Erwerbsarbeit und freiwilliges Engagement)'. DZA 보고서 노년 데이터, 2013년 2월, 18쪽 이하. www.dza.de/informationsdienste/ report-altersdaten.html(2016년 1월 27일에 열어봄).

74 팻 테인, 『노년의 역사』, 2005년, 14, 12쪽.

75 《슈피겔》, 16호, 2013년, 148쪽(인물 '헤닝 셰르프(Henning Scherf)').

76 헤닝 셰르프, '노년의 해결책은 시니어 주거 공동체다(Die Senioren-WG als Lösung im Alter)', 2015년 3월 23일자 독일 공영방송 프로그램 내용. www.mdr.de(2016년 1월 20일 에 열어봄).

77 www.curadomo.com/pflegedienst-curadomo-pflege-betreutewohngemeinschaft -berlin-demenz-wg/ lebensort-vielfalt-charlottenburg.html(2016년 5월 12일에 열 어봄).

78 제바스티안 켐프켄스(Sebastian Kempkens), '양로원의 스트립쇼(Strip-Show im Altenheim)', 《슈피겔》, 42호, 2014년, 47쪽. www.spiegel.de(2016년 1월 27일에 열어봄).

79 www.wohnenfuerhilfe.info.

80 www.wohnen-im-alter.de.

81 www.fgw-ev.de/index.php?id=zuhauseimalter00(2016년 5월 12일에 열어봄).

82 www.barrierefrei.de.

83 하요 슈마허(Hajo Schumacher), 『남은 시간: 어떻게 해야 노년에 감당 가능한 즐거운 삶을 살 수 있을까(Restlaufzeit: Wie ein gutes, lustiges und bezahlbares Leben im Alter gelingen kann)』, 쾰른, 아이히보른, 2014년, 82쪽 이하.

84 독일 연금보험, '외국에서 받는 연금(Rentenzahlungen ins Ausland)', 2013년 6월 5일자 보도 자료. www.deutsche-rentenversicherung.de(2016년 1월 21일에 열어봄).

85 다음 자료에서 재인용했다. 카롤라 클라인슈미트, 『젊게 늙어가자』, 2010년, 114쪽.

같이 읽으면 좋은 청미책 소개

☑ 나이듦에 대하여

중년에 닥친 위기를 기회로 만드는 50가지 삶의 태도
인생, 계획대로 되지 않아 중년을 위한 인생 지도
안트예 가르디안 지음 | 김희상 옮김

이 책은 새롭게 출발하자는 격려다. 중년의 위기를 기회로 만드는 변화를 적극적으로 받아들이고 이후의 삶을 더 나은 모습으로 꾸며갈 50가지 방법을 제시한다.

중년 이후의 삶에서 창조성과 의미를 발견하기
새로운 시작을 위한 아티스트 웨이
줄리아 카메론 지음 | 정영수 옮김

이 책에서 제시하는 12주 과정의 목표는 당신 자신을 재정의하고 재창조하면서 당신이 소유하고자 하는 인생을 정의하고 창조하는 것이다. 이 책을 통해 당신의 창조적 꿈과 소망, 그리고 욕구를 탐색하며, 다시 시작하기에 결코 늦지 않았음을 깨닫게 될 것이다.

그랜마 휘트니를 아십니까?
인생은 더 많은 것들을 준비해두었다
마리아 바이어도라지오 지음 | 김희상 옮김

노년을 바라보는 생각을 물구나무 세우자, 미래를 의식적으로 설계하고 확장하자 등 노년을 부정적으로 바라보는 고정 관념을 허물고 활달하고 자유롭게 인생을 즐기는 방법을 제시한다.

건강수명과 자산수명을 어떻게 연장할 것인가?
금융 제론톨로지
세이케 아쓰시 편저 | 박현숙 옮김

100세 시대에 극복해야 할 건강, 금융과 자산관리의 문제는 무엇이고, 제4차 산업 혁명 시대에 우리는 금융 문제를 어떻게 해결해 나갈 것인가? 등 건강한 자산수명의 연상 해법을 논한다.

☑ 죽음과 상실, 외로움에 대하여

이해인 수녀, 슬라보예 지젝 추천
죽음과 죽어감
엘리자베스 퀴블러 로스 지음 | 이진 옮김
미국 《타임》 선정 20세기 100대 사상가인 엘리자베스 퀴블러 로스의 대표작으로 '죽음의 5단계'를 최초로 소개한 죽음학 연구의 고전. 죽음과 죽어감을 통해 삶과 살아감을 이야기한다.

죽음과 죽어감에 답하다
엘리자베스 퀴블러 로스 지음 | 안진희 옮김
이 책에는 '죽음과 죽어감'에 대해 사람들이 궁금해하는 모든 질문이 총망라되어 있다. 의료진, 환자, 환자의 가족, 언젠가는 사랑하는 사람 또는 자신의 죽음과 대면할 수밖에 없는 모든 사람은 이 책을 통해 '죽음'에 대해 성찰해보는 기회를 가질 것이다.

슬픔을 어떻게 딛고 일어서는가
모친 상실
에노모토 히로아키 지음 | 박현숙 옮김
애착 대상의 상실에 대한 아픔과 상처를 대면하고, 치유와 회복하는 방법을 논한다. 상실을 통해 인간적인 성장을 이룰 수 있도록 이끄는 상실에 대한 심리 인문서이다.

2020 세종도서 교양 부문 선정
외로움의 철학
라르스 스벤젠 지음 | 이세진 옮김
철학자인 저자는 외로움에 정면으로 달려들어 가장 인간적인 이 감정의 긍정적인 면과 부정적인 면을 모두 살펴본다. 철학, 심리학, 사회과학의 최근 연구 결과들에 의지하여 외로움의 다양한 종류를 살피고 여기에 관련된 사람들의 심리적·사회적 특성들을 검토한다.

☑ 필사, 낭독하고 싶은 청미 소설

국립중앙도서관 사서추천도서 선정
체리토마토파이

베로니크 드 뷔르 지음 | 이세진 옮김

주인공 잔은 아흔 살, 외딴 시골 농가에서 혼자 사는 할머니다. 아흔 번째 봄을 맞던 날, 잔은 일기를 쓰기로 결심한다. 일 년 동안의 일기는 노년의 소소한 행복, 인생에서 피할 수 없는 슬픔을 우리에게 고스란히 전하는 한편, 우리도 잔처럼 늙고 싶다는 마음을 불러일으킬 것이다.

『연어』의 저자 안도현 시인 추천!
봄을 찾아 떠난 남자 빛으로의 여행

클라라 마리아 바구스 지음 | 김희상 옮김

어른을 위한 동화인 이 책은 자아 탐색이라는 주제를 독창적으로 풀어낸 수작으로 저마다 다른 주제(행복, 지혜, 평정, 의미, 시간, 자아, 재산 등)를 다루면서 잃어버린 꿈과 기회, 새로운 가능성을 이야기한다.

인간의 영혼에 관한 시적이고 철학적인 소설
영혼의 향기

클라라 마리아 바구스 지음 | 김희상 옮김

젊은 유리 세공사 아비브는 수상한 의사 카민스키에게 50개의 유리병을 만들어 달라는 주문을 받는다. 의사는 죽어가는 사람의 영혼을 훔쳐 자신의 완전한 영혼을 빚어내려는 음험한 모략을 꾸민다. 아비브는 이 모험을 하며 얻은 깨달음으로 인간다움이 무엇인지 깊은 이해에 이른다.

☑ 반려동물의 20세 시대를 준비하며

강아지에게도 노화는 찾아온다!
나이 들어도 내겐 영원히 강아지

우스키 아라타 지음 | 박제이 옮김

강아지가 7세가 되면 생각해두어야 할 것 강아지를 위한 집사의 필독서!
#반려동물도 고령화 시대 #반려견 #노령견
#강아지를 부탁해 #견생을 위하여 #반려인의 필독서
#애견인 필수품 #버리지 말고 끝까지 함께해요

고양이 노화 대비법
나이 들어도 내겐 영원히 아깽이

이키 다즈코 지음 | 박제이 옮김

우리 사랑스러운 고양이가 건강하게 오래 살아주길 바란다면
알아두어야 할 고양이 노화 대비법
7세 이상의 고양이에 맞추어 기본 정보, 노화에 의한 변화, 손 쉬운 건강 체크, 동물병원과 교류하는 법, 시니어 고양이가 걸리기 쉬운 병, 그 증상, 진단, 치료법에 관해 구체적으로 설명한다.

나이의 비밀

1판 1쇄 인쇄 2021년 1월 15일
1판 1쇄 발행 2021년 1월 25일

지은이 스벤 푈펠
옮긴이 김희상
펴낸이 이종호
편 집 김순영
디자인 씨오디
발행처 청미출판사
출판등록 2015년 2월 2일 제2015-000040호
주 소 서울시 마포구 토정로 158, 103-1403
전 화 02-379-0377
팩 스 0505-300-0377
전자우편 cheongmipub@daum.net
블로그 blog.naver.com/cheongmipub
페이스북 www.facebook.com/cheongmipub
인스타그램 www.instagram.com/cheongmipublishing

ISBN 979-11-89134-21-1 03180

* 책값은 뒤표지에 있습니다.